《21世纪政治理论学术著作丛书》编审委员会

21世纪政治理论学术著作丛书

马克思主义中国化主要问题研究

MAKESIZHUYI ZHONGGUOHUA ZHUYAO WENTI YANJIU

刘先春 任建军 吴阳松 杨志超 著

兰州大学出版社

图书在版编目(CIP)数据

马克思主义中国化主要问题研究/刘先春等著.—兰州:兰州大学出版社,2010.7

ISBN 978-7-311-03574-7

Ⅰ.①马… Ⅱ.①刘… Ⅲ.①马克思主义—发展—研究—中国 Ⅳ.①D61

中国版本图书馆 CIP 数据核字(2010)第 136760 号

策划编辑　陈红升
责任编辑　王晓芳　陈红升
封面设计　管军伟

书　　名　马克思主义中国化主要问题研究
作　　者　刘先春　任建军　吴阳松　杨志超　著
出版发行　兰州大学出版社　(地址:兰州市天水南路 222 号　730000)
电　　话　0931-8912613(总编办公室)　0931-8617156(营销中心)
　　　　　0931-8914298(读者服务部)
网　　址　http://www.onbook.com.cn
电子信箱　press@onbook.com.cn
印　　刷　兰州人民印刷厂
开　　本　710×1020　1/16
印　　张　15.5
字　　数　254 千
版　　次　2010 年 8 月第 1 版
印　　次　2010 年 8 月第 1 次印刷
书　　号　ISBN 978-7-311-03574-7
定　　价　28.50 元

(图书若有破损、缺页、掉页可随时与本社联系)

总　序

中国的改革开放已经走过了 30 年的历程。30 年来中国人民在中国共产党的领导下,以一往无前的进取精神和波澜壮阔的创新实践,谱写了中华民族自强不息、顽强奋进的壮丽史诗。中国的面貌发生了历史性的变化。这是一个中华民族发展的时代、创新的时代。早在 1982 年党的十二大上,邓小平就坚定地宣告:“把马克思主义的普遍真理同我国的具体实际结合起来,走自己的路,建设有中国特色的社会主义。”此后,我们党的理论创新和实践探索,都是紧紧围绕“中国特色社会主义”这个主题展开的。党的十三大提出“沿着有中国特色的社会主义道路前进”。党的十四大将“加快改革开放和现代化建设步伐,夺取有中国特色社会主义事业的更大胜利”作为主题;党的十五大的主题是“高举邓小平理论伟大旗帜，把建设有中国特色社会主义事业全面推向二十一世纪”；党的十六大主题是“全面建设小康社会，开创中国特色社会主义事业的新局面”；去年召开的党的十七大则更明确地提出：“高举中国特色社会主义伟大旗帜，以邓小平理论和‘三个代表’重要思想为指导，深入贯彻落实科学发展观，继续解放思想，坚持改革开放，推动科学发展，促进社会和谐，为夺取全面建设小康社会新胜利而奋斗。”回顾30年来中国共产党的理论创新和实践探索，可以清晰地看到，中国共产党和中国人民始终坚持与时俱进的精神状态，围绕着什么是社会主义、如何建设社会主义，建设一个什么样的党、怎样建设党，实现什么样的发展、如何发展等重大理论和实际问题，不断推进马克思主义的中国化，使马克思主义理论在与中国现代化建设丰富实践相结合的进程中实现了历史性的飞跃，形成了中国特色的社会主义理论体系。为中国的进一步发展奠定了坚实的理论基础。改革开放的历史事实也进一步证明，中国特色社会主义的深化过程，也是改革开放和社会主义现代化建设不断发展的过程。每一次的思想突破，都带来了经济的腾飞和中国社会的进步。

马克思主义理论具有与时俱进的理论品格，它是一个开放的体系，是随着时代的发展不断丰富和发展的，马克思主义的每一次发展都带来了世界社会主义运动的发展和进步，都推动社会历史的发展和进步，这是已经被历史证明了的。同样，中国特色社会主义理论也是不断发展的开放的理论体系，它也会随着我国社会主义现代化建设实践的深入发展而不断的发展。

中国特色社会主义的不断发展，中国社会的全面进步，一方面会促进我国政治、经济、文化和社会的全面发展和国际地位的变化，为我国社会的进一步发展奠定基础；另一方面在社会发展中也会出现一些新的问题，如经济、政治、文化、社会的全面协调发展问题，全球化时代国内发展与对外开放协调发展的问题，不断探索中国特色社会主义民主政治的实现途径问题，面对新形势不断提高党的执政能力问题等等，这些问题的解决要靠实践的发展和科学的理论研究做出回答，要靠中国特色社会主义理论的不断创新做出回答。

在中国社会发展进步的历史进程中，社会科学工作者和理论工作者就是要通过自己的工作，宣传党的路线、方针、政策，使党的路线、方针、政策在实践中得到切实地贯彻执行；为此，就必须大力培养高素质的政治理论研究专门人才，以及具有广阔视野、创新思维、战略眼光的干部队伍和实际部门的工作人员；同时，还要立足于实际，开拓创新，认真研究改革开放实践中出现的新问题，提出解决问题的新方法、新思路，不断地推动理论的创新和发展，使理论能够回答实践发展提出的新问题。因此加强政治理论问题的研究，对我国社会发展出现的重大问题进行冷静分析、科学判断、正确预测，为我们实事求是地认识社会和面对的问题、选择切实可行的战略策略提供科学依据，这无疑是21世纪社会科学工作者和理论工作者义不容辞的责任。

改革开放以来，我国的社会科学工作者和理论工作者坚持用马克思主义的立场、观点、方法，立足于中国社会发展的实际，紧跟时代的步伐，研究中国社会发展中的现实问题和理论问题，产生了一批重要的学术研究成果，推动了政治理论研究的深入发展，也为党和国家的决策提供了重要的理论参考。但是，与中国社会不断发展的实践相比，社会科学研究和理论研究工作还有差距，还有大量的工作要做。因此，加强队伍建设，提高社会科学和政治理论研究队伍的水平，同样是一项重要的任务。

兰州大学是教育部直属的全国重点综合性大学，是国家“985工程”和“211工程”重点建设高校之一，承担着为国家现代化建设培养高层次人才的重要任务。兰州大学的办学目标是建设多学科协调发展的综合性、研究型、国内外知名的高水平大学。要实现这样的办学目标，就需要加强学科建设，提升学校科学研究的水平，实现多学科协调发展，为国家和地方社会经济发展服务。

兰州大学政治与行政学院是由1950年9月成立的马列主义教研室和1980年成立的思想品德教研室合并发展而来的。经过改革开放以来30年的建设和发展，政治与行政学院已经发展为涵盖马克思主义理论、政治学两个一级学科，拥有博士点、硕士点和本科专业，各专业相互协调，科学研究与马克思主义政治理论教育相互促进的、充满活力的教学科研实体。在长期的教学科研实践中，政治与行政学院积累了丰富的经验，完成了大量的科研成果，目前已经形成了一支知识结构、年龄结构、学历层次较合理的、专门从事马克思主义理论和政治学研究的专业研究队伍。为了适应把兰州大学建设成多学科协调发展的综合性、研究型、国内外知名的高水平大学的需要，为了进一步提升兰州大学社会科学研究的水平，促进兰州大学政治学和马克思主义理论的学科建设，为繁荣国家哲学社会科学事业，为国家现代化建设培养高质量的政治理论人才做出自己的贡献。经过兰州大学研究生院、兰州大学社会科学处，兰州大学政治与行政学院协商，决定以兰州大学政治与行政学院为主体，联合相关学院研究人员，搭建学术平台，集体攻关，编写“21世纪政治理论学术著作丛书”，以促进兰州大学政治学和马克思主义理论学科的发展。同时，我们也聘请了一些校内外著名的专家担任丛书顾问，以保证丛书的学术质量。

需要说明的是，我们将丛书定名为“政治理论”，是考虑到兰州大学政治与行政学院及参与这套丛书的研究人员涵盖了政治学和马克思主义理论两个一级学科，加之政治学理论与马克思主义理论有着紧密的联系，因此，我们姑且以“政治理论”为丛书定名。

目前该丛书已经完成了《政治学原理新编》、《世界各国政治制度概论》、《马克思主义中国化研究重要文献导读四十篇》、《科学社会主义理论与实践》、《马克思主义基本原理经典文献导读》、《行政学概论》等系列著作。为了使这项工作不断深入发展，也为了促进兰州大学政治学和马克思主义理论研究学科的进一步发展，我们将这套丛书设定为研究性、开放性的学术丛书，使一些新的政治理论学术研究成果能补充到丛书中；我们希望这套丛书能为我国政治学和马克思主义理论学术的繁荣做出一些贡献，并成为团结西北地区政治理论研究队伍和展示兰州大学政治理论学术成果的一个平台。

21世纪政治理论学术著作丛书编审委员会

2008年10月

前　言

根据《中共中央国务院关于进一步加强和改进大学生思想政治教育的意见》和《中共中央关于进一步繁荣发展哲学社会科学的意见》精神，为了加强马克思主义理论体系研究，推进党的思想理论建设，巩固马克思主义在高等学校教育教学中的指导地位，加强高校思想政治理论课建设，培养思想政治教育工作队伍，教育部决定在《授予博士、硕士学位和培养研究生的学科、专业目录》中增设马克思主义理论一级学科及所属二级学科。

马克思主义产生于19世纪40年代。它是在资本主义和科技发展的推动下，在批判地继承人类历史上创造的一切优秀思想成果的基础上，总结当时工人运动和社会实践经验而形成的科学理论。它是工人阶级和广大劳动人民认识世界和改造世界的强大思想武器，同时也是推动我国哲学社会科学繁荣发展的指导思想。马克思主义产生一个半世纪以来，经历了从理论形态到实践形态再到制度形态的转变，也经历了从部分地区向全世界传播发展的过程，在世界上形成了许多马克思主义流派。马克思主义对人类社会和人的思想都产生了深刻影响。

马克思主义是科学的世界观和方法论，是反映客观世界特别是人类社会的本质和规律的科学真理。它既应该从哲学、政治经济学、科学社会主义等方面进行分门别类的研究，更应该进行整体性研究，完整地把握马克思主义的科学体系。“马克思主义理论”就是一门从整体上研究马克思主义基本原理和科学体系的学科。它研究马克思主义基本原理及其形成和发展的历史，研究它在世界上的传播与发展，特别是研究马克思主义中国化的理论与实践，同时把马克思主义研究成果运用于马克思主义理论教育、思想政治教育和思想政治工作。它包括五个二级学科：马克思主义基本原理、马克思主义发展史、马克思主义中国化研究、国外马克思主义研究、思想政治教育。

马克思主义基本原理同本国具体实践相结合是当今马克思主义发展的

重要特点和历史趋势。马克思主义的强大生命力，就在于它能够同各个国家的具体实际相结合，并通过一定的民族形式在各个国家的具体实践中发挥指导作用，并在新的实践中获得新的发展。在这个过程中，由于同本国具体国情相结合，就形成了各具特色的马克思主义，这是马克思主义发展过程中多样性和生动性的表现，是马克思主义一般性同特殊性的关系，它有利于马克思主义的深入发展。对于中国而言，就是把马克思主义的基本原理应用于中国的具体环境，实现马克思主义的中国化，使马克思主义在其每一表现中带有中国特性、中国作风和中国气派。

马克思主义中国化，就是把马克思主义的基本原理同中国发展的实际结合起来，同中华民族的优秀传统和中国共产党人的实践经验结合起来，使之具有中国特色，以正确回答中国革命、建设和改革开放过程中不时出现的理论问题和实际问题，不断开辟发展中国特色社会主义的伟大道路。马克思主义中国化的历程，就是马克思主义的基本原理同中国的具体实际和时代发展相结合，从而不断实现新的发展的历程。中国共产党从诞生之日起就把马克思主义确立为自己的指导思想，并在长期奋斗中坚持把马克思主义基本原理同中国具体实际相结合，产生了毛泽东思想和中国特色社会主义理论体系这两大理论成果。马克思主义中国化的理论成果，是几代中国共产党人艰辛探索的智慧结晶，是指导中国革命、建设和改革开放事业取得胜利的理论武器，是党和国家的宝贵精神财富。在新的历史条件下把马克思主义的中国化继续推向前进，认真总结马克思主义中国化的经验，把握马克思主义中国化的规律，完整准确地反映马克思主义中国化的理论成果，是马克思主义理论工作者的神圣职责和光荣任务。

“马克思主义中国化研究”作为马克思主义理论一级学科下设的二级学科，是以马克思主义中国化的条件、进程、成果和趋势为研究对象，努力揭示马克思主义中国化的客观规律，深化人们对马克思主义中国化理论成果和实践成果的认识，推动当代中国马克思主义理论新发展的学科。本学科主要从理论上研究马克思主义中国化的历史进程及其成果，通过对中国化马克思主义的研究，不断为社会主义建设提供理论指南，树立人们坚定走中国特色社会主义道路的信念，通过研究解决我国改革开放和现代化建设的重大理论和现实问题，推进中国特色社会主义事业的发展。

多年来，尤其是改革开放以来，理论界、学术界对马克思主义中国化问题进行了大量的研究。马克思主义中国化研究作为二级学科，具有特殊重要的意义。这个学科的研究和建设,将以马克思主义中国化为主线,以中国化的马克思主义为主题,以建设中国特色社会主义的理论和实践为重点,密切结合中国共产党领导人民在中国特色的新民主主义革命道路、社会主义改造道路和社会主义建设道路的探索中所进行的艰苦实践和理论总结,深入研究党的几代领导集体不断推进马克思主义中国化的历史进程和基本经验,系统掌握马克思主义中国化的基本内涵以及中国化马克思主义的主要内容和精神实质,深刻揭示马克思主义中国化和中国化的马克思主义不断发展的基本规律,并且把这些科学研究成果用于指导我国的社会实践,用于大学生思想政治教育。

由于马克思主义中国化研究专业开设的时间不长,这一专业的发展还不充分。国内许多高等院校还没有开设这门专业,而开设此门专业的学校,也没有形成一个比较系统的学科体系。国内现有的关于马克思主义中国化研究的著作,大都是通过对马克思主义中国化的某一基本问题进行专门性研究而形成的专门性研究成果,而通过对马克思主义中国化进行全面、系统的研究而形成的系统性、全面性的马克思主义中国化著作并不多,可供马克思主义中国化研究专业教学和研究生进行专业学习的教材也很少。于是,我们经过严密的论证和反复的讨论,编写了这本《马克思主义中国化主要问题研究》。《马克思主义中国化主要问题研究》作为一部马克思主义中国化研究专业的教材,共编写目的就是为国内的马克思主义中国化研究专业研究生提供一本体系系统化、内容全面而丰富、结构科学合理、论述详细而准确的教材,从而有利于本专业的研究生进行专业知识的学习,推动马克思主义中国化研究专业的发展。

《马克思主义中国化主要问题研究》一书,以马克思主义专业理论为视角,坚持马克思主义基本的研究思路和研究方法,从基础理论入手,在广泛收集资料,认真研究马克思主义中国化研究的已有研究成果,反复进行讨论,了解马克思主义中国化研究专业的前沿问题的基础上,对马克思主义中国化的基本概念、基本历程、理论成果、基本经验、时代机遇和挑战等马克思主义中国化的基本问题进行了详细的论述和讲解,进一步深化了对马克思主义中国化基本概念、历史进程和基本经验的认识,启迪人们要以科学的态度对待马克思主义,以学术的眼光研究马克思主义中国化,坚持解放思想、实事求是,弘扬与时俱进的精神,着眼于对实际问题的理论思考,着眼于新的实践和新的发展,用发展着的马克思主义指导新的实践。

《马克思主义中国化主要问题研究》一书力求实现的理论目标是:第一,给从事该学科的理论工作者和教育工作者一个参考和启迪,特别是给开始涉足该学科的研究生一个普及读本,使之明白马克思主义中国化是什么,其内涵和外延的指向。第二,澄清该学科领域的一些基本问题,比如马克思主义中国化的定义,其内涵和外延,比如马克思主义中国化与中国化的马克思主义的关系,以此达到对该学科的一些基本问题的共识。第三,唤起对马克思主义中国化研究这一专业领域和学科的关注和思考。

《马克思主义中国化主要问题研究》一书也具有很强的应用价值。本书在内容、形式和体系结构上积极探索,以适合专业硕士生和博士生培养的特点和要求,在整体上不断创新,以更好地体现教材内容的科学性、时代感以及针对性。本书通过对马克思主义中国化研究这一专业中的基本问题进行全面、系统、科学的分析和论述,力求使该专业研究生系统掌握马克思主义中国化的发展进程与理论成果,深入了解毛泽东思想、邓小平理论和"三个代表"重要思想以及科学发展观这些中国化的马克思主义理论形成、发展的时代背景、实践基础、理论来源,深刻认识中国化的马克思主义理论的历史地位和指导意义,能够运用马克思主义的立场、观点和方法对当今世界和中国的实际问题开展高水平研究,具有较强的独立分析、解决本学科领域问题的能力,掌握本学科的前沿研究动态与最新成果,坚定马克思主义的信仰和社会主义的信念,牢固树立中国特色社会主义共同理想。

我们希望《马克思主义中国化主要问题研究》这本书,能够对有志于马克思主义中国化研究的朋友产生启迪作用,使他们明白"什么是马克思主义中国化,怎样实现马克思主义中国化"这一基本的理论问题。

我们会继续以坚定的信念坚持马克思主义,以科学的态度研究马克思主义,以饱满的热情宣传马克思主义,把研究马克思主义中国化与研究中国社会现实问题紧密结合起来,真正实现马克思主义原理的中国化、时代化、民族化。

目录

第一章 马克思主义中国化研究的学科建设

"马克思主义中国化研究"作为马克思主义理论一级学科下设的二级学科,近几年来成为学术界关注的热点问题。"马克思主义中国化研究"这一学科的建立,开拓了马克思主义理论发展的新境界,把马克思主义中国化的研究推向了一个新的阶段。研究和学习马克思主义中国化,必须对马克思主义理论研究的学科体系和马克思主义中国化研究的学科建设进行认识和了解。

第一节 马克思主义理论研究的学科体系

近年来,国家越来越关注人文社会科学的发展,特别是高等学校人文社会学科的研究和教学工作。马克思主义理论作为高等学校教育的重要内容,一直受到党和国家的高度关注。马克思主义理论学科的发展,对于推动我国人文社会科学的进步,促进高等教育的进一步发展,具有十分重要的意义。从2004年起,国务院和教育部先后出台了《关于进一步繁荣发展哲学社会科学的意见》、《关于进一步加强和改进大学生思想政治教育的意见》、《关于加强和改进高等学校哲学社会科学学科体系与教材体系建设的意见》等一系列文件,为我国人文社会科学的发展指明了方向。随后,国家启动了"马克思主义理论研究和建设工程",增设了马克思主义理论一级学科,并设立了二级学科,从而形成了马克思主义理论研究和教育的科学化体系。

一、马克思主义理论研究和建设工程

2004年开始实施的马克思主义理论研究和建设工程,是为坚持和巩固马克思主义在意识形态领域的指导地位而采取的重大举措,是全面建设小康社会,不断开创中国特色社会主义事业新局面的必然要求,是繁荣发展我

国哲学社会科学的首要任务,是党加强思想建设的一项重要工作。这一工程的主要目标是:力争用十年左右时间,形成充分反映当代中国马克思主义最新理论成果的学科体系和教材体系,形成一支老中青三结合的马克思主义理论研究和教学骨干队伍。

"马克思主义理论研究和建设工程"(以下简称"工程")是一项重大的理论创新工程。中央决定实施工程,是坚持和发展马克思主义的必然要求,是树立和落实科学发展观,构建社会主义和谐社会,推进中国特色社会主义伟大事业的客观需要。工程启动以来,在中央的高度重视和直接指导下,在社会各界的关心支持下,在众多知名专家学者的辛勤努力下,各项工作开局良好,并已取得实质性进展。工程的实施有力地推动了党的思想理论建设,团结和凝聚了广大理论工作者,促进了哲学社会科学的繁荣发展。

(一)马克思主义理论研究和建设工程的实施

2004 年 1 月,中共中央发出《关于进一步繁荣发展哲学社会科学的意见》,提出实施马克思主义理论研究和建设工程。之后,中共中央办公厅转发《中央宣传思想工作领导小组关于实施马克思主义理论研究和建设工程的意见》,对工程实施作出部署。实施这一工程,是以胡锦涛为总书记的党中央作出的一项战略决策,是不断开辟马克思主义发展新境界的必然要求,是全面贯彻落实科学发展观,构建社会主义和谐社会的客观需要,是加强党的理论建设,保持党的先进性,巩固党的执政地位的重要保证。

2004 年 4 月 27 日至 28 日,中央召开工程工作会议,标志着工程正式启动。工程的主要任务是:把邓小平理论、"三个代表"重要思想和科学发展观作为研究重点,以重大现实问题为主攻方向,把马克思主义在中国发展的最新理论成果贯穿到哲学社会科学的学科建设、教材建设中,进一步加强马克思主义理论队伍建设。具体有五方面工作:一是加强对马克思主义中国化理论创新成果和重大现实问题的研究;二是加强对马克思主义经典著作的编译和研究;三是建设具有时代特征的马克思主义基础理论和哲学社会科学学科体系;四是编写体现当代中国马克思主义最新理论成果的哲学、政治经济学、科学社会主义、政治学、社会学、法学、史学、新闻学和文学等重点学科教材,形成哲学社会科学教材体系;五是建设一支老中青三结合的马克思主义理论研究和教学骨干队伍。围绕工程确定的任务,组建了 24 个主要课题组与基地课题组,确定了课题组首席专家和主要成员,成立了工程咨询委员会。

2004年8月,中共中央、国务院发出《关于进一步加强和改进大学生思想政治教育的意见》,提出要精心组织编写反映毛泽东思想、邓小平理论和"三个代表"重要思想的哲学社会科学教材,努力形成以当代中国马克思主义为指导的具有中国特色、中国风格、中国气派的哲学社会科学学科体系和教材体系。

2005年5月11日,中央宣传部、教育部联合下发《关于加强和改进高等学校哲学社会科学学科体系与教材体系建设的意见》,提出要大力开展马克思主义理论体系、马克思主义发展史和马克思主义中国化的研究,在一级学科中设立马克思主义理论学科,要根据中央实施工程的战略部署和总体要求,全面开展高等学校哲学社会科学重点教材建设工作。

2005年12月26日,中国社会科学院马克思主义研究院成立。

马克思主义理论研究和建设工程实施6年来,先后召开了多次较大规模的研讨会,在中央主要报刊上发表了数百篇重点理论文章,为党和政府决策提供了重要参考;组织编写了《科学发展观学习读本》及《理论热点面对面》系列通俗理论读物,为广大干部群众的理论学习提供了重要辅导材料;对马克思、恩格斯、列宁的重点著作译文进行了重新编译和修订,10卷本《马克思恩格斯文集》和5卷本《列宁专题文集》的译文审核和编译工作基本完成;确定了马克思主义学科体系建设的基本目标,马克思主义理论一级、二级学科已经确立;第一批马克思主义基础理论和哲学社会科学重点教材的编写工作已进入初稿撰写和修改阶段,第二、三批哲学社会科学重点教材的编写规划已经启动,高校思想政治理论课四门教材的编写工作已完成并陆续出版;各课题组已形成阶段性研究成果。

(二)马克思主义理论研究和建设工程实施的意义

马克思主义理论研究和建设工程是巩固马克思主义在意识形态领域指导地位的基础工程,是一项重大的理论创新工程。这一工程的实施,是中国马克思主义理论研究史上一个具有里程碑意义的事件。

中国社会科学院荣誉学部委员、哲学所研究员、博士生导师徐崇温教授指出,实施马克思主义理论研究和建设工程意义重大。

第一,有利于坚持和巩固马克思主义在意识形态领域的指导地位。

我们是在世界政治格局趋向多极化、经济全球化、科学技术的发展日新月异的新的历史条件下坚持和巩固马克思主义在意识形态领域的指导地位的。这种形势要求我们既要始终坚持对外开放，学习国外优秀文化成果，又要坚决抵御西方敌对势力对我国实施“西化”、“分化”的政治图谋，始终坚持政治上的清醒和坚定，始终把握意识形态工作的主动权；要求我们在国内社会思想空前活跃，社会意识出现多样化的形势下，努力探索、把握意识形态工作的规律，加强党对意识形态工作的领导，不断增强党的思想理论工作的创造力、凝聚力、感召力，就是说，在坚持和巩固马克思主义在意识形态领域的指导地位的过程中，我们要用发展着的马克思主义指导新的实践，并在实践中不断丰富和发展马克思主义。

第二，有利于全面建设小康社会，加快推进社会主义现代化建设。

以马克思主义为指导的哲学社会科学，在全面建设小康社会、加快推进社会主义现代化建设的历史进程中，在实现中华民族伟大复兴的历史进程中，具有不可替代的作用：在巩固全党全国人民团结奋斗的共同思想基础方面，我们需要进一步高举马克思主义的伟大旗帜，用马克思主义中国化的最新成果中国特色社会主义理论体系武装全党、教育人民，需要把马克思主义在中国发展的这些最新理论成果贯彻到哲学社会科学的学科建设、教材建设中，进一步加强马克思主义理论队伍建设；在把中国特色社会主义理论体系转化为各个领域的理论和实践的过程中，需要马克思主义指导下的哲学社会科学既为推进党和政府决策的科学化和民主化提供科学依据，又研究回答干部和群众关心的理论与实际问题，解疑释惑，统一思想，增强人们贯彻党的方针路线的自觉性和走中国特色社会主义道路的坚定性；在我们推进社会主义物质文明、政治文明和精神文明全面发展的过程中，需要马克思主义指导下的哲学社会科学提供强有力的理论指导；在我们致力于提高全民族的思想道德素质和科学文化素质、实现人们思想和精神生活全面发展的过程中，需要马克思主义指导下的哲学社会科学的丰富知识和教化作用。所有这一切都要求我们高度重视和切实加强马克思主义理论研究和建设，把它看做是繁荣发展我国哲学社会科学的首要任务。

第三，有利于加强党的理论建设和执政能力建设。

党的建设的首要任务是思想理论建设，因为一个政党只有坚持以科学的理论为指导，才能制定正确的路线、方针和政策，才能凝聚全党全国人民为崇高的理想和目标而奋斗。我们党领导我国人民进行革命、建设和改革的历程，就是用马克思主义与中国革命的具体实践相结合的理论成果——

毛泽东思想、邓小平理论和"三个代表"重要思想指导实践的过程。正因为如此,实施马克思主义理论研究和建设工程,就成为关系党和国家的事业兴衰和党的建设的具有战略意义的生命工程。

实施马克思主义理论研究和建设工程就是要把马克思主义理论研究与中国特色社会主义伟大实践相结合,既把马克思主义中国化的理论成果充分体现到马克思主义基础理论和哲学社会科学重点学科中去,又把建设中国特色社会主义的经验进一步转化为系统的理论认识,推动马克思主义理论的丰富和发展,进一步完善中国特色社会主义理论体系。同时,建设中国特色社会主义的成功实践大大深化了我们对共产党执政规律、社会主义建设规律和人类社会发展规律的认识,因而,实施马克思主义理论研究和建设工程,把这些规律性认识系统化、理论化,又将不断开辟马克思主义发展的新境界,对世界的和平与发展事业和人类社会的进步发挥重要作用。①

中国人民大学教授、博士生导师庄福龄教授指出,马克思主义理论研究和建设工程是一项关系到党和国家发展全局的大事,必须从战略高度提高认识,才能从思想上保证这一工程顺利实施。

一要看到马克思主义作为博大精深的科学体系,其覆盖面之广。掌握马克思主义就要着重掌握其精髓,掌握突出反映实事求是思想的基本观点和基本原理,掌握其一贯坚持的基本理论,掌握其据以发展和创新的基础理论。要在研究基本理论观点上下工夫,要在夯实理论基础上下工夫,要把这项工程视为建设马克思主义宏伟大厦的基础工程。

二要看到实施这一工程也是巩固马克思主义在意识形态领域指导地位的重大举措。一定要把思想理论建设作为党的建设的根本,不断提高党的领导水平和执政水平,增强拒腐防变和抵御风险的能力;一定要把这一工程视为全面建设小康社会、实现长治久安的根本保证,视为直接关系社会主义前途命运的生命工程。

三要以科学的马克思主义观严肃认真地对待这项工程。对待这项工程,要从严而不能降低要求,要从难而不可掉以轻心,要有长期奋斗的精神准备而又有时不我待的紧迫感,总之要从质量上保证它是一项经得起实践和历史检验的精品工程。②

---

①南方网理论频道:http://www.southcn.com/nflr/llzm/200410200244.htm.

②庄福龄.论马克思主义理论研究和建设工程的重大意义.学术界,2004(12).

二、马克思主义理论一级学科

设立马克思主义理论一级学科的动议，是在教育部社政司为贯彻胡锦涛总书记关于加强和改进大学生思想政治教育的批示精神，开展大规模调查研究的过程中，由高等学校从事思想政治理论教育的一些专家提出来的。党中央高度重视并采纳了专家们的意见建议，同意在《中共中央宣传部、教育部关于进一步加强和改进高等学校思想政治理论课的意见》中单列一条，强调要大力推进高等学校思想政治理论课的学科建设，提出了设立马克思主义理论一级学科的任务。设立马克思主义理论一级学科的直接动因和目的，是推进高等学校思想政治理论课的学科建设。

（一）马克思主义理论一级学科的设立

根据《中共中央国务院关于进一步加强和改进大学生思想政治教育的意见》和《中共中央关于进一步繁荣发展哲学社会科学的意见》精神，为了加强马克思主义理论体系研究、马克思主义发展史和马克思主义中国化研究、思想政治教育研究，推进党的思想理论建设，巩固马克思主义在高等学校教育教学中的指导地位，加强高校思想政治理论课建设，培养思想政治教育工作队伍，2005 年 12 月 23 日，国务院学位委员会和教育部联合发布《关于调整增设马克思主义理论一级学科及所属二级学科的通知》（学位〔2005〕64 号），决定在《授予博士、硕士学位和培养研究生的学科、专业目录》中增设马克思主义理论一级学科及所属二级学科，把原来政治学一级学科下的“马克思主义理论与思想政治教育”二级学科调整到马克思主义理论一级学科下，分别归入“马克思主义基本原理”和“思想政治教育”二级学科。新增设的马克思主义理论一级学科，暂设置于“法学”门类内，下设五个二级学科，即马克思主义基本原理、马克思主义发展史、马克思主义中国化研究、国外马克思主义研究、思想政治教育。随后，2008 年 12 月，国务院学位委员会、教育部又发布了《关于增设“中国近现代史基本问题研究”二级学科的通知》（学位〔2008〕15 号），在马克思主义理论一级学科下增设“中国近现代史基本理论研究”二级学科。至此，马克思主义理论一级学科及下设的二级学科基本形成。

调整增设后的相关学科及代码

门类代码及名称	一级学科代码及名称	二级学科代码及名称	备注
03 法学	0305 马克思主义理论	030501 马克思主义基本原理	2005 年增设
		030502 马克思主义发展史	2005 年增设
		030503 马克思主义中国化研究	2005 年增设
		030504 国外马克思主义研究	2005 年增设
		030505 思想政治教育	2005 年增设
		030506 中国近现代史基本问题研究	2008 年增设

《关于调整增设马克思主义理论一级学科及所属二级学科的通知》的发布,标志着马克思主义理论一级学科及其下设的二级学科的设立,表明马克思主义理论研究在国家意识形态中的重要地位进一步明确,马克思主义理论研究发展进入了一个新阶段。

(二)马克思主义理论一级学科设立的意义

设立马克思主义理论一级学科,是进入新世纪以来党中央为进一步繁荣发展哲学社会科学,推进马克思主义理论研究和建设工程的实施,加强和改进高校思想政治教育所采取的一项重大措施,因而具有十分重大的意义。

中国社会科学院学部委员、著名哲学家靳辉明教授指出,马克思主义理论一级学科建设至少有以下重要意义:

一是对于加强高校马克思主义理论和思想政治教育课程的建设和提高教学水平具有重要意义。将马克思主义理论学科同其他学科一样作为学科来建设,必然会增强其科学性、理论性和学术性,从而提高马克思主义理论研究的水平,提高马克思主义理论教育和思想政治教育的质量,使马克思主义理论和思想政治教育不断获得新的发展。

二是有利于稳定和巩固高校马克思主义理论研究和教学队伍,有利于巩固和扩大高校马克思主义阵地。特别是几年之后,当马克思主义理论一级学科培养的博士生、硕士生充实到我们的队伍中来,我们高校马克思主义理论研究和思想政治教育就会有一个很大的飞跃,高校马克思主义阵地就会进一步扩大和巩固。

三是势必会对我国坚持和发展马克思主义,巩固马克思主义在意识形态中的指导地位产生深远的影响。马克思主义理论一级学科的建立,为我们培养马克思主义理论研究和教育人才提供了可靠保证。①

清华大学马克思主义研究中心的刘书林教授指出:马克思主义理论一级学科的设立,具有强烈的现实意义和深远的历史意义。

第一,提供了马克思主义理论各个学科归属的港湾,有利于稳定马克思主义理论队伍。可以说,这在制度上、组织上保证了马克思主义理论研究、教学队伍的稳定发展。

第二,提高了马克思主义理论的学科地位,有利于深化马克思主义理论的研究。这次把马克思主义理论提升为一级学科,提高了马克思主义理论研究和教育在全国学科布局中的地位。将来国家哲学社会科学基金项目和一些重大的课题项目,不会出现把马克思主义理论研究和教育摆不上日程的现象。这将在制度上和资金上增强对马克思主义理论研究和教育的支持力度,促进这方面科学研究的深入开展。可以预见,一个马克思主义理论研究和教育成果大丰收的前景即将到来。

第三,有利于确立社会主义意识形态在国家政治生活中的地位,有利于在世界范围内确立我国社会主义国家的形象。马克思主义理论及其包括的五个二级学科,是社会主义国家意识形态的集中体现。马克思主义理论作为一个一级学科设立,是社会主义教育事业发展的必然,是社会主义意识形态不断成熟的标志之一。这也表明执政的无产阶级政党能够自觉地对待自己的意识形态的地位。我们今天在对待社会主义意识形态地位的问题上,也应该借鉴历史的经验和资本主义国家的经验,从社会主义发展的历史进程的高度看待马克思主义理论的地位。②

中国人民大学马克思主义学院的王顺生教授指出,当前设立马克思主义理论一级学科,不仅很及时、很必要,而且其意义已经超出了高等学校思想政治理论课的学科范围。

第一,有利于推进马克思主义理论研究和建设工程的实施。马克思主义是我们立党立国的根本指导思想,是全党全国人民团结奋斗的共同思想基础。马克思主义是科学,是完整、统一的思想理论体系。但是,我国以前的学位学科目录中没有专门以马克思主义为研究对象的一级学科,只是在哲学、理论经济学和政治学三个一级学科之下分别设“马克思主义哲学”、

①靳辉明. 关于马克思主义理论学科建设的几点思考. 思想理论教育导刊,2006(11).

②刘书林. 关于马克思主义理论一级学科的设立和建设. 学校党建与思想教育,2006(6).

“政治经济学”(没有标明“马克思主义”)、“科学社会主义和国际共产主义运动”三个二级学科。这种设置,一是同马克思主义的指导思想地位很不相称,二是将通常理解的马克思主义的三个组成部分分列在三个不同的学科门类中,割裂了马克思主义完整、统一的科学体系,不利于对马克思主义的全面、系统研究。设立马克思主义理论一级学科,可以较好地解决上述问题,加强对马克思主义理论体系的综合研究,进一步推进马克思主义理论研究和建设工程的实施,推进全党的思想理论建设,推进马克思主义中国化事业不断向前发展。

第二,有利于进一步繁荣发展哲学社会科学。哲学社会科学的发展水平,体现了一个民族的思维能力、精神状态和文明素质,反映了一个国家的综合国力和国际竞争力。当前,世界范围内各种思想文化相互激荡,迫切需要巩固马克思主义在整个意识形态领域特别是哲学社会科学领域的指导地位,把马克思主义的立场、观点和方法贯穿到哲学社会科学工作中,用发展着的马克思主义指导哲学社会科学。这是繁荣发展哲学社会科学的一个核心问题。设立马克思主义理论一级学科,加强马克思主义理论体系研究,可以为哲学社会科学领域诸如政治学、社会学、法学、史学、新闻学和文学等学科的建设提供强有力的理论支撑,使哲学社会科学沿着正确健康的航向繁荣发展,更好地发挥其认识世界、传承文明、创新理论、咨政育人、服务社会的重要作用。

第三,有利于进一步加强和改进高等学校思想政治理论教育。高等学校思想政治理论课承担着对大学生进行马克思主义理论教育的任务,是对大学生进行思想政治教育的主渠道。随着高等学校思想政治理论课教育教学改革的深入和课程设置的调整,学科目录中政治学一级学科之下的“马克思主义理论与思想政治教育”这个二级学科已经很难适应思想政治理论课教育教学改革的新形势、新要求。设立马克思主义理论一级学科,加强对马克思主义理论教育和思想政治教育基本规律和基本经验的研究,不仅有利于巩固马克思主义在高等学校教育教学中的指导地位,而且可以直接为加强和改进高等学校思想政治理论课以及培养和造就一支高素质的高等学校思想政治理论课教师队伍提供强有力的学科支撑。①

①王顺生. 关于设立马克思主义一级学科的几点思考. 理论教育导刊,2005(7).

（三）马克思主义理论一级学科下设的二级学科

《关于调整增设马克思主义理论一级学科及所属二级学科的通知》（学位〔2005〕64号），详细介绍了马克思主义理论一级学科下设的二级学科的基本情况。《通知》指出："马克思主义理论"就是一门从整体上研究马克思主义基本原理和科学体系的学科。它研究马克思主义基本原理及其形成和发展的历史，研究它在世界上的传播与发展，特别是研究马克思主义中国化的理论与实践，同时把马克思主义研究成果运用于马克思主义理论教育、思想政治教育和思想政治工作。2008年12月，国务院学位委员会、教育部又发布了《关于增设"中国近现代史基本问题研究"二级学科的通知》（学位〔2008〕15号），增设了"中国近现代史基本理论研究"二级学科。因此，马克思主义理论一级学科包括六个二级学科：马克思主义基本原理、马克思主义发展史、马克思主义中国化研究、国外马克思主义研究、思想政治教育、中国近现代史基本问题研究。

第二节 "马克思主义中国化研究"学科的建设

马克思主义中国化，是马克思主义同中国具体实践相结合的过程。"马克思主义中国化研究"，是专门研究马克思主义中国化的基本经验、基本规律，以及马克思主义中国化理论成果的学科。多年来，尤其是改革开放以来，理论界、学术界对马克思主义中国化问题进行了大量的研究，也形成了很多有益的成果。马克思主义中国化研究作为二级学科，其建设和发展对于马克思主义中国化理论的研究和教育宣传具有十分重要的意义。

一、"马克思主义中国化研究"学科的基本内涵

马克思主义的强大生命力和伟大力量，就在于它能够同各个国家的具体实际相结合，并通过一定的民族形式在各个国家的具体实践中发挥指导作用，并在新的实践中获得新的发展。对于我们中国来说，就是把马克思主义的基本原理应用于中国的具体环境，实现马克思主义的中国化，使马克思主义在其每一表现中都带有中国的特性，带有中国的作风和气派。马克思主义中国化是一个历史进程，它的实质是马克思主义的基本原理同中国的

具体实际和时代发展相结合。在马克思主义中国化的历史进程中,先后产生了两大理论成果,形成了中国化的马克思主义,即毛泽东思想和中国特色社会主义理论体系。马克思主义中国化是一个历史进程,中国化的马克思主义也会在新的实践中得到新的发展。

“马克思主义中国化研究”这一学科的研究和建设,将以马克思主义中国化为主线,以中国化的马克思主义为主题,以建设中国特色社会主义的理论和实践为重点,密切结合中国共产党领导人民在对中国特色的新民主主义革命道路、社会主义改造道路和社会主义建设道路的探索中所进行的艰苦实践和理论总结,深入研究党的几代领导集体不断推进马克思主义中国化的历史进程和基本经验,系统掌握马克思主义中国化的两大理论成果的主要内容和精神实质,深刻揭示马克思主义中国化和中国化的马克思主义不断发展的基本规律。

二、“马克思主义中国化研究”学科的研究范围

“马克思主义中国化研究”这一学科的研究,有两条主线:一是对于马克思主义中国化的历史进程和基本经验的研究;二是对中国化的马克思主义,也就是马克思主义中国化的理论成果的研究。围绕这两条主线,“马克思主义中国化研究”学科的研究范围包括以下内容:

(一)马克思主义经典著作和基本原理

研究马克思主义中国化问题的基础,是明确“什么是马克思主义”这一基本问题,也就是研究马克思主义基本理论。这一内容虽不是马克思主义中国化研究的重点,但却是必不可少的组成部分,对于完善“马克思主义中国化研究”的学科体系,夯实马克思主义中国化研究的理论基础,拓展马克思主义中国化研究的广度和深度,都具有十分重要的意义。

(二)马克思主义在中国的传播、运用、丰富和发展

在对马克思主义基本理论进行研究的基础上,要把马克思主义与中国结合起来,研究马克思主义在中国的传播、运用、丰富和发展问题,找到马克思主义实现中国化的历史根源和文化根源。这既是对马克思主义中国化理论的发展,也是对马克思主义理论本身的发展。

(三)马克思主义中国化的历史进程

马克思主义中国化分为两个步骤:一是马克思主义传入中国,并得到宣

传。在这一过程中,马克思主义是作为一种外来理论被传播的,还没有与中国的实际相结合。二是马克思主义实现中国化的过程,马克思主义基本原理开始逐步同中国的具体实际相联系,形成中国化的马克思主义,用来解决中国的问题。因此,对这两个步骤的历史学研究,也就成了马克思主义中国化研究的一项重要内容,包括:对早期马克思主义的传入和宣传历史的研究,对早期中国共产党人对马克思主义中国化的贡献的研究,对马克思主义逐步实现中国化的历程的研究。

(四)马克思主义中国化的科学内涵

在研究马克思主义中国化的历史进程的基础上,提出马克思主义中国化的科学内涵,把握马克思主义中国化的基本特征,总结马克思主义中国化的基本经验和基本规律,是马克思主义中国化理论研究的重点,也是构建"马克思主义中国化研究"这一学科理论体系的重要组成部分。

(五)马克思主义中国化的理论成果

马克思主义在与中国实际相结合的过程中,形成了中国化的马克思主义,即马克思主义中国化的两大理论成果:毛泽东思想和中国特色社会主义理论体系。马克思主义中国化还在继续,理论创新还在继续,马克思主义中国化的理论成果还会继续丰富和发展,因此,对于马克思主义中国化的理论成果的研究,是马克思主义中国化理论研究的重要内容。

(六)本学科的重大理论前沿问题

伴随着我国经济社会的不断发展和马克思主义中国化研究的不断深入,马克思主义中国化的理论研究必将面对许多新的理论和实践问题,这些新问题就成了马克思主义中国化研究的前沿问题。对于重大理论前沿问题的研究,可以丰富马克思主义中国化的研究内容和研究方法,完善马克思主义中国化研究的学科体系,增强理论研究的时效性,使得理论和实践更好地结合起来。

三、"马克思主义中国化研究"学科的人才培养目标

学科建设的重要内容和目标之一是培养人才。中央宣传部部长刘云山同志在中国社会科学院马克思主义研究院成立大会上曾经指出:"人才是一个国家、一项事业发展的最重要的资源。理论建设,人才为本。开辟马克思主义发展的新境界,呼唤着一批高素质的人才,呼唤着一批马克思主义理论

大家。我们这个时代，是一个需要理论人才和理论大家的时代，也是能够产生大批理论人才和理论大家的时代。我们一定要十分珍惜这一难得的历史机遇，进一步加大人才培养的力度，努力建设一支政治强、业务精、作风正的马克思主义理论队伍，形成人才辈出、人尽其才的生动局面。要加强对马克思主义理论拔尖人才的重点扶持，造就一批学贯中西、在国内外有广泛影响的马克思主义理论大家；加强对崭露头角的学术新秀的重点培养，造就一批各学科各专业的领军人物；加强对高校马克思主义专业人才的重点培养，造就一批具有较高素质，有志于从事马克思主义理论研究的后备人才。”[①]党的十七大报告中也提出了“培养造就一批马克思主义理论家特别是中青年理论家”的要求。马克思主义理论学科的设立和建设，其目的就是培养理论人才，推动理论研究工作的不断发展。

马克思主义中国化研究作为马克思主义理论一级学科下设的二级学科，其人才培养主要定位在硕士和博士的培养上。培养目标是：通过开设马克思主义基本原理、马克思主义发展史、当代国外马克思主义、思想政治教育、科学社会主义与国际共产主义运动、中共党史与党的建设等相关专业课程，使学生系统掌握马克思主义中国化的发展进程与理论成果，深入了解毛泽东思想和中国特色社会主义理论体系形成、发展的时代背景、实践基础、理论来源，深刻认识毛泽东思想和中国特色社会主义理论体系的历史地位和指导意义，能够运用马克思主义的立场、观点和方法对当今世界和中国的实际问题开展高水平研究，具有较强的独立分析能力；力求培养具有优良的政治素质、理论素养和科研潜力，胜任高等院校、科研院所马克思主义中国化的教学与研究工作，胜任党政机关马克思主义中国化的宣传与教育工作的高素质理论人才。

①刘云山．大力加强马克思主义理论研究和建设，不断开辟马克思主义发展的新境界．马克思主义研究，2006(1)．

第二章　马克思主义中国化的原因探析

在人类历史发展的长河中，曾经有过无数辉煌的创造和惊人的发现，但从来没有任何一种创造和发现，像马克思、恩格斯所创立的马克思主义那样，引起整个人类思想的巨大震颤，从根本上动摇了人们的传统观念，改变了人们观察自然、社会和人自身的方式，开辟了人类思想史的新纪元。在新千年到来前夕，全球知名广播公司英国广播公司（BBC）在全球范围内举行了一次千年思想家的网上评选活动。结果，卡尔·马克思名列榜首。人类社会过去的1000年，是波澜壮阔的1000年，是造就巨人的1000年。悠悠千载，代代英豪，在可圈可点的历史画卷中，曾出现过灿若繁星的思想大师，而马克思能独占鳌头。在宣扬马克思主义"过时论"、社会主义"终结论"的今天，这个评选结果的确发人深省。马克思逝世已经120多年了，至今仍作为一个伟大的思想家产生着如此广泛而巨大的影响，足以说明以他的名字命名的"马克思主义"具有无穷的思想魅力。

马克思主义诞生在19世纪中期，其发源地是资本主义充分发展的西欧。东方和西方在经济、政治和文化等方面存在着巨大差异，可为什么一个诞生于西方的理论却在一个有着五千多年历史的东方国家被广泛传播、接受、丰富和发展，以至后来发展成为一个民族的指导思想呢？

第一节　马克思主义传入中国被迅速接受的原因探析

一、西学东渐运动为马克思主义传入中国创造了外部条件

鸦片战争以后，先进的知识分子开始抛弃"中国独居天下之中，东西南北皆夷狄"的观念，转而"师夷长技以制夷"，中国进入了思想空前解放和活

跃的时代,西学东渐的步伐明显加快。这一时期,《算法全书》、《天文问答》等近千部西方著作被翻译出版;开明地主阶级领导开展了洋务运动;先进的知识分子开始关注西方的政治体制和学术思想,西学输入的领域逐步由自然科学延伸至社会科学。这些活动虽旨趣各异,但均以了解世界、求强求富、救亡图存、民主革命、科学启蒙为主题。这对马克思主义传入中国并被接受有着重大的意义:第一,西学东渐形成了以爱国主义为主题的拯救中华的时代巨流,促进了国人的觉醒。先进的知识分子积极寻找救国救民的先进理论,唤醒了国人的爱国意识,这成为马克思主义传入中国的原动力。第二,洋务运动的开展促进了中国资本主义经济的发展,第一批产业工人随之产生。经济基础决定上层建筑,这为马克思主义在中国的传播奠定了一定的政治经济基础。第三,西学东渐使中国人对西方的传统思想和启蒙思想有了一定的认识,起到了为中华民族"补课"的作用,一定程度上为马克思主义的传入扫清了障碍。西学东渐作为中西文化交流史上重要的一页,为马克思主义传入中国作了大量的西学文化储备,奠定了一定的文化基础,而新文化运动则最终为马克思主义的传播开辟了道路。

二、与中国传统文化相容为马克思主义的传播创造了思想条件

人类思想文化传播的基本规律是:任何一种思想文化传播到一个新的民族或地区中,要为该民族或地区的人民接受并发展,就必须与其社会生活和文化传统相结合,这可以称为文化传播的本土化规律。马克思主义要传入中国并被中国人所接受,同样要遵循这一规律,而马克思主义和中国传统文化恰恰具备了内在的相容性。首先,中国传统文化是马克思主义重要的思想渊源。虽然马克思主义诞生在西欧,但由于历史原因,中西文化交流特别是中国文化西传对欧洲文明的发展起到了重要的作用。正如美国学者德克·卜德所说:"中国对西方世界作出了很大的贡献,这些贡献极大地影响了西方文明的发展……完全改变了我们的生活方式,成了我们整个现代化文明的基础。"马克思主义是一个开放的理论体系,它吸收和改造了两千年来人类思想和文化发展中一切有价值的东西,中国传统文化当然也不例外,特别是传统文化中的朴素唯物主义、辩证法、无神论等思想构成了马克思主义重要的思想渊源。其次,马克思主义与中国传统文化在价值取向上有一定的相通性。中国古代先哲们把天下为公的"大同"理想作为其毕生追求的终极目标和最高境界。早在先秦时期,诸子百家就提出了"不患寡而患不

均，不患贫而患不安"、"天下兼相爱则治，交相恶则乱"等思想；经过近两千年的发展，康有为在《大同书》中提出了建立生产力高度发展、富裕文明的人间乐园的主张。这些思想虽然建立在自然经济的物质基础之上，与共产主义理想所追求的目标有着本质的区别，但在社会发展、道德追求等方面又有着相通之处。因此，马克思主义一经传入中国，先进的知识分子就会比较容易接受，并将其视为实现救亡图存与民族复兴的理论武器。故而可以说，中华民族优秀的传统文化是马克思主义传入中国并很快被中国人民所接受的文化土壤。

第二节　马克思主义中国化的现实原因

一、马克思主义中国化是近代中国革命的需要

1840 年，英国人用大炮轰开了闭关的清政府的大门，近代中国逐渐沦为半殖民地半封建社会，中国近代史揭开序幕。社会制度腐败、经济文化落后、国弱民穷是中国步入近代社会的特征，中华民族因此必须要推翻帝国主义、封建主义和官僚资本主义的统治，求得民族独立和人民解放，实现国家繁荣富强、人民共同富裕这两大历史任务成为国人的奋斗目标。

从 1840 年到中华人民共和国成立的这一百多年里，伟大的中华儿女为民族的独立而英勇地奋斗着。一百多年前的那场鸦片战争，不仅打开了清政府的大门，也让古老而又神秘的中国开始一步步地滑向半封建半殖民地的深渊，从这里开始，灾难、痛苦、耻辱就像一张网一样时刻笼罩在我们国人的上方。中华民族是一个勤劳勇敢的民族，在开始民族苦难的同时，伟大的反抗斗争总是此起彼伏。为着民族的独立与富强，许多仁人志士抛头颅，洒热血，奉献着自己的青春与智慧。从以林则徐、魏源为代表的地主阶级主张的"师夷长技以制夷"，到太平天国的《资政新篇》以及轰轰烈烈的洋务运动等探索，都未能完成民族独立与富强的愿望。新兴的资产阶级尽管自身先天不足，力量软弱，但仍被时代的大潮推到了历史的前沿。资产阶级维新派为顺应历史潮流而主张的一系列改革措施，实施未能过百日而被废止，统治阶级以戊戌六君子菜市口斩首的方式终止了这场伟大的改革。历史步入 20 世纪，以孙中山先生为代表的资产阶级革命派历经曲折，终于换来了封建清

廷的垮台和资产阶级共和国的成立，但最终还是未能摆脱失败的命运。中国社会陷入了更大的混乱，面临的问题一个也没能解决：国家依然四分五裂，民众依然挣扎在水深火热的痛苦之中，列强依旧在我中华大地肆意践踏。路在何方？每一个处在黑暗之中的中国人都在苦思冥想。

历史的发展清楚地证明，地主阶级的改革派拯救不了中国，“师夷长技以制夷”的主张如同一颗绚丽的流星，未能持久地闪耀便消逝在记忆之中；农民阶级更救不了中国，太平天国运动的失败充分暴露了农民阶级的缺陷；资产阶级的维新派也救不了中国，戊戌变法的失败充分证明依靠统治阶级自上而下的改革来改变民族未来的想法是愚蠢的。资产阶级革命派引导的武昌起义虽然推翻了帝制的清廷，建立了资产阶级的共和国，颁布了资产阶级性质的宪法，但力量薄弱的民族资产阶级在封建势力和帝国主义的双重打击之下，最终也只能成为中国革命的路人，以失败而告终。救国的一套套方案、一次次尝试都破产了，国人陷入了极度的混乱、苦闷和彷徨之中。吴玉章回忆说：“辛亥革命给长期黑暗无际的中国人带来了一线光明，当时人们是多么的欢欣鼓舞啊，但是，转瞬之间，袁世凯窃去国柄，把中国人重新投入黑暗的深渊，人们的痛苦和失望，真是达到了极点，因此有的走上了自杀的道路。”①

从上面的回顾我们可以看出，中国共产党诞生以前所有救国的努力都以失败而告终。我们反思这些失败的原因，不难看出，这些失败各有各的原因，但一个共同的根本的原因就是缺乏理论的指导。近代中国民族民主革命迫切需要新的科学理论来指导，成为五四运动后国人的共识。“十月革命一声炮响，给我们送来了马克思主义。”此后，马克思主义迅速在中国大地传播开来，并迅速为大多数知识分子所接受，成为分析和解决当时问题的主要工具。毛泽东对此作过精辟的论述：“马克思列宁主义来到中国之所以发生这样大的作用，是因为中国的社会条件有了这种需要，是因为同中国人民革命的实践发生了联系，是因为被中国人民所掌握了。任何思想，如果不和客观的实际的事物相联系，如果没有客观存在的需要，如果不为人民群众所掌握，即使是最好的东西，即使是马克思列宁主义，也是不起作用的。”②

①吴玉章文集（下卷）．重庆：重庆出版社，1987：1052．

②毛泽东选集（第4卷）．北京：人民出版社，1991：1515．

二、马克思主义中国化是中国现代化建设的需要

马克思主义作为一种理论武器，不仅是近代中国民族民主革命的需要，也是当代中国现代化建设的实际需要。在很长的一段时间里，我们没有搞清楚“什么是社会主义，怎样建设社会主义”这个基本问题。从理论上来说，马克思和恩格斯曾经对社会主义作过初步设想：公有制，计划经济，按劳分配，没有商品货币。1875年马克思写作了《哥达纲领批判》一文，文中说：“在一个集体的，以共同占有生产资料为基础的社会里，生产者并不交换自己的产品；耗费在产品生产上的劳动，在这里也不表现为这些产品的价值，不表现为它们所具有的某种物的属性，因为这时和资本主义社会相反，个人的劳动不再经过迂回曲折的道路，而是直接地作为总劳动的构成部分存在着。”[①]恩格斯在《反杜林论》中也明确讲过：“一旦社会占有了生产资料，商品生产就将被消除，而产品对生产者的统治也将随之消除。”[②]显而易见，按照马克思和恩格斯的设想，未来的社会主义社会是一个没有商品货币关系的社会。这些经典言论，曾经在一个时期内被社会主义国家的领导人理解为社会主义最本质的要求，并在实践中加以贯彻，致使许多社会主义国家的经济建设陷入困境。马恩设想的社会主义是建立在高度发达的资本主义基础上的，它应该是消灭商品、货币和市场的社会；但现实的社会主义大多没有经过资本主义的发展阶段或者充分发展阶段，承接下来的生产力水平还很低，经济文化发展相对落后，在这样的基础上消灭商品、货币显然是不可取的。

实际上，列宁看出了理论与实践的差距。列宁对如何建设社会主义这一问题的观点，在历经实践之后，发生了一个转变。最初，列宁明确提出：“社会主义要求消灭货币的权利，资本的权利，消灭一切生产资料私有制，消灭商品经济。”[③]1917年十月革命胜利后，列宁着手进行社会主义建设，开始按照马恩的观点建设新生的社会主义。面对当时联合国军的武装进犯和国内反动分子的叛乱，列宁领导的布尔什维克实施了战时共产主义政策，在应对战争的过程中获得了巨大的成功；但战争结束后，战时共产主义政策立即

①马克思恩格斯选集(第3卷). 北京：人民出版社，1972：10.

②马克思恩格斯选集(第3卷). 北京：人民出版社，1972：323.

③列宁全集(第2卷). 北京：人民出版社，1992：75.

显示出了它的弊端,理论与现实的差距立刻暴露在布尔什维克人的面前。经过认真反思和党内激烈讨论,苏联制定了以发展商品经济为特征的新经济政策。新经济政策的实施,使苏联的经济社会状况立刻发生了变化。在此基础上,列宁坚定地说:"我们对社会主义的整个看法根本改变了。"在如何建设新生的社会主义的问题上,列宁并没有僵硬地使用马克思主义,而是将马克思主义的普遍原理与俄国国情及其具体发展状况结合起来,实事求是,一切从实际出发,这种科学的态度是值得我们永远学习的光辉典范。

1925年列宁逝世,苏联步入了斯大林时代。斯大林在遵循马克思主义基本原则的同时,又根据苏联的实际情况,提出了建设社会主义的新见解,形成了建设社会主义的一系列主张。在这些新的见解和主张的指导下,苏联的社会主义经济建设取得了很大的进步,同时形成了一套建设社会主义的固有模式——斯大林模式。客观地说,在早期,斯大林模式对苏联的社会主义建设起到了很积极的作用;但后来,特别是斯大林去世后,苏联没有及时改革生产关系,而是在生产力已经获得长足发展的基础上,还固守斯大林模式,结果僵化了马克思主义,阻碍了生产力的发展。

斯大林模式对我国的社会主义建设产生了极大的影响。毛泽东对社会主义建设规律有过艰辛的探索,提出了很多宝贵的见解;但同时,他也犯了许多错误,在一些重大问题上发生了认识上的偏差:在生产力方面,提出了背离客观经济规律的高指标,急于求成,盲目追求重工业的发展,而忽视了轻工业的发展;在生产关系方面,不切实际地强调生产资料的公有化程度,盲目地强调人的主观能动性而忽视客观规律的作用;在社会发展阶段方面,不顾我国社会的实际发展情况,误以为共产主义已不是什么遥远的事情,超越了社会发展阶段;在主要矛盾方面,主观臆断阶级斗争是当时我国社会的主要矛盾,把党的主要精力放在了抓阶级斗争上。这些错误直接导致了"文化大革命"的发生。"文化大革命"持续了10年,国内经济建设混乱不堪,社会发展止步不前甚至倒退,面临崩溃的边缘。"文革"结束后,在"两个凡是"的错误指导下,我国经济社会发展徘徊不前。严峻的社会现实给中国共产党人提出了一个必须解决的问题:究竟什么是社会主义,怎样建设社会主义?

20世纪70年代末80年代初,我们结束了"文化大革命"的混乱,外部世界却已经发生了翻天覆地的变化,和平与发展成为世界的主题,全球化、国际化成为时代的大趋势。在已经变化了的国际国内形势下,中国共产党人面临着又一次选择:是固守马克思主义的教条,继续坚持“两个凡是”,还是用与中国现代化建设实际相结合的马克思主义,即当代的中国化的马克思主义来指导中国的现代化建设?1978 年 12 月,具有转折意义的党的十一届三中全会隆重召开,作出了改革开放的伟大历史抉择,中国迈入了改革开放的历史新时期。

改革开放以来,中国的经济社会发生了巨大变化,取得了举世瞩目的成就,经济实力大幅度上升,人民生活显著改善,社会进步有目共睹。这一切都归功于中国共产党领导中国人民既坚持马克思主义理论的指导,同时又冲破各种教条主义和僵化思想的束缚,不断坚持理论创新。历史的经验证明,我们的事业需要马克思主义,这是我们取得成功的根本保证;同时,历史的发展也证明,我们如果不将马克思主义与中国现代化建设和改革实际相结合,同样会遭受挫折和失败。新的时代需要创新理论,新的实践呼唤新的理论,把马克思主义的普遍原理同中国的现代化建设实践结合起来,是我们当下进行现代化建设的客观需要和必然要求。

第三节　马克思主义中国化的理论原因

一、马克思主义中国化是马克思主义理论本身的内在要求

“如果不把唯物主义方法当作研究历史的指南,而把它当作现成的公式,按照它来裁剪各种历史事实,那它就会转变为自己的对立物。”①这是晚年的恩格斯针对当时一股试图把马克思主义僵固化、教条化的习气而作出的告诫。马克思主义是科学的理论,它揭示了人类社会特别是资本主义社会生产方式的内在矛盾及其特殊运动规律,指出了资本主义必然为社会主义所代替的历史趋势,论述了无产阶级的历史使命,以及为了实现这一历史使命所要完成的历史任务和所要创造的条件。关于怎样对待马克思主义,自马克思主义诞生以来就有两种方式方法:一种是把马克思主义当成一种教条和圣经,用僵固的理论来规划现实,认为凡是符合马克思主义的本本的,就是真马克思主义,就是坚持了马克思主义;另一种观点认为,马克思主

①马克思恩格斯选集(第 4 卷). 北京:人民出版社,1995:688.

义不是某种一成不变的教条,而是一种科学体系,因而必然随着时代的前进和实践的发展而不断丰富和发展。历史的发展已经证明,持前一种看法的人,貌似坚持了马克思主义,其实质却是背离了马克思主义,并最终走向马克思主义的反面;而坚持第二种观点,才是真正坚持马克思主义,才是马克思主义的态度。“马克思的整个世界观不是教义,而是方法。它提供的不是现成的教条,而是进一步研究的出发点和供这种研究使用的方法。”①马克思主义是科学的理论,是被实践所证明了的普遍真理;但是,马克思主义只有同各国的具体实际相结合,才能发挥其指导作用。正如马克思所反复告诫的:正确的理论必须结合具体情况并根据现存条件加以阐明和发挥。马克思主义的强大生命力和影响力,就在于它是同各国的具体实际紧密结合的,是在各国革命和建设的具体实践中运用和发展着的。

马克思主义是发展的理论。马克思主义不是关在书斋里的学问,它必须融入广大的社会实践,并在社会实践中继续丰富和发展,才能显示出它强大的生命力和巨大的威力。正如列宁所说:“我们决不把马克思的理论看作某种一成不变和神圣不可侵犯的东西;恰恰相反,我们深信:它只是给一种科学奠定了基础,社会党人如果不愿落后于实际生活,就应当在各个方面把这门科学推向前进。”②

马克思主义是科学的理论。既然马克思主义是科学的、发展的理论,马克思主义者就应当以科学的、发展的态度来对待它。列宁运用马克思主义的立场、观点和方法,科学地分析了帝国主义的本质和特征,揭示了帝国主义时代政治、经济发展不平衡的规律,得出了社会主义可以在少数国家甚至一个国家取得胜利的结论,阐明了帝国主义时代无产阶级革命和无产阶级专政的理论和策略,提出了建立社会主义的理论和建设新型的无产阶级革命政党的理论,以及殖民地半殖民地国家民族民主革命的理论和策略,从而把马克思主义推进到一个新的发展阶段——列宁主义阶段。列宁主义是马克思主义同19世纪末20世纪初国际共产主义运动,特别是俄国无产阶级革命实践相结合的产物。在它的指引下,俄国无产阶级取得了十月社会主义革命的胜利。列宁主义是世界无产阶级、被压迫人民、被压迫民族争取解放的行动指南。

①马克思恩格斯全集(第39卷).北京:人民出版社,1974:417.

②列宁选集(第1卷).北京:人民出版社,1995:162.

马克思列宁主义伴随着十月革命的隆隆炮声传入中国，并在五四时期广泛传播开来，逐步成为中国思想界的主流，进而成为中国革命的新的理论武器和指导思想。尽管马克思主义的基本原理及其立场、观点和方法，对于各国无产阶级及其政党所领导的革命和建设事业是普遍适用的，但它毕竟不是万能的教义和包治百病的灵丹妙药，而是无产阶级及其政党进行革命和建设以及改造社会与世界的认识工具和行动指南，它不可能直接提供各国革命和建设中具体问题的答案。因此，马克思列宁主义在中国的实现程度，不仅取决于中国对它的需要程度，而且取决于中国共产党人对这一理论的运用程度，取决于这一理论与中国实际相结合的程度。

中国共产党是马克思列宁主义与中国工人运动相结合的产物。中国共产党从诞生之日起，就把马克思列宁主义写在自己的旗帜上。以马克思列宁主义为指导思想的中国共产党，正是根据马克思主义理论本身的要求来对待马克思主义的。尽管在对待马克思列宁主义的态度上，党内曾经出现过教条主义和经验主义两种错误态度，但从整体上来说，中国共产党始终坚持了马克思列宁主义中国化的正确方向。中国第一个马克思主义者李大钊早在五四时期就提出，对于社会主义，必须要研究怎么可以把它的理想尽量应用于环绕着它的实境。1938 年 10 月，毛泽东在中共六届六中全会上指出：马克思主义必须和我国的具体特点相结合并通过一定的民族形式才能实现。中国共产党“要学会把马克思列宁主义的理论应用于中国的具体的环境”，“按照中国的特点去应用它”，“使马克思主义在中国具体化”。这里，毛泽东明确而完整地提出了马克思主义中国化的问题，并把它作为一个十分重要、十分紧迫的问题提到全党面前。正是由于中国共产党遵循马克思主义理论本身的内在要求，在总体上始终坚持了马克思主义中国化的方向，坚持把马克思主义基本原理与时代特征和中国具体实际相结合，在实践中不断推进马克思主义中国化的进程，才形成了毛泽东思想、邓小平理论、“三个代表”重要思想和科学发展观。毛泽东思想、邓小平理论、“三个代表”重要思想和科学发展观，都是在马克思主义中国化的不同历史阶段所产生的重要成果，它们又以新的富有时代气息的理论丰富和发展了马克思主义。

二、马克思主义中国化是中国共产党实践经验的总结

20 世纪 30 年代初，以王明为代表的教条主义在党中央领导机关内占据领导地位长达 4 年，教条地对待马克思主义，无视中国革命的特点和实际，

给中国共产党带来了极大危害，使中国革命几乎陷于绝境。王明的教条主义，主要特点是无视中国社会的特点和国情，僵化地理解并照搬照抄马克思主义的本本，混淆民主革命与社会主义革命的界限，企图一举夺取社会主义革命的胜利。他们推行“城市中心论”，要求红军去占领城市，反对毛泽东提出的在农村积蓄力量，以农村包围城市，最后夺取全国胜利的正确道路。由于教条主义的主观蛮干，党在组织上和工作上都受到了严重损失。在第五次反“围剿”中，他们放弃积极防御的方针，反对“诱敌深入”，实行进攻中的冒险主义，主张“御敌于国门之外”，去攻打敌人的坚固阵地；失败后，又转而实行防御中的保守主义，结果导致了第五次反“围剿”的失败，中央红军受到了极大损失，不得不开始了战略性的大转移。失败的教训引发了中国共产党人对如何对待马克思主义的思考。

为了批判当时党内盛行的教条主义，毛泽东在 20 世纪三、四十年代先后写了《反对本本主义》、《改造我们的学习》等一系列重要文章。在《反对本本主义》一文中，毛泽东讽刺教条主义者是“从书本上讨生活”的人，并对教条主义的错误作了深入具体的批判。1938 年 10 月，毛泽东在中国共产党第六届中央委员会扩大的第六次全体会议上，作了《论新阶段》的政治报告，对教条主义作了进一步的批判，并正式提出了马克思主义中国化问题。

新中国成立以后，在毛泽东思想的指引下，中国马克思主义的发展取得了新的理论成就。但是，随着中国社会主义建设实践的全面展开，包括毛泽东在内的许多中国马克思主义者和共产党人逐渐偏离了实事求是的思想路线，重新陷入了教条主义的泥沼，给党和人民带来了巨大的灾难。

“文化大革命”结束之后，邓小平以非凡的理论勇气批判了“两个凡是”的新教条，强调“两个凡是”不符合马克思主义，也违背了毛泽东思想。他指出：“凡是毛泽东同志圈阅的文件都不能动，凡是毛泽东同志做过的、说过的都不能动。这是不是叫高举毛泽东思想的旗帜呢？不是！这样搞下去，要损害毛泽东思想。毛泽东思想的基本点就是实事求是，就是把马列主义的普遍原理同中国革命的具体实践相结合。”[①]邓小平还亲自领导和热情支持了中国理论界关于真理标准问题的大讨论，重申了实践是检验真理的唯一标准，并重新确立了实事求是的思想路线。同时，为了消除教条主义的思想根源，使实事求是的原则落到实处，邓小平又特别强调防止思想僵化的重要

①邓小平文选（第 2 卷）．北京：人民出版社，1994：126.

性，并增添了解放思想这一新的重要内容。正是由于坚持了解放思想、实事求是的思想路线，邓小平带领中国马克思主义者和共产党人在中国社会向市场经济转轨的关键时刻，运用马克思主义正确地回答了中国现代化建设实践中的一系列重大理论和实践问题，提出了"生产力标准"等重要思想，开创了中国特色社会主义理论体系，为现代化建设指明了方向，为马克思主义中国化事业作出了新的重大理论贡献。

从总体来看，近90年以来，中国共产党把马克思主义的基本原理与本国实际相结合，推进马克思主义中国化的历史进程，经历了一个从不自觉到比较自觉、从不成熟到比较成熟的过程。在经历了挫折与成功之后，全党对马克思主义基本原理与本国实际相结合的重要性的认识才逐步达到自觉成熟的阶段。毛泽东后来说，在民主革命时期，我们党犯过教条主义错误，在社会主义建设时期，也曾照搬苏联的一些做法。那时候有这样一种情况，因为我们没有经验，在经济建设方面，几乎一切都抄苏联，自己的创造性很少。"这在当时是完全必要的，同时又是一个缺点，缺少创造性，缺乏独立自主的能力。这当然不应当是长久之计。"1956年4月毛泽东发表的《论十大关系》，就是把马克思主义同我国社会主义建设实际相结合，以苏联为鉴，探索适合本国国情的社会主义建设道路的代表作。邓小平也强调过，不论是革命时期还是建设时期，如何使马克思列宁主义与各个时期的具体情况相结合，这是一个需要不断解决的问题。遗憾的是，这种"结合"后来发生了失误，出现了偏差，发生了"大跃进"、"人民公社化"运动，特别是"文化大革命"这种严重脱离国情的错误。

十一届三中全会以来，我们党既坚持了马克思主义，又立足改革开放和现代化建设的实践，成功地实现了马克思主义与当代中国实际和时代特征的结合。历史的发展证明，既要坚持马克思主义，同时又要发展马克思主义。马克思主义中国化是中国共产党实践经验教训的总结。

第三章　马克思主义中国化的科学内涵

党的十七大报告明确指出，中国特色社会主义事业取得伟大成就的原因之一就是"我们党把坚持马克思主义基本原理同推进马克思主义中国化结合起来"。马克思主义中国化作为一个概念，其出现可以追溯到1938年10月，但由于各种历史原因，解放战争以后很少提到。随着中国特色社会主义事业的蓬勃发展，这一概念又被重新提起并被广泛使用。

第一节　马克思主义中国化概念的发展历程

马克思主义中国化，作为一种哲学意义上的活动或思潮运动，学术界普遍认为是从五四前后特别是从1917年俄国十月革命开始的。虽然在此之前也有马克思主义传入中国，但只是一种不自觉的行动，一种零星的介绍。在此之后，马克思主义大量传入中国，并且开始与中国的国情联系起来。马克思主义中国化作为一个特定的概念，则是在1938年10月中共六届六中全会上提出来的。在这次大会上，毛泽东作了《论新阶段》的著名报告，他在报告中说："离开中国特点来谈马克思主义，只是抽象的空间的马克思主义，因此，使马克思主义的中国化，使之在其每一个表现中带着中国的特性，即是说，按照中国的特点去应用它，成为全党有待了解并必须解决的问题。"①这就是说，要把马克思主义的普遍真理同中国的具体实际结合起来，反对把马克思主义神圣化、教条化。

毛泽东在此次全会上的号召得到了中共中央其他领导人的赞同。在六届六中全会上，张闻天在部署党的工作时，明确提出了"马克思主义中国化"

①毛泽东选集(第2卷). 北京:人民出版社,1991:534.

的要求。张闻天说，“我们要使组织工作中国化，否则我们就不是中国的共产党员。将外国党的决定搬到中国来用，是一定要碰钉子的”，宣传工作“要认真地使马列主义中国化，使它为中国广大的人民所接受”。① 此后，不少党的高级干部，尤其是党的理论工作者不断使用这一概念。

六届六中全会后不久，彭真在晋察冀边区第二次代表大会上明确提出：马克思主义中国化的意义，就是把马克思主义的原则和方法应用于中国的具体问题，就是要根据当时当地的具体情况，灵活地运用马克思主义的原则和方法来具体解决中国的问题。1941 年，刘少奇在一封书信中指出：“中国社会历史发展的具体道路和欧洲各国社会历史发展的道路比，有其更大的特殊性。因此，要使马克思主义中国化，要用马列主义的原理来解释中国社会历史实践，并指导这种实践。”②在 1942 年年初开展延安整风运动后，“马克思主义中国化”或“中国化的马列主义”等提法逐渐被党的高级领导干部所接受，并出现在朱德、刘少奇、周恩来、任弼时等人的著述中。

与此同时，党的理论工作者纷纷对“马克思主义中国化”进行了理论论证。1940 年，艾思奇发表《论中国的特殊性》、《怎样研究辩证法唯物论》等文章，对马克思主义哲学中国化的必要性、可能性、基本原则和具体途径进行了全面的论述。他指出，马克思主义之所以能够中国化，是由于中国本身早就产生了马克思主义的实际运动，真正的中国化，就是要真正能把握马克思主义的理论，就是要真正能理解、精通、应用马克思主义的理论。杨松发表《关于马列主义中国化的问题》，张如心发表《论布尔赛维克的教育家》等文章，支持和论证马克思主义中国化。在这以后，“马克思主义中国化”的命题及其所阐述的思想，在党内达成广泛的共识并付诸实践。

新中国成立以后，受苏联的影响，“马克思主义中国化”这个提法被改为“使马克思主义在中国具体化”，这种改动是当时一种政治策略的考虑。1956 年中共八大在北京召开，这是马克思主义中国化发展历程中的一次重要大会。毛泽东在大会上号召，要把马克思主义基本原理同中国实际相结合，实现马克思主义中国化的第二次飞跃。但遗憾的是，八大刚刚结束，随着国际国内形势的变化，马克思主义中国化的发展开始出现曲折，主要表现为对社会主义建设事业操之过急而导致了 1957 年“反右”、1958 年“浮夸

①陈亚杰．“马克思主义中国化”的由来．学习时报，2006(10)．

②刘少奇选集(上卷)．北京：人民出版社，1981：222.

风”、1959年“反右倾”事件的发生。在今天看来，这些现象产生的根本原因，是当时中国共产党所执行的政治思想路线背离了毛泽东在延安时代所倡导的“马克思主义中国化”的基本原则。

七千人大会是社会主义建设的一个转折，至少在反思上取得了一个很好的开端。在此背景下，毛泽东在1961年1月的一次讲话中重新提到了“马克思主义中国化”。毛泽东说：“所谓马克思主义中国化，就是马克思主义普遍真理跟中国革命具体实践的统一，一个普遍一个具体，两个东西的统一就叫中国化。”“各国具体的历史、具体的传统、具体的文化都不同，应该区别对待，应该允许把马克思列宁主义具体化，也就是说把马克思列宁主义的普遍真理和本国革命的具体实际相结合。”①虽然此时毛泽东认识到了“马克思主义中国化”的重要性，认识到了把理论与具体实际结合起来的重要意义，但由于缺乏社会主义建设的经验，对当时的形势作出了错误的判断，“左”的错误依旧发展并最终导致长达十年的“文化大革命”的发生，毛泽东倡导的马克思主义中国化发生了严重的偏向，中国化马克思主义的事业遭受到了重大挫折。

1978年12月，具有转折意义的十一届三中全会在北京召开。会后，以邓小平为核心的第二代领导集体纠正了马克思主义中国化的错误倾向，重新确立了解放思想、实事求是的思想路线，强调把马克思主义普遍原理和中国实际结合起来，走自己的路，建设有中国特色的社会主义。邓小平在不同场合反复地指出把马克思主义普遍原理和中国实际结合起来对社会主义建设的重要性。1982年，邓小平在十二大上说：“我们的现代化建设，必须从中国的实际出发。无论是革命还是建设，都要注意学习和借鉴外国经验。但是，照抄照搬别国经验、别国模式，从来不能成功。这方面我们有过不少教训。把马克思主义的普遍真理同我国的具体实际结合起来，走自己的路，建设有中国特色的社会主义，这就是我们总结长期历史经验得出的基本结论。”②1979年，时任中共中央总书记的胡耀邦在纪念马克思逝世100周年的大会上指出：马克思主义的生命力就在于同各国的具体实际相结合。1987年，十三大提出马克思主义与我国实际相结合有“两次历史性飞跃”，即新民主主义革命时期“找到了有中国特色的革命道路，把革命引向胜利”和三中

①毛泽东选集(第2卷). 北京：人民出版社，1991：534.

②邓小平选集(第3卷). 北京：人民出版社，1994：3.

全会后“找到一条建设有中国特色的社会主义的道路,开辟了社会主义建设的新阶段”。

十三届四中全会以来,以江泽民为核心的中国共产党第三代领导集体面对政治多极化和经济全球化曲折发展的国际国内新形势,坚持将马克思主义基本原理与中国实际相结合,提出了“三个代表”重要思想,继承和发展了马克思主义,为马克思主义中国化的伟大事业作出了新的贡献。以江泽民为核心的第三代中央领导集体在不同场合反复强调马克思主义中国化对社会主义建设的重要意义。1992 年,十四大重申“两次历史性飞跃”的观点,并论定“建设有中国特色社会主义的理论”,“是马克思列宁主义基本原理与当代中国实际和时代特征相结合的产物,是毛泽东思想的继承和发展”,“是当代中国的马克思主义”。这里将中国实际和时代特征两个方面并提,更明确地把民族化与当代化结合起来,同时使用了“当代中国的马克思主义”的概念。1997 年,十五大再次重申“两次历史性飞跃”的观点,并进一步把第二次历史性飞跃产生的理论成果定名为邓小平理论,指出邓小平理论“是当代中国的马克思主义,是马克思主义在中国发展的新阶段”。2001 年 7 月 1 日,江泽民在庆祝中国共产党成立 80 周年大会上的讲话中使用了“中国化了的马克思主义”的概念,用以说明毛泽东思想和邓小平理论在马克思主义发展史上的地位,指出这两大理论成果“既体现了马克思列宁主义的基本原理,又包含了中华民族的优秀思想和中国共产党人的实践经验”。2001 年 9 月 26 日,《中共中央关于加强和改进党的作风建设的决定》再次明确使用了“马克思主义中国化”的概念,要求“不断推进马克思主义的中国化”。

十六大以来,以胡锦涛为总书记的新一届中央领导集体提出“坚持以人为本,树立全面、协调、可持续的发展观”,努力构建社会主义和谐社会。这使得马克思主义中国化得到更加深入的发展,“马克思主义中国化”成为一个使用极其频繁的概念。2004 年,中共中央发起“马克思主义理论研究和建设工程”,在此推动下,对马克思主义中国化的研究更呈蓬勃发展之势。2007 年中共十七大召开,十七大报告中多处使用了“马克思主义中国化”这一概念。例如:过去五年最大的成绩归根结底就是“开创了马克思主义中国化的新境界”;新时期最突出的标志是与时俱进,而体现在思想上就是“不断推进马克思主义中国化”;中国特色社会主义理论体系,是“马克思主义中国化的最新成果,是党最可宝贵的政治和精神财富,是全国各族人民团结奋斗的共同思想基础”;社会主义文化建设的首要任务之一,就是“坚持不懈地用马克思主义中国化最新成果武装全党、教育人民”。

第二节 学界对马克思主义中国化概念内涵的理论争鸣

在不同的理论背景下，学者对马克思主义中国化这一概念可以有不同的认识。有的学者把马克思主义中国化放在中国现代化历史进程中进行考察，认为马克思主义始终与世界的现代化运动相联系，是世界现代化的一部分，马克思主义中国化除了马克思主义与中国革命实践相结合之外，还包括西方现代化运动与中国现代化选择的关系、马克思主义与中国文化的关系、马克思主义与中国思想界思潮的关系等多层面的问题。有的学者从文化传播的角度来阐释马克思主义中国化的内涵，认为马克思主义中国化的过程是从文化结合到实践结合的过程，马克思主义中国化是全球化时代一种理性的文化选择和文化态度，它不仅是马克思主义被中国民族文化认同和吸收的过程，而且是马克思主义在新的实践中得到创造性丰富和发展的过程。

现收集整理几种比较有代表性的观点，列举如下供研究参考。

郭德宏①认为，对马克思主义中国化，可以从不同的层次和不同的方面来加以理解。

第一，按照毛泽东在1938年中共六届六中全会上提出马克思主义中国化的本意来看，可以认为它的基本含义就是马克思主义必须和中国的实际相结合，即把马克思主义具体化，使其适合中国的情况，用以指导中国的革命。为了达到这一目的，必须使马克思主义具有中国的民族形式，即克服教条主义，代之以新鲜活泼的、为中国老百姓所喜闻乐见的中国做法和中国气派。也就是说，马克思主义中国化，包括内容的中国化和形式的中国化两个方面。要达到这个目的，就不仅要使马克思主义和中国现实的、历史的实际相结合，还必须和中国传统文化的实际相结合，即吸收中国传统文化的营养。

第二，既然马克思主义要和中国的实际相结合，而中国的实际是不断发展的，那么马克思主义中国化就是一个永远不会完结的过程。它不会一劳永逸，而要不断地将马克思主义和中国实际相结合，是一个与时俱进、不断

①郭德宏，中共中央党校中共党史教研部教授、博士生导师，中国现代史学会会长。

发展的过程。

第三，毛泽东在提出马克思主义中国化后不久，又提出了中国实际即中国经验的马克思主义化。1941年9月10日，他在中共中央政治局扩大会议上作的《反对主观主义和宗派主义》的讲话中说："我们反对主观主义，是为着提高理论，不是降低马克思主义。我们要使中国革命丰富的实际马克思主义化。"也就是说，既要把马克思主义中国化，又要把中国经验马克思主义化。把中国经验马克思主义化，不断地进行新的理论创造，推进马克思主义在中国的丰富和发展，使马克思主义新鲜化，也是马克思主义中国化的题中应有之义。

第四，"马克思主义中国化是指马克思主义在中国特殊环境中的本土化，是马克思主义在中国的'异化'性运用"的说法虽然可以推敲和商榷，但马克思主义中国化确实不是一般地从本国实际出发加以运用，而是在中国的基本状况尤其是生产力水平远远落后于马克思主义产生的实践基础的情况下对其进行的特殊运用。因为马克思主义本来是关于在发达的资本主义国家进行无产阶级革命，以及对在这个基础上建立的社会主义社会进行建设的理论，而当马克思主义传入中国时，中国是一个经济文化都十分落后的半殖民地半封建社会，把马克思主义应用于中国，就要根据马克思主义的基本原理，变更其部分内容，创造性地加以运用。因此，马克思主义中国化既是对马克思主义在落后国家的特殊性运用，也是对马克思主义的丰富和发展。

第五，马克思主义中国化的实质，就是要破除教条主义，按照中国的实际创造性地运用马克思主义，并用中国的经验丰富和发展马克思主义，形成中国化的马克思主义体系。

许全兴①主张把一般意义上的马克思主义中国化区分为政治层面的中国化和学术层面的中国化。他指出，我们通常讲的马克思主义中国化实质是指政治层面的中国化，这种中国化主要着眼于解决革命和建设过程中所遇到的实际问题和理论问题，考虑的是管用不管用，能否解决实际问题。学术层面的中国化，是指哲学、政治经济学等学科的中国化，其任务就是建立具有中国特点的马克思主义哲学、政治经济学等。学术层面的中国化属于更深层次的基础理论的中国化，其成果具有较大的稳定性。

①许全兴，中共中央党校教授、博士生导师、研究生院院长、学位委员会副主席。

周连顺[①]认为,理解马克思主义中国化的内涵既不能够脱离毛泽东提出马克思主义中国化的具体历史背景,也不能够仅仅局限于毛泽东在具体历史条件下对马克思主义中国化内涵的理解。科学地把握马克思主义中国化的内涵,就必须对马克思主义自身的情况作全面的分析。马克思主义作为人类文明发展史上结出的一个硕果,不仅是无产阶级认识和改造世界的世界观和方法论,还是一种文化现象。因此,探讨界定马克思主义中国化的科学内涵,也应该从马克思主义自身的特殊性入手,即从马克思主义既是一种意识形态也是一种文化现象这两个侧面去理解。

马克思主义中国化首先是一种意识形态的中国化,也就是说马克思主义首先是作为一种意识形态在中国发挥作用的,它是一种给中国人提供世界观和方法论指导的意识形态。马克思主义作为一种意识形态的中国化至少要包括这样两个方面的内容:一是马克思主义作为中国共产党的指导思想发挥作用;二是马克思主义在整个意识形态领域居于指导地位。

马克思主义中国化还是马克思主义作为一种外来文化的中国化。马克思主义作为与中国的传统文化相比处在一种高势位的外来文化,它在中国长期传播、运用和发展,其间必然与中国的传统文化相互融合而不仅仅是结合。在这一过程中,马克思主义必然会得到中国文化心理模式的诠释,与中国的传统文化实现内容上的对接,进而发生一种中国形式的变化,成为中国化的马克思主义,并最终成为中国文化传统不可或缺的一个重要组成部分。同时,由于马克思主义相对中国的传统文化而言,又是一种处在高势位的文化,因此,在马克思主义同中国传统文化相互融合的过程中,中国的传统文化也必然改变原来的存在方式,使自身得到改造和提升,进而实现自身的现代化。因此,马克思主义在文化层面的中国化,是一种更深层次的中国化。马克思主义作为一种外来文化的中国化,至少应该解决四个方面的问题:一是赋予马克思主义以民族化的存在形式。必须用符合中国人的思维习惯和表达方式、为中国人所喜闻乐见的语言形式来解释,才能够使马克思主义为广大中国人民所理解和接受。二是实现马克思主义与中国传统文化在内容上的衔接。马克思主义和中国传统文化作为人类文明之树上结出的果实,都是对人类认识和改造世界实践经验的总结,二者必然有一些属于人类文明共性的相似相通的内容。三是用中国传统文化中进步的仍然富有生命力

①周连顺,北京大学马克思主义学院博士,华南师范大学政治与行政学院教师。

的内容来补充和丰富马克思主义。中国传统文化既有和西方文化相通的内容,也有自己鲜明的民族特点,而经典的马克思主义主要是在批判总结西方文明发展史的基础上创立的,因此在实现马克思主义中国化的过程中,还需要用中国传统文化中进步的仍然富有生命力的内容去补充和丰富马克思主义。四是实现马克思主义与中国民俗文化及中国社会心理的结合。民俗文化和社会心理虽然还不是系统化的知识,但是它是特定民族、阶级或其他社会共同体在一定时期普遍流行的、共同的、典型的精神状态,它对一个民族的文化发展及其取向起着重要的作用。因此,要使马克思主义真正融入中国文化,真正成为中国文化传统的一个不可或缺的组成部分,还必须实现马克思主义与中国民俗文化及中国社会心理的结合。

李建勇①从马克思主义理论流变的角度对马克思中国化的内涵进行解读。他认为,马克思主义具有与时俱进的理论品质,是一个随着实践、科技和时代的发展而发展的理论。它与不同的民族文化相联系,与不同国家的实际情况相结合,会产生不同的传脉。马克思主义在中国的传脉就是中国化的马克思主义。马克思主义中国化即马克思主义在中国的民族化。马克思主义民族化是马克思主义的题中应有之义,是马克思主义的一个基本原则。马克思主义在中国的落脚与发展,就是马克思主义在中国的民族化,就是马克思主义的中国化。"原生形态的马克思主义"是中国化的马克思主义之源,这是没有疑义的;但从中国化的马克思主义的发展历史及内容来看,其来源是多样的,马克思主义是"主源",中国的优秀传统文化、人类的其他优秀文明成果也是其重要理论来源,是"次源",在中国共产党人将它们用马克思主义的观点、方法并结合中国的实际进行解读、转化之后,它们也成为中国化的马克思主义的有机组成部分。所以,马克思主义中国化不仅包含马克思主义与中国实践相结合而产生的成果,而且也包含这些成果对马克思主义进一步丰富、完善和发展的过程。马克思主义中国化的过程,既是马克思主义与中国实际相结合的过程,也是中国共产党人运用其观点、方法对中国的优秀传统文化和实践经验、人类的其他优秀文明成果进行马克思主义的转换的过程。这两个过程汇合的结果就是中国化的马克思主义。正如江泽民所指出的那样:"马克思主义是我们认识和改造世界的强大思想武器,是指导中国革命、建设和改革的行动指南。马克思主义不是教条,只有

①李建勇,山东大学政治与公共管理学院博士,青岛理工大学教师。

正确运用于实践并在实践中不断发展才具有强大的生命力。以毛泽东同志为核心的第一代中央领导集体和以邓小平为核心的第二代中央领导集体，带领我们党坚持把马克思列宁主义基本原理同中国具体实际紧密结合，形成了毛泽东思想、邓小平理论。这两个理论成果，是中国化了的马克思主义，既体现了马克思列宁主义的基本原理，又包含了中华民族的优秀思想和中国共产党人的实践经验。”在此意义上，中国化的马克思主义就是马克思主义中国化的理论结晶。

周三胜①认为，从文化选择的视角看，马克思主义中国化这一命题包含着坚持什么样的方法论和思想路线、马克思主义如何体现民族特色、马克思主义如何与现代化相促进这样三个层面的内涵，体现了文化选择过程中世界观与方法论、民族性与时代性、继承性与创造性的统一。

内涵之一：马克思主义与中国实际相结合。这是马克思主义中国化的出发点，它回答的是以什么样的方法论和思想路线对待马克思主义的问题。马克思主义中国化作为中国现代化的必然文化选择，首先要回答的就是这个问题。强调从实际出发，实事求是，理论与实践的具体的历史的统一，强调共性与个性、矛盾的普遍性与特殊性的联结，这就是马克思主义中国化在方法论与思想路线层面的内涵。

内涵之二：马克思主义与中国的民族文化相融合。这是马克思主义中国化的基本途径和主要表现形式，它回答的是马克思主义如何体现民族特色的问题。马克思主义要想在具有悠久文化传统的中国进一步传播和发展，就必须找到正确的途径和恰当的表现形式。这一途径和表现形式就是马克思主义与中国的民族文化相融合，就是马克思主义的民族化。马克思主义的民族化或中国特色要求我们正确处理马克思主义与中国传统文化的关系。一方面，马克思主义要深入批判中国传统文化的消极因素，防止被腐朽的历史遗产所侵蚀；另一方面，马克思主义要批判地继承中国传统文化的精华，并在认真批判与汲取的基础上进行改造和提高。这就是说，马克思主义中国化要求我们根据中国的民族特点，根据中国的国情，运用中国所特有的民族形式和民族语言，对马克思主义的理论进行通俗易懂、明白晓畅、深入浅出的阐释，进行民族化的阐释，并对中国的革命和斗争所具有的特殊认识和特殊经验进行理论总结和创新，使马克思主义在其每一表现中带着必

①周三胜，南开大学教育学院博士，教授。

须有的中国特性，具有“中国作风和中国气派”。

内涵之三：马克思主义与中国现代化相促进。这是马克思主义中国化的实质和落脚点，它回答的是马克思主义如何与时俱进，以及如何用与时俱进的马克思主义指导中国现代化的问题。毛泽东反复阐述的马克思主义理论与中国具体实践相结合，实际上是指马克思主义与中国现代化相结合、相促进，这正是马克思主义中国化的实质和落脚点所在。马克思主义是开放的而不是封闭的科学理论体系，具有与时俱进的理论品质。辩证唯物论揭示的认识规律是实践—认识—再实践—再认识，循环往复，以至无穷。实践没有止境，马克思主义的发展也没有止境。马克思主义中国化的命题内在地包含着“把中国革命丰富的实践马克思主义化”这样一层内涵，即把党和人民在革命和现代化过程中的实践经验上升为科学理论，从中国革命和现代化的具体实践中，揭示人类社会发展规律、社会主义建设规律和共产党执政规律，不断创造新的理论，指导新的实践。

还有一些学者从其他不同的角度提出了许多富有意义的新主张。如汪青松[①]认为，马克思主义中国化具有三层含义，其内涵的最初展开是马克思主义传播的中国化，第二阶段是马克思主义理论运用的中国化，第三阶段是马克思主义理论创新的中国化。

第三节 马克思主义中国化概念的科学内涵

一、马克思主义中国化概念的科学内涵

马克思主义中国化这一概念是毛泽东在 1938 年 10 月中共六届六中全会中提出来的。毛泽东在此次全会上所作的报告《论新阶段》中说：“马克思主义的中国化，使之在其每一表现中带着中国的特性，即是说，按照中国的特点去应用它。”[②]这一提法强调马克思主义要与中国的具体实际、中国的传统文化相结合，获得民族化的表现形式，具有中国的作风和气派；它要求立

①汪青松，安庆师范学院院长、教授。

②毛泽东选集(第 2 卷). 北京：人民出版社，1991：534.

足于中国的实际,不能机械地照搬马克思主义的个别词句、个别结论和外国经验,而应运用马克思主义基本立场、基本观点和基本方法,具体地研究中国的历史和现状,具体地分析和解决中国的实际问题;它要求有新的理论创造,马克思主义中国化的必然结果就是出现中国化的马克思主义。

如第二节所述,对马克思主义中国化的概念,学者从不同的角度思考得出了不同的定义。但学术界对这一概念的理解,基本上达成了两点共识:第一,从内容上来说,马克思主义中国化就是把马克思主义基本原理同中国革命和建设的实际相结合,同中国的传统文化相结合,走自己的路,使起源于欧洲的马克思主义变为中国的马克思主义;第二,从形式上来说,马克思主义中国化就是把马克思主义用一定的民族形式表现出来。正确把握这一概念的科学内涵,应从四个方面去理解。

首先,从内容上来看,马克思主义中国化就是把马克思主义的基本观点、立场、方法同中国具体实际相结合的一个过程,这种结合的过程应立足于中国革命、建设和改革的实际,使诞生于欧洲的马克思主义成为中国的马克思主义。

其次,从形式上来说,马克思主义中国化就是要把欧洲的马克思主义变为中国的马克思主义,剥去欧洲的外衣,使之带有中国的特点,具有一定的民族形式,具有中国作风和中国气派。

再次,马克思主义中国化的主体是马克思主义,客体是中国化,也就是说,它是把马克思主义的基本观点、基本立场、基本方法应用到解决中国具体事情上的一个过程。

最后,马克思主义中国化的核心在"化"字上,也就是说,马克思主义中国化强调的是把马克思主义的基本原理与中国的革命、建设和改革的过程相结合,它关注的是"为什么结合,如何结合"的问题。为什么结合的问题,强调的是反对把马克思主义教条化、神圣化;如何结合的问题,强调的是怎样把马克思主义的基本原理应用到中国革命和现代化建设当中去。

具体来说,马克思主义中国化包括三方面的内容。

第一,马克思主义中国化,就是运用马克思主义基本原理,紧密联系中国的具体实际,创造性地制定出正确的路线、方针和政策,解决中国革命、建设和改革的实际问题。旧中国是一个半殖民地半封建的社会,农民占人口的绝大多数,经济和文化都比较落后。在这样的国度里进行革命,必然会遇到许多特殊的复杂问题,靠背诵马克思主义一般原理和照搬外国经验,是不可能解决中国革命问题的。同样,在中国进行社会主义建设和改革,也不能把马克思主义当做教条,不能照抄别国经验。要真正解决中国的实际问题,必须用马克思主义基本原理紧密结合中国国情和时代条件,探索适合中国国情的发展道路,制定出正确的方略。马克思主义中国化就是为了解决中国的实际问题,因此要把马克思主义应用到中国的具体环境中去,使马克思主义在中国民族化、具体化,从而用"中国化的马克思主义"来指导中国的具体实践。

第二,马克思主义中国化,就是把中国革命、建设和改革的实践经验和历史经验升华为理论,形成中国化的马克思主义理论成果。马克思主义中国化不是关起门来搞纯粹的理论工作,而是运用马克思主义的立场、观点和方法来解决中国的实际问题。中国革命、建设和改革的实践是中国化马克思主义形成的基础。毛泽东明确指出:"用马克思主义的立场、方法来解决中国问题,创造些新的东西。"在解决中国问题的过程中,必然会产生许多具有独创性的实践经验,通过对这些经验的总结和提炼,就会创造出新的东西,从而丰富和发展马克思主义。马克思主义中国化还包括要运用马克思主义的立场、观点和方法去总结中国的历史经验。中国是一个有着几千年文明的大国,积淀了丰富的历史经验,在马克思主义的指导下,对这些历史经验加以认真的概括和提炼,也能为马克思主义理论宝库增添新的内容。在马克思主义中国化的过程中,已经形成了毛泽东思想、邓小平理论、"三个代表"重要思想以及科学发展观等中国化的马克思主义理论成果,这些理论成果是对中国革命、建设和改革的实践和经验的理论升华。

第三,马克思主义中国化,就是把马克思主义植根于中国优秀文化的土壤之中,和中国的民族特点相结合,用中国人民喜闻乐见的民族形式表现出来。它既不是对马克思主义的照搬,也不是对中国文化的复制,而是将马克思主义的基本原理同中国文化中的优秀成分结合进而达到融合。在这个过程中,要以马克思主义为指导,对中国文化进行认真的清理,剔除其糟粕,吸收其精华,又要用中国优秀文化的表达方式和中国老百姓所喜闻乐见的语言形式,来深入浅出地阐明马克思主义。毛泽东曾严肃地指出,洋八股必须废止,空洞抽象的调子必须少唱,教条主义必须休息,而代之以新鲜活泼的、为中国老百姓所喜闻乐见的中国作风和中国气派。

二、马克思主义中国化应该包括"五化"

马克思主义中国化这一概念被提出之后,学界就展开了对它的研究。

笔者认为,对马克思主义中国化这一概念的理解,除了以上强调的四个基本方面以外,还应该包括马克思主义的具体化、马克思主义的民族化、马克思主义的大众化、马克思主义的时代化和马克思主义的新鲜化。

(一)马克思主义具体化

马克思主义是科学的世界观和方法论,但其理论都是根据欧洲情况得出来的,无论是1848年的欧洲革命,还是1871年的巴黎公社,无论是十月革命的成功经验,还是苏联斯大林的社会主义建设模式,都不可能完全符合中国的实际。在一个半殖民地半封建的东方大国里进行革命和建设,必然有许多特殊的复杂的问题是马克思主义创始人所没有遇到过的,要用马克思主义指导中国革命、建设和改革事业,就必须实现马克思主义的具体化。马克思主义基本原理揭示了无产阶级革命的共同本质和规律,对认识中国具体实际有重要的指导作用;但涉及中国革命、建设和改革的具体道路、具体问题时,则需要将马克思主义理论具体化,也就是要将马克思主义的基本原理同中国具体实际相结合,找到中国具体实践的特点和特殊规律,形成新的理论形态和实践观念,也就是形成中国自己的马克思主义,即中国化的马克思主义,来指导中国革命、建设和改革的具体实践。

(二)马克思主义民族化

马克思主义诞生于欧洲,其著作从文字到语言,从内容到形式,都打上了欧洲民族的烙印。要使具有明显欧洲风格和欧洲气派的马克思主义为中国人民所接受和掌握,并自觉地用它来指导中国革命、建设和改革,就必须将马克思主义从欧洲的民族形式转化为具有中国作风和中国气派,为中国人民所喜闻乐见的理论形态。马克思主义中国化首先要求马克思主义表达形式的中国化,也就是把马克思主义的基本理论转化为中国文字,准确地表达和反映出马克思主义理论的准确含义。这就要求翻译者根据自己对马克思主义理论的把握和理解,用中国传统文化和语言结构来转述原著的意境,完成概念、思维方式和表达方式的民族化。马克思主义理论形态的民族化是马克思主义真正实现民族化的核心和关键。马克思主义理论形态要实现民族化,至少要做到两个方面:第一,运用马克思主义来分析中国的历史和现实,回应中华民族的愿望和要求,为中华民族争取独立和解放,并进而实现中华民族的伟大复兴。能否做到这一点,是决定马克思主义能否在中国扎根和有没有持久影响力的关键。第二,运用中国化了的马克思主义理论形态，研究中国革命、建设和改革的全过程，以及每个历史阶段的具体实际，制定出正确的路线、方针和政策，形成直接指导实践的观念形态，并用理论形态和观念形态武装群众，使人民群众按马克思主义理论形态和由此决定的实践观念去奋斗。

（三）马克思主义大众化

马克思主义绝不是思想家用来孤芳自赏的与现实无涉的理论。马克思主义从诞生之日起，就坚决地同那种书斋式的、孤芳自赏的、自说自话的理论倾向划清了界限。在马克思看来，理论是战斗的武器，是改变世界的武器，因此他早在1841年就指出：理论要发挥作用，就要说服人，就要为群众所掌握。理论只有为群众所掌握，才能变成物质力量，才能发挥改变世界的作用。因此，马克思主义必然是一种群众性的、大众化的理论，而不是精英式的理论。在革命战争年代，我们党把思想政治工作作为党的一切工作的生命线，把宣传马克思主义的中国化形态——毛泽东思想作为宣传的主要任务，致力于马克思主义的大众化，所取得的效果是显著的。由于复杂的历史原因，马克思主义大众化曾经一度走向了极端；但是，马克思主义大众化的思想路线并没有错，当今社会我们同样应坚持这一点。马克思主义如果仅成为理论家的专利而与人民群众相脱离，就背离了它的本质要求。毋庸讳言，目前学术界存在着一种纯学术化的现象，这种现象把学术性等同于学究气，把脱离大众的孤芳自赏作为学问之道，既与马克思主义的本性相背离，也与时代的要求和实践的发展相脱离，不可能真正取得理论创新。我们必须旗帜鲜明地反对这种现象，推动马克思主义的大众化。马克思主义大众化也要重视宣传和教育的作用，即用大众化的语言把深刻的道理表达出来。在当代，马克思主义大众化的主要任务是宣传和普及当代马克思主义研究的最新成果，即中国特色社会主义理论体系，以这一理论体系来武装全党、教育人民，把广大人民群众的力量凝聚起来，把广大人民群众的创造能力激发出来，使其投入全面建设小康社会的伟大进程中，投入建设中国特色社会主义的伟大事业中。

（四）马克思主义时代化

马克思主义是发展的理论，必然要对时代特征作出回应，对时代精神进行理论升华。时代在变化，形势在发展，这要求我们对变化了的时代和形势作出科学准确的判断和分析，并在此基础上完善和创新发展理论，使理论符合实际情况,并指导新的实践。我们必须根据时代的发展,通过对时代新问题的回答,实现理论上的与时俱进。概括地说,马克思主义时代化是指:把马克思主义的基本原理同不断变化发展的时代特征和时代精神相结合,对变化了的时代特征和时代精神作出科学准确的判断和分析,并在此基础上,回应时代发展的难题,升华时代精神,创新发展理论。马克思主义时代化,既包括内容的时代化,也包括语言和话语体系的时代化,重点是内容的时代化,核心是升华时代精神,创新发展理论。马克思主义时代化的内涵主要体现在三个方面:一是在时代特征和时代精神不断变化的过程中,要密切关注时代风云变幻,不断从时代的最新发展中吸取新的营养,创新发展理论;二是随着时代的向前发展,各种新事物、新问题层出不穷,要勇于不断地修正错误的东西,剔除过时的东西,完善发展理论;三是在实践的过程中,要善于把亿万群众创造的新经验、新做法从个别上升为一般,从具体上升为抽象,升华发展理论。马克思主义时代化是马克思主义政党制定正确的路线、方针、政策的基本前提,也是马克思主义不断发展和创新的基本条件。时代特征的不断变化是实现马克思主义中国化的时代坐标,是推进马克思主义时代化的必然要求。中国共产党人把时代要求摆在突出的位置,坚持解放思想、实事求是、与时俱进,强调要在正确认识和把握当今社会发展历史进程的基础上解决时代问题,创新发展理论,推动马克思主义的时代化。

(五)马克思主义新鲜化

马克思主义中国化要求实现马克思主义的新鲜化,也就是要创造出新的理论成果,即产生中国化的马克思主义。马克思主义中国化就是“按照中国特点去运用它”,这就意味着马克思主义中国化不仅仅是把马克思、恩格斯、列宁的理论中国化,还要在此基础上“运用它”,产生出自己的马克思主义,产生出中国的马克思主义。毛泽东强调,马克思主义理论与中国实际相结合,关键在运用,而要运用得好就必须从中国特点、中国实际出发,结合中国具体实际,这就必然使马克思主义理论有所发展,有所创新。毛泽东说:“我们要把马、恩、列、斯的方法用到中国来,在中国创造出一些新的东西。只有一般的理论,不用于中国的实际,打不得敌人。但如果把理论用到实际上去,用马克思主义的立场、方法来解决中国问题,创造些新的东西,这样就用得了。”[1]马克思主义理论是与时俱进的理论，我们不能停留在马克思主义的现成结论上，而应该不断总结实际工作中的经验，使之理论化，从而得出马列书本上没有的新结论、新观点，这是成功实现马克思主义中国化的关键和标志。

第四节 马克思主义中国化与中国化马克思主义的关系

马克思主义的强大生命力，它的伟大力量，就在于它能够同各个国家的具体实际相结合，通过一定的民族形式在各个国家的具体实践中发挥指导作用，并在新的实践中获得新的发展。对于我们中国来说，就是要把马克思主义基本原理应用于中国的具体环境，实现马克思主义的中国化，使马克思主义在其每一表现中带有中国的特性，带有中国的作风和气派。马克思主义中国化是一个历史进程，它的实质是马克思主义的基本原理同中国的具体实际和时代发展相结合。在马克思主义中国化的历史进程中，先后产生了三大理论成果，即毛泽东思想、邓小平理论和“三个代表”重要思想，这些成果就是中国化的马克思主义。马克思主义中国化是一个历史进程，中国化的马克思主义也会在新的实践中得到新的发展。

资料来源：2004年国务院学位委员会办公室组织编写的《马克思主义理论一级学科及所属的二级学科简介》中关于“马克思主义中国化研究”的介绍部分。

一、中国化马克思主义概念的发展历程

中国化马克思主义作为一个概念，其出现比“马克思主义中国化”要晚，并且经过了几个转变。

1942年7月1日，朱德在《纪念党的二十一周年》这篇文章中最早提出并使用了“中国化的马列主义理论”的概念。朱德指出：“今天我们党已经积累下了丰富的斗争经验，正确地掌握了马列主义的理论，并且在中国革命的实践中创造了指导中国革命的中国化的马列主义的理论。”[2]1943年11月

①毛泽东选集(第2卷). 北京：人民出版社，1991：408.

②吴冷西：十年内战(上). 北京：中央文献出版社，1999：450－451.

10 日，邓小平在北方局党校整风运动动员大会上又提出并使用了“中国化的马列主义”这一概念。邓小平指出：“我党自从 1935 年 1 月遵义会议之后，在以毛泽东为首的党中央领导之下，彻底克服了党内‘左’右倾机会主义，一扫主观主义、宗派主义和党八股的气氛，把党的事业完全放在中国化的马列主义，即毛泽东思想的指导之下，直到现在已经九年的时间，不但没有犯过错误，而且一直是胜利地发展着。”①随后，在 1944 年 2 月，彭真在一次讲话中也使用了“毛主席的中国化的马列主义的思想”这一概念。

明确提出并使用这一概念的是刘少奇，他在七大上所作的《关于修改党的章程》的报告中说：“中国共产党产生以来，产生了、发展了我们这个民族的特有的、完整的关于中国人民革命建国的正确的理论”，这个理论“就是毛泽东思想”，“就是中国的马克思主义”，就是“发展着与完善着的中国化马克思主义”。②很明确，中国化马克思主义就是指运用马克思主义的观点、立场和方法分析和解决中国革命、建设和改革过程中的实际问题而形成的带有中国作风和中国气派的全新的中国的马克思主义。就目前来说，中国化马克思主义就是指毛泽东思想、邓小平理论、“三个代表”重要思想和科学发展观。正如江泽民所说，毛泽东思想和邓小平理论“这两大理论成果，是中国化了的马克思主义，既体现了马克思列宁主义的基本原理，又包含了中华民族的优秀思想和中国共产党人的实践经验”③。

二、中国化马克思主义概念的科学内涵

正确把握“中国化马克思主义”这一概念的科学内涵，笔者认为必须要认识到：这一概念强调的是一个结果，是指马克思主义与中国具体实际相结合的理论成果。这一理论成果，从体系上说，属于马克思主义的范畴，但它不同于 19 世纪马克思恩格斯创立的马克思主义，也不同于 20 世纪列宁创立的列宁主义，而是一种全新的理论形态。它既体现了马克思主义的基本原理，又包含了中华民族的优秀思想和中国共产党人的实践经验，是被实践所证明了的关于中国革命、建设和改革的正确的理论原则和经验总结。正确把握中国化马克思主义的科学内涵，应当明确以下几个方面：

①邓小平文选（第 1 卷）．北京：人民出版社，1994：88.

②刘少奇选集（上卷）．北京：人民出版社，1981：314.

③参见江泽民《在庆祝中国共产党成立八十周年大会上的讲话》。

第一，中国化马克思主义本质上是马克思主义。十月革命之后，马克思主义传入中国。正是在传播使用马克思主义的过程中，中国共产党应运而生，新生的中国共产党人开始运用马克思主义的基本原理来指导中国革命。在革命之初，他们曾犯过这样或者那样的错误，特别是在大革命之后，连续犯下了"左"倾盲动主义错误、"左"倾冒险主义错误和"左"倾教条主义错误。这些错误的形成有这样或者那样的现实原因和环境原因，但都有一个共同点，就是教条地使用马克思主义，对马克思主义基本原理的认识不够。在经过了失败的教训后，中国共产党人继续探索前进的路，在坚持马克思主义基本原理的同时，又联系中国特有的国情和实际，开创性地发展了马克思主义，形成了中国化的马克思主义。中国化的马克思主义从本质上来说是马克思主义，属于马克思主义的范畴，是对马克思主义的发展。

第二，中国化马克思主义是马克思主义在中国的发展。中国化马克思主义不仅坚持了马克思主义的基本原理，而且发展了马克思主义。中国化马克思主义从本质上来说是马克思主义，但又不同于马克思恩格斯开创的马克思主义，它发展了马克思主义。中国化马克思主义在无产阶级革命道路、革命军队建设、社会主义建设道路、社会主义本质等方面都有自己独到的见解，从而丰富和发展了马克思主义。

第三，中国化马克思主义是马克思主义与中国实际的有机结合。中国化马克思主义不是对马克思主义的照抄照搬或是简单的发展，也不是一味地不顾原则地迁就中国实际的实用主义。中国化马克思主义是马克思主义基本原理与中国实际的有机结合，这种结合的产物就是中国化马克思主义，它在本质上既符合马克思主义基本原理，也符合中国革命和建设的实际。

第四，中国化马克思主义的理论成果集中体现为毛泽东思想和中国特色社会主义理论体系。

三、"马克思主义中国化"和"中国化马克思主义"的关系概说

"马克思主义中国化"和"中国化马克思主义"这两个概念是既有联系也有区别的。当前学术界对这一问题的看法存有某些争议，主要包括以下几种：

第一，"等同说"，即对这两个概念的内涵未加仔细区分，认为马克思主义中国化就是一种理论体系，就是中国化马克思主义。这种观点认为，马克思主义中国化就是马克思主义同中国实际相结合的理论体系，它要求立足

中国实际,体现民族特色,也就是说马克思主义中国化就是马克思主义在中国的具体化、民族化和新鲜化。

第二,“包含说”,这种观点分两种看法。第一种认为“中国化马克思主义”包含了“马克思主义中国化”,中国化马克思主义包括马克思主义中国化和中国经验马克思主义化。第二种则正好相反,认为“马克思主义中国化”包含了作为理论成果的“中国化马克思主义”。

第三,“过程结果说”,即认为“马克思主义中国化”与“中国化马克思主义”是既有联系也有区别的两个概念。这种观点认为,马克思主义中国化是将马克思主义的基本原理与中国实际相结合的一个过程,而中国化马克思主义正是这种结合的结果。

四、马克思主义中国化与中国化马克思主义的联系与区别

(一)马克思主义中国化与中国化马克思主义的联系

第一,两者之间是一种相互促进、良性互动的关系。马克思主义中国化必然产生中国化马克思主义,而中国化马克思主义反过来又必然推动马克思主义的中国化进程。例如,毛泽东思想是马克思主义中国化的结果,是对中国革命经验的总结,在中国共产党的七大上被正式确立为我们党的指导思想。之后,毛泽东思想又反过来指导中国革命和建设的实践,不仅极大地推动了中国革命和建设事业的发展,而且极大地推动了马克思主义中国化的历史进程,改变了中国的面貌。

第二,两者之间是一种继承与发展的关系。马克思主义中国化是一个总的量变过程,它体现为马克思主义在中国的发展是一个连续性的无限的过程,只要共产主义还没有实现,马克思主义中国化的历程就不可能完成,对马克思主义的基本观点、立场和方法就要继承。中国化马克思主义是马克思主义中国化过程中的部分质变,它的中心任务是发展马克思主义。中国化马克思主义只是马克思主义普遍原理同中国一定历史发展阶段的具体实际相结合的成果,是适应一定历史阶段革命和建设的具体目标所产生的新的理论形态。也就是说,随着这种具体目标的实现和适应一定历史阶段的革命和建设的新的具体目标的出现,另一种新的理论形态就必然会产生。

第三,两者统一于中华民族复兴的伟大事业当中。马克思主义是被实践证明了的科学的世界观和方法论,是我们认识世界和改造世界的强大的

思想武器，是推动马克思主义中国化不断实现的理论基础和前提。马克思主义中国化是一个动态的过程，这一过程的必然结果就是产生中国化的马克思主义。推动马克思主义中国化的根本动力来自于中国革命和现代化建设的需要，来自于中华民族复兴的伟大事业的需要；而在这一动态的过程中所形成的中国化马克思主义，又对中国革命和现代化建设以及中华民族复兴的伟大事业具有根本的指导意义。

（二）马克思主义中国化与中国化马克思主义的区别

第一，两者的内涵不一样。马克思主义中国化是指把马克思主义的基本原理同中国具体实际相结合的过程，而中国化马克思主义是指马克思主义的基本原理同中国具体实际相结合的结果。一个是过程，另一个是结果，过程与结果不能混淆。马克思主义中国化就是马克思主义在中国传播和发展的过程，它的要义在于把马克思主义同中国革命、建设和改革的具体实际相结合，同中国的实践、历史、文化结合起来。这种结合不是一次就能完成的，结合的本身就是一个过程，这一过程是长期的和曲折的，要经过从认识到实践，再从实践到认识的循环往复的过程，其结果就是出现中国化马克思主义。换一个角度来说，中国化马克思主义作为马克思主义中国化的结果，其本身也就是马克思主义中国化过程的一个环节。在马克思主义中国化的过程当中，随着实践的向前发展，必然会出现许多中国化马克思主义。

第二，两者的状态不一样。马克思主义中国化是指马克思主义在中国正在变化和发展为一种新的马克思主义的理论形态，其状态表现为“正在变化和发展为”；中国化马克思主义是指马克思主义在中国已经变化和发展为一种新的马克思主义的理论形态，其状态表现为“已经变化和发展为”。马克思主义与中国具体实际相结合表现为一个过程，随着这个过程的展开，马克思主义理论的发展就呈现出不同的状态，而体现这种状态的具体标志就是一种全新的理论形态的形成。在马克思主义的发展史上，先后出现了列宁主义、毛泽东思想、中国特色社会主义理论体系等不同的理论形态。这些全新的理论形态既属于马克思主义，又是发展了的马克思主义，是马克思主义与特定国家在特定历史阶段的实际情况相结合的理论成果。

第三，两者的范畴不一样。马克思主义中国化是一个哲学命题，属于哲学范畴，强调的是认识方法、思想方法问题，反对的是教条主义，注重的是马克思主义必须与中国的实际情况相结合，必须民族化；而中国化马克思主义则属于政治学范畴，强调的是发展结果，强调的是在新民主主义革命以及社会主义革命、建设和改革的过程中所形成的新的理论，这些理论一方面继承了马克思主义的基本立场、观点和方法，另一方面又是对中国革命、建设和改革经验的总结和理论提升，并且一经形成完整的理论形态，就会反过来对实践具有重大的指导意义。

第四，两者的“质”与“量”不一样。马克思主义中国化是一个总的量变过程，而中国化马克思主义则是在这一总的量变过程中的部分质变的结果。马克思主义具有与时俱进的理论品质，这一品质就决定了马克思主义总是随着时代的变化而不断向前发展，不断增添新的内容，这就使得它在总的量变过程中包含了部分的质变。马克思主义与中国的具体实际相结合，就反映出马克思主义在中国的发展是这样一个总的量变过程，而在这一总的量变过程中所形成的阶段性理论成果，例如毛泽东思想、邓小平理论等中国化马克思主义，就是部分质变的产物。

第四章 马克思主义中国化的基本历程

中国共产党 88 个春秋的基本历程，就是马克思主义中国化的基本历程。自从中国共产党成立时起，中国共产党人就自觉地把马克思主义的基本原理与中国实际相结合，探索民族独立和国家富强的真理。在这 88 年的伟大历程中，有过挫折甚至失败，更有过成功的喜悦与收获。回顾马克思主义中国化的发展历程，我们可以将其归纳为三个阶段，即新民主主义时期的马克思主义中国化、社会主义革命和建设时期的马克思主义中国化、改革开放时期的马克思主义中国化。

第一节 新民主主义革命时期马克思主义中国化的基本历程

一、马克思主义早期在中国的传播

马克思主义是从 19 世纪末开始传入中国的。最早在中国介绍马克思及其学说的是外国传教士。就目前所知，在中国第一次提到马克思及其学说的，是中国人李提摩太与中国人胡诒谷通过广学会印行的有关书刊。

广学会是 1887 年（光绪十三年）英、美基督教新教传教士和外交人员、商人等在中国上海创立的出版机构。其前身为 1834 年英、美传教士在广州创立的“实用知识传播会”和 1884 年在上海设立的“同文书会”；1892 年始称广学会，含有“以西国之新学广中国之旧学”之意，旨在宣扬殖民主义奴化思想，从而影响中国的政治方向。在戊戌变法前，该学会出版过很多关于世界各国变法图强的图书，对中国资产阶级维新运动起到过推波助澜的作用。1898 年夏，广学会在上海出版了第一部系统讲述欧洲各国各种社会主义学说的著作《泰西民法志》。此书系英国人克卡朴所著的《社会主义史》的中译本，由李提摩太委托中国人胡诒谷翻译，交付广学会印发。该书第七章在介绍马克思时说："马克思是社会主义史中最著名和最具势力的人物，他及他的同心朋友昂格思（恩格斯）都被大家认为'科学的和革命的'社会主义派的首领。这一派在文明各国中都有代表，而大家对于这一派为社会主义中最可怕的新派。"①由于当时条件所限，《泰西民法志》没有大量发行，未能产生很大的影响，而且书中对马克思主义学说的介绍也不准确，但这部书的确是在中国最早提到马克思主义学说的著作，是中国人接触马克思主义的开端。

1899 年，广学会主办的《万国公报》再度提到马克思及其学说。在此之前，《万国公报》即以大量篇幅介绍过风靡欧美的社会主义学说。据考证，《万国公报》在第 121 期到 124 期上，连续刊登了马克思的学说。马克思主义传入中国之后，逐渐获得了探寻救国之道的许多仁人志士的青睐，特别是中国留学生的宣传和介绍，使得马克思主义在中国得到了初步的传播。

1901 年 1 月，清政府颁布了"奖励游学"的政策。据统计，在 1905 年到 1906 年间，中国留学生中仅留学日本的就达到 8000 人。这时，日本正风行社会主义学说，《共产党宣言》和《社会主义从空想到科学的发展》等马恩著作流行于读书界。受此影响，不少留学生对马克思主义学说产生了浓厚的兴趣。经过这些留日学生的介绍和宣传，中国人对马克思主义学说有了一个更为深入的认识和了解。1902 年 4 月，上海广智书局出版了由日本社会主义研究会著，中国人罗大维翻译的《社会主义》一书，这是迄今为止最早的系统介绍马克思及其学说的中文译著。该书把马克思译作卡尔，论及了马克思的剩余价值学说。

综上所述，在俄国十月革命前，马克思主义已经在中国有所传播和介绍了。这种传播和介绍的主要特点有二：其一，介绍和宣传者多为传教士和留学生；其二，这种宣传和介绍主要集中在少量的知识分子中间。

1915 年，新文化运动爆发。旨在探索救国救民之路的新文化运动，是近代中国一次深刻的思想启蒙运动，沉重地打击了封建思想、迷信观念、宗法制度和专制主义，大大解放了人们的思想，为马克思主义的广泛传播准备了合适的土壤。

新文化运动兴起的标志是陈独秀 1915 年 9 月在上海主办的《青年》杂

①胡诒谷．马克思主义在上海的传播．上海：上海科学出版社，1994：4．

志的创刊。1916年编辑部迁移到北京，杂志改名《新青年》。这场运动以民主和科学为旗帜，以提倡民主，反对专制，提倡科学，反对迷信，提倡白话文，反对文言文为基本内容，在中国大地上轰轰烈烈地展开。作为一场伟大的思想启蒙运动，它打破了长期禁锢人们头脑的封建思想的枷锁，打开了遏制新思想涌流的大门，从而在中国掀起了思想解放的狂波巨澜。正是这种思想大解放的背景，为马克思主义在中国的广泛传播准备了良好的思想条件。

1917年11月7日，俄国人民在列宁和布尔什维克党的领导下，推翻了资产阶级在俄国的统治，取得了十月革命的伟大胜利，建立了世界上第一个社会主义国家，使社会主义从科学理论变为了现实。十月革命的胜利，开辟了人类历史的新纪元。

"十月革命一声炮响，给我们送来了马克思主义。"在十月革命前，先进的中国人本来以资本主义国家为榜样，但第一次世界大战的爆发使他们对西方文明产生了怀疑；而与中国极为相似的俄国在马克思主义的指导下获得了革命的胜利，这一事件直接导致这部分人转向了马克思主义。十月革命之后，中国掀起了马克思主义传播热，其主要代表有李大钊、陈独秀、李达、李汉俊等等。

李大钊是在中国大地上举起十月社会主义革命旗帜，大力宣传马克思主义的第一人。1918年7月和11月，他先后发表《法俄革命之比较》、《庶民的胜利》、《布尔什维克的胜利》等文章，以深邃的历史眼光指出，十月革命是"立于社会主义上之革命"。1919年9月，李大钊发表了《我的马克思主义观》等多篇文章，在全国引起了很大反响。同时，他还节译了《哲学的贫困》、《共产党宣言》、《政治经济学批判序言》等马克思主义经典著作，撰写了《物质变动与道德变动》、《马克思的历史哲学》、《由经济上解释中国近代思想变动的原因》等文章，比较详尽地阐述了马克思主义的唯物史观、经济理论和阶级斗争学说。这些著作和文章对马克思主义在全国的传播产生了很大影响。

马克思主义的广泛传播，为无产阶级政党的产生奠定了思想基础；中国无产阶级队伍的壮大和发展，为无产阶级政党的产生奠定了阶级基础。在五四运动的催动下，马克思主义与中国工人运动相结合，产生了一个新的无产阶级政党——中国共产党。中国共产党一经成立，便肩负起了民族独立和国家富强的历史重任，同时也开始了把马克思主义的基本原理运用到中国实际问题中去的探索。

二、1921年—1927年马克思主义中国化的基本历程

在建党前后,由于各种历史原因和理论上的不成熟,马克思主义的基本原理必须同中国的实际相结合,不能照搬照抄马克思主义的条条的思想还未能成为党内的共识,但很多同志认识到了这一问题。以陈独秀为例,陈独秀是中国共产党早期最重要的领导人之一,对在中国传播马克思主义和创建中国共产党都作出了突出的贡献。尽管他后来犯有错误,但在马克思主义中国化问题上,他作出了杰出的贡献。中共一大闭幕之后,参加一大归来的包惠僧受邀在广州见到了陈独秀。包惠僧向陈独秀提出了"中国革命怎么革法"的问题,陈独秀指出:"由于各个国家情况不同,马克思主义发展的形态也各异,在中国是什么样子还要看发展。"①这段话表明陈独秀没有照搬别国做法的思想,也没有机械套用马克思主义的思想,而是要从中国实际出发考虑革命问题。陈独秀在别的场合还说:"各国革命有各国国情,我们中国是个生产事业落后的国家,我们要保留独立自主的权利,要有独立自主的想法。"②

陈独秀意识到,马克思主义必须中国化,要把马克思主义的基本原理同中国国情相结合,并身体力行。他是党内较早运用马克思主义的基本原理分析中国问题的人。1923年他先后发表了《资产阶级的革命与革命的资产阶级》、《中国农民问题》、《中国国民革命与社会各阶级》等文章,运用马克思主义基本原理对中国社会各阶级的状况进行了分析。他肯定了工人阶级在革命中的地位,把农村人口按土地占有情况分为地主、自耕农、佃农和雇农,把资产阶级分为革命的资产阶级、反动的资产阶级和非革命的资产阶级,其中反动的资产阶级就是官僚资产阶级,非革命的资产阶级是指规模小的工商业者。陈独秀对上述各阶级的划分总体上来说是对的,虽然存在很大局限性,但最重要的是他已经认识到了分析中国问题需要立足于中国实际,从中国实际出发,不能照搬照抄马克思主义的条条,这是对马克思主义中国化的重要贡献。

1921年中国共产党建立以后,面对民族矛盾和阶级矛盾,中国共产党首先要做的是明确革命任务。1920年,列宁在共产国际第二次代表大会上提

---

①任建树. 陈独秀大传. 上海:上海人民出版社,1999:263.

②任建树. 陈独秀大传. 上海:上海人民出版社,1999:265.

出《民族殖民地问题提纲初稿》,并在所作报告中系统地论述了关于民族殖民地问题的理论。1922 年,共产国际在莫斯科举行远东各国共产党及民族革命团体第一次代表大会,中国共产党应邀参加。会议根据列宁的殖民地问题的理论,阐明了被压迫民族所面临的反帝反封建的历史任务。这极大地促进了中国共产党对中国革命问题的认识。在此基础上,1922 年 6 月,中共中央发表了由陈独秀执笔的《中国共产党对于时局的主张》,这是含有马克思主义中国化探索成果的第一个文件。文件明确提出辛亥革命之后的中国社会的性质是"半独立的封建国家",也就是指出了中国半殖民地半封建的社会性质。该文件的另一个贡献是明确提出了中国革命现阶段的任务,确立了建立民主联合战线的方针。文件提出:"无产阶级未能获得政权以前,依中国政治经济的现状,依历史进化的过程,无产阶级在目前最切要的工作,还应该联络民主派共同对封建式的军阀革命,以达到军阀覆灭能够建设民主政治为止。"①

《中国共产党对于时局的主张》的发表,表明中共对国内矛盾已经有了初步的正确的认识,在此基础上明确了现阶段的革命任务,并提出了建立民主联合战线的正确主张。这是中国共产党人从国情出发,应用马克思主义指导中国革命所取得的初步成果。

《中国共产党对于时局的主张》发表一个月以后,1922 年 7 月中旬,中国共产党在上海举行第二次全国代表大会,这是诞生仅一年的中国共产党在探索中国革命问题上取得许多重要进展的情况下召开的。会议通过的中共二大宣言是有重大历史意义的文件,其中包含了许多马克思主义中国化的重要成果。

中共二大宣言明确地指出了中国社会的半殖民地半封建性质,提出了明确的反帝反封建的革命任务,同时对中国社会各阶级初步作出了分析。宣言指出了帝国主义和军阀相勾结,阻碍中国资本主义发展,及中国资产阶级在帝国主义、封建主义压迫下处境艰难的状况,得出了中国资产阶级也有反帝反封建的要求的结论。宣言对农民也作了分析,把农民分为三个部分:富足的农民地主、独立耕种的小农、佃户和农业雇工。同时,中共二大从中国半殖民地半封建社会的实际出发,分别制定了最低纲领和最高纲领,也就是把中国革命的目标分为两个阶段——第一阶段是反帝反封建,完成民主

①中共中央党校党史教研室. 中共党史参考资料. 北京:人民出版社,1979:340.

革命,第二阶段才是实现社会主义和共产主义,并指出了两个阶段之间的联系和区别:“我们无产阶级有我们自己阶级的利益,民主主义革命成功了,无产阶级不过得着一些自由与权利,还是不能完全解放。而且民主主义成功,幼稚的资产阶级便会迅速发展,与无产阶级处于对抗地位。因此无产阶级便须对付资产阶级,实行‘与贫苦农民联合的无产阶级专政’的第二步奋斗。”[①]在中共当时没有更多的实践经验的情况下,能将革命分两个阶段的确非常可贵,这是马克思主义中国化的重要成果。中共二大是中共党史上一次极为重要的会议,特别是在马克思主义中国化的发展历程上具有重要意义。

1923 年 6 月中共三大在上海召开,会议通过了《关于国民运动及国民党问题的决议案》,决定共产党加入国民党,实现同国民党的合作。这是对中共二大提出的建立民主联合战线方针的实践。建立民主联合战线在当时是一个正确的选择,但对民主联合战线中中国共产党应该处于一个什么样的地位,没有作出具体回答。在稍后一年多的国共合作实践经验的基础上,面对民主联合战线内复杂的斗争形势,中共逐渐在这个问题上取得了正确认识。在此背景下,中共四大于 1925 年 1 月在广州召开。此次大会回答了民主革命的许多问题。首先,四大正确区分了资本主义国家和殖民地半殖民地国家的无产阶级革命的异同。四大决议指出:“全世界各民族的经济发展程度不同,革命的性质亦因之各异”,在欧美资本主义发达国家,是形成“无产阶级社会革命运动”,在东方殖民地半殖民地国家,则是“民族革命运动”;但两者的目的却有一共同点,即推翻资本帝国主义。在此基础上,中共四大提出无产阶级应以自己独立的地位参加这个革命。其次,四大明确提出了无产阶级领导权问题。四大决议明确指出:“因此中国的民族革命运动,必须最革命的无产阶级有力的参加,并且取得领导的地位,才能够得到胜利。”[②]无产阶级领导权思想的提出,明确了中共在同国民党建立的统一战线中的地位,明确了中共的努力方向。这一思想的提出,纠正了此前中共认为民主革命应以资产阶级民主派为核心的错误,因此也解决了民主革命中一个至关重要的指导理论问题,从而为民主革命胜利奠定了一个重要的理论基础。这也是中国共产党在经过实践的探索之后,把马克思主义的基本原

①中共党史参考资料. 北京:人民出版社,1979:15.

②中共党史参考资料. 北京:人民出版社,1979:75.

理同中国实践相结合得出的正确结论,是马克思主义中国化的典范。当时中国共产党尚处于年幼时期,革命实践有限,可以借鉴的经验只有苏俄,因此,四大虽然提出了无产阶级领导权问题,但对民族资产阶级的认识依然模糊,并且对如何争取革命的领导权问题没有提出可行的政策和策略,所以在实际上仍然没有解决这个问题。四大以后,发生了五卅运动,使中国共产党人认识到了领导权问题的重要性。在此背景下,党内同志纷纷发表文章,提出无产阶级在国民革命中必须同时开展对资产阶级妥协性的斗争,必须与资产阶级争夺革命的领导权。但遗憾的是,当时党内多数同志强调的领导权只是指群众运动中的领导权,并不包括政权和军队领导权。

面对资产阶级右派反共反革命的活动,中国共产党如何进行斗争?在党内出现了两种回答。主流是以陈独秀为首的退却主义,他们主张现在所进行的革命是一场资产阶级革命,既然是资产阶级性质的革命,就应当由资产阶级来领导,无产阶级在这场革命中的作用至多是“帮助”,从而在资产阶级右派的进攻面前,一再退让和妥协。另一个声音是以毛泽东为代表的少数党内同志,他们认为必须结合中国的实际情况来进行中国革命,而不能固守资产阶级革命就应当由资产阶级来领导的教条,要用马克思主义的原理和方法来分析中国社会,来指导中国革命。在此背景下,1926 年和 1927 年,毛泽东在调查研究的基础上写出了《中国社会各阶级分析》和《湖南农民运动考察报告》两篇重要文章,用马克思主义的阶级分析方法分析了中国社会各阶级的构成和特点,得出了许多正确的结论。但当时由于党内盛行教条主义的观点,毛泽东的这些重要思想没有引起应有的重视。

第一次国共合作的大革命历经四年,最终由于资产阶级的背叛而归于失败。中国共产党被迫从地上转入地下,共产党人面临血腥的屠杀,新生的党受到了致命的打击。大革命失败的原因是复杂的、多方面的,但一个重要方面就是幼年的中国共产党既缺乏理论准备,又缺乏实践经验,各方面都不成熟,其中最关键的就是没有能力独立地运用马克思主义妥善地解决中国革命的各种理论问题和实践问题。正如毛泽东后来所说:“这时的党终究还是幼年的党,是在统一战线、武装斗争和党的建设三个基本问题上都没有经验的党,是对于中国的历史状况和社会状况、中国革命的特点、中国革命的规律都懂得不多的党,是对于马克思列宁主义的理论和中国革命的实践还没有完整的、统一的了解的党。”①

三、土地革命时期马克思主义中国化的基本历程

在土地革命战争时期，党内盛行着把马克思主义教条化，把共产国际决议和苏联经验神圣化的错误倾向，先后出现了三次“左”的错误，使中国革命一度几乎陷入绝境。

第一次是以瞿秋白为代表的“左”倾盲动主义错误。1927 年“四一二”反革命政变之后，中国革命已处在低潮，但中国社会的政治经济状况和革命的发展存在着很大的不平衡性，在反动势力比较薄弱的农村，特别是在那些大革命过程中工农兵士群众曾经大大地起来过的地方，仍有着共产党人活动的余地。当时的中共中央并没有认清形势，恰当地确定斗争任务。他们坚持认为，既然中国社会内部的根本矛盾并没有得到解决，那么革命潮流就不可能低落，只会“一直高涨”。他们不顾中国社会的政治经济情况和革命发展的不平衡性，不区别哪些地方有条件发动武装起义，哪些地方只能组织有秩序的退却，而是不顾敌人的强大和大革命失败后的群众情绪，到处命令少数党员和少数群众组织暴动，甚至在一些敌人控制严密的地区举行毫无胜利希望的起义，以为这样可以震动全国。他们还声言：如果认为不可“轻举盲动”，想多“保存”党的力量，“那就又是机会主义毒发作，势必至于阻碍群众暴动的发展”，并采用惩办主义的手段，对干部进行错误的纪律制裁。对中国实际国情了解不多的共产国际代表罗米那兹作了许多这种性质的错误指导，还提出了混淆民主革命和社会主义革命界限的“无间断的革命”的主张。通过 1927 年 11 月召开的中共中央临时政治局扩大会议，“左”倾盲动主义的急性病在一段时间内在全党取得了支配地位。这次会议的决议案断言“现时全中国的状况是直接革命的形势”，据此确定了实行全国武装暴动的总策略，接着在全国各地发动了规模不等的各式暴动。盲目暴动带来了惨痛失败，1928 年 2 月，共产国际执行委员会第九次扩大会议通过关于中国问题的决议，批评了盲动主义和罗米那兹的错误。同年 4 月，中共中央政治局发出接受共产国际决议的通告，承认中国共产党内存在盲动主义的“左”倾错误。至此，这次“左”倾错误在全国范围的实际工作中基本结束。

第二次是以李立三为代表的“左”倾冒险主义错误。1930 年 5 月，蒋介

①毛泽东选集（第 2 卷）. 北京：人民出版社，1991：610.

石和阎锡山、冯玉祥等之间的中原大战爆发，这是规模空前的一次新军阀大战。当时，实际主持中共中央工作的李立三认为革命时机已在全国范围内成熟。同年6月11日召开的中共中央政治局会议通过了李立三起草的《新的革命高潮与一省或几省的首先胜利》的决议案，标志着以李立三为代表的"左"倾冒险主义错误在党中央占据了统治地位。在李立三的指导下，他们制订了以武汉为中心的全国中心城市武装起义和集中全国红军攻打中心城市的冒险计划，重点是武汉暴动、南京暴动和上海总同盟罢工，并要求各路红军"会师武汉"、"饮马长江"。7月下旬，红三军团一度乘敌军防守空虚的机会，攻克湖南省省会长沙(8月5日退出)。李立三更加兴高采烈，认为他的主张和计划是完全正确的。8月初，中央成立全国总行动委员会，作为武装暴动和总同盟罢工的最高指挥机关；把共产党、青年团和工会的各级领导机关合并为各级行动委员会，停止了党、团、工会的正常活动；进一步提出准备全国暴动的详细计划，还要求蒙古出兵配合，苏联积极准备战争。这次"左"倾错误在党内统治的时间虽然只有三个多月（1930年6月到9月），但党为此付出了惨痛的代价。在国民党统治区内，许多地方的党组织因为急于组织暴动而把原来的有限力量暴露了出来，先后有11个省委机关遭到了破坏，武汉、南京等城市的党组织几乎全部瓦解，红军在进攻大城市时也遭到了很大损失。

第三次是以王明为代表的"左"倾教条主义错误。1931年1月7日，在来到中国的米夫的直接干预下，中共六届四中全会在上海召开。四中全会以批判三中全会的所谓对"立三路线"的"调和主义"为宗旨，强调反对成为"党内目前主要危险"的"右倾"，决定"改造充实各级领导机关"。瞿秋白、周恩来等在会上受到严厉指责。原来不是中央委员且缺乏实际斗争经验的26岁的王明，由于得到米夫的支持，不仅被补选为中央委员，而且成为政治局委员。从这时起，以王明为代表的"左"倾教条主义在党中央领导机关内开始了长达四年的统治，存在时间最长，造成的危害最大。以王明为代表的"左"倾教条主义在革命性质问题上，混淆民主革命和社会主义革命的界限，把反对资产阶级和反帝、反封建并列；在革命道路问题上，坚持城市中心论；在革命形势问题上，强调全国性的革命高潮已经到来，要求全党实行"进攻路线"；在组织上，推行宗派主义和过火的党内斗争；在军事上，照搬照抄教条。

以毛泽东为代表的中国共产党人同以上错误倾向进行了坚决的斗争。

毛泽东认为,中国半殖民地半封建社会的独特社会性质决定了中国革命有着与西方截然不同的特点,必须把马克思主义与中国的实际相结合。毛泽东深深意识到,教条主义是党内最大的危害,是马克思主义中国化的最大障碍,在此背景下,他率先发出了反对教条主义的呐喊。1930 年 5 月,毛泽东在调查的基础上写作了《反对本本主义》一文。在这篇文章中,毛泽东明确提出了"没有调查就没有发言权","中国革命斗争的胜利要靠中国同志了解中国情况"的著名论断,初步论述了坚持从实际出发,实事求是,理论联系实际的思想的重要性。

但当时由于以王明为首的一批留苏归国的自称是马克思主义者的教条主义分子在党中央占据统治地位,又得到了以米夫为代表的共产国际的支持,以王明为代表的"左"倾教条主义在党内长时间占据统治地位,代表正确方向的毛泽东等同志的意见受到打压,个人受到迫害。以王明为代表的"左"倾教条主义给中国革命带来了严重危害,党中央被迫转移,绝大多数革命根据地丢失,红军人数大幅减少,中央红军被迫撤离中央革命根据地,进行长征。直至 1935 年 1 月遵义会议召开,才结束了这次"左"倾错误,在危急关头挽救了中国革命。

遵义会议后,毛泽东在中国共产党内的领导地位逐渐确立,中国共产党在经过了许多实践之后日益成熟,这为推进马克思主义中国化创造了有利条件。1937 年,毛泽东联系中国革命的斗争实践,连续撰写了《矛盾论》和《实践论》两篇哲学文章。在《实践论》中,毛泽东围绕认识与实践的关系,论证了理论依赖于实践,理论的基础是实践的问题。毛泽东指出:"真理的标准只能是社会的实践。实践的观点是辩证唯物论的认识论之第一的基本的观点。"①在这里,毛泽东明确提出了实践第一的观点。在《矛盾论》中,毛泽东从矛盾的普遍性和特殊性即共性和个性的辩证关系上,从人类对事物的特殊本质和共同本质的认识的基本秩序上,论证了马克思主义普遍原理与中国社会、中国革命具体特点相结合的道理。毛泽东指出:"不同质的矛盾,只能用不同质的方法去解决……用不同的方法去解决不同的矛盾,这是马克思列宁主义者必须严格地遵守的一个原则。"②教条主义的错误,就在于拒绝对具体事物进行分析,不了解不同的矛盾必须用不同的方法去解决。

①毛泽东选集(第 1 卷). 北京:人民出版社,1991:282.
②毛泽东选集(第 1 卷). 北京:人民出版社,1991:311.

正因为如此，中国革命就不能生搬硬套俄国革命的经验，不能教条地搬用马克思主义的“本本”，一定要一切从实际出发，从中国的国情出发，研究中国革命的特殊性，把马克思主义中国化。

这两篇文章从哲学的高度揭示了“左”倾教条主义的危害，批判了党内长期存在的主观主义和形而上学的错误，深刻阐述了树立实事求是的思想路线的重要性，从而为马克思主义中国化奠定了坚实的哲学基础。

四、抗日战争时期和解放战争时期马克思主义中国化的基本历程

1937年卢沟桥事变爆发，抗日战争揭开序幕。王明等人片面遵从共产国际的指示，主张“一切经过统一战线，一切服从统一战线”，其实质就是一切经过蒋介石，一切服从蒋介石，放弃在抗日战争中的领导权。这一错误方针曾一度给中共带来严重危害。1938年，抗日战争进入相持阶段。这年9月，扩大的中共六届六中全会在延安召开，毛泽东在会上作了《抗日民族战争与抗日民族统一战线发展的新阶段》的政治报告，对反对教条主义作了系统的阐述，首次明确提出了“马克思主义中国化”的命题。

毛泽东在政治报告中明确指出：“共产党员是国际主义的马克思主义者，但是马克思主义必须和我国的具体特点相结合，并通过一定的民族形式才能实现……离开中国特点来谈马克思主义，只是抽象的空洞的马克思主义，因此，使马克思主义中国化，使之在其每一表现中带着中国的特性，即是说，按照中国的特点去应用它，成为全党有待了解并必须解决的问题。”①毛泽东的此次讲话得到了党内同志的赞同，马克思主义中国化的概念逐渐得到党内干部的认同。随后，时任中共中央总书记的张闻天在部署工作时说：“我们要使组织工作中国化，否则我们就不是中国的共产党员。将外国党的决定搬到中国来用，是一定要碰钉子的。”②“要认真地使马列主义中国化，使它为中国广大的人民所接受。”彭真在一次大会上也明确提出：马克思主义中国化的意义，就是把马克思主义的原则和方法应用于中国的具体问题，就是要根据当时当地的具体情况，灵活地运用马克思主义的原则和方法来具体解决中国的问题。在毛泽东的倡导下，1941年8月中共中央发出了《关于调查研究的决定》，号召在全党大兴调查之风。为了深入研究和总结党的历

---

①毛泽东选集（第2卷）．北京：人民出版社，1991：534.

②陈亚杰．“马克思主义中国化”的由来．学习时报，2006（10）.

史，推动马克思主义中国化，毛泽东亲自主持编撰了党的历史文献《六大以来》，组织党的干部进行学习研究。1941 年，抗日战争进入最艰苦的阶段。由于日本把大量的作战兵力投入到中共领导的抗战区，国民党右翼肆无忌惮地经常在抗日根据地挑起事端，进行反共活动，抗日根据地遇到前所未有的困难。在此背景下，统一全党思想，争取抗日战争的胜利就显得尤为重要。从 1942 年开始，全党范围内展开了一场马克思主义的教育运动——延安整风运动。整风运动的内容就是反对主观主义以整顿学风，反对宗派主义以整顿党风，反对党八股以整顿文风。整顿"三风"，就是要在全党树立一切从实际出发，理论联系实际，实事求是的马克思主义作风。在整风期间，毛泽东先后作了《改造我们的学习》、《整顿党的作风》、《反对党八股》等报告，提出了反对主观主义的思想，深入地回答和阐述了马克思主义中国化的重大问题。延安整风运动是一次全党范围的马克思主义思想教育运动，也是破除党内把马克思主义教条化，把共产国际决议和苏联经验神圣化错误倾向的伟大思想解放运动。它为全党树立实事求是、理论联系实际、批评与自我批评的优良作风奠定了重要的思想政治基础，使马克思主义中国化成为全党的共识。

1945 年 4 月，中国共产党第七次代表大会在延安召开。在此次大会上，马克思主义中国化的理论成果即中国化的马克思主义——毛泽东思想正式被确立为党的指导思想，这是马克思主义中国化发展历程中的一块里程碑，具有重要意义。党的第七次全国代表大会在党章中正式规定："中国共产党，是以马克思列宁主义的理论与中国革命的实践之统一的思想——毛泽东思想，作为自己一切工作的指针。"刘少奇在随后关于修改党章的报告中详细地论述了毛泽东思想的科学内涵及其产生的历史条件，高度评价了毛泽东思想的历史地位。七大之后，全党掀起了学习毛泽东思想的热潮。中国共产党在毛泽东思想的基础上空前团结起来，在取得抗日战争的胜利之后，又在不到三年的时间里打败了国民党蒋介石的反动政权，建立了中华人民共和国。历史的发展证明，马克思主义中国化的第一大理论成果——毛泽东思想是完全正确的，是中国人民强大的思想武器。

第二节　社会主义革命和建设时期马克思主义中国化的基本历程

中华人民共和国成立后，中国共产党人以毛泽东思想为指导，在同国内外敌人的斗争中,迅速巩固了人民政权,领导人民取得了社会主义革命的伟大胜利,并开始了社会主义建设的宏伟事业。

一、1949—1956年社会主义改造阶段马克思主义中国化的基本历程

中国新民主主义革命的胜利开辟了马克思主义中国化新的历史阶段。马克思主义认为,在无产阶级取得政权以后,只有经过一个过渡时期,即资本主义与社会主义之间的“革命转变时期”,才能建立起社会主义制度。但中国革命的特点决定了我们既不能在半殖民地半封建社会的废墟上直接建立社会主义,也不能在半殖民地半封建社会与社会主义社会之间横插一个资本主义社会,因为中国革命胜利后建立的是新民主主义社会,我们就只能在新民主主义社会的条件下逐步完成向社会主义过渡的任务。

在新民主主义社会的基础上完成向社会主义的过渡是一个艰巨的任务。在国民经济基本恢复和土地改革运动基本结束的基础上,党中央于1953年6月正式提出了党在过渡时期的总路线。“从中华人民共和国成立,到社会主义改造基本完成,这是一个过渡时期。党在这个过渡时期的总路线和总任务,是要在一个相当长的时期内,逐步实现国家的社会主义工业化,并逐步实现国家对农业、手工业和资本主义工商业的社会主义改造。”①

首先是对农业、手工业的社会主义改造。通过农业合作化的途径对个体小农经济进行社会主义改造,这是马列主义的一个基本原理。恩格斯曾经指出:“我们对于小农的任务,首先是把他们的私有制生产和私人占有变为合作社的生产和占有,但不是采用暴力,而是通过示范和为此提供帮助。”②列宁则指出,用组织生产合作社的办法引导农民参加社会主义事业,是无产阶级改造个体小生产的唯一出路。中国农业社会主义改造的道路充分体现了马克思主义基本原理与中国实践的结合。我们在对农业进行社会主义改造的过程当中,坚持采用稳妥的方法,按照“积极领导,稳步前进”的方针,坚持自愿互利、典型示范和国家帮助的原则,逐步引导农民走上合作化道路。农业社会主义改造的整个过程分三步完成。第一步,号召农民组织仅仅带有某些社会主义萌芽性质的几户或者十几户组成的农业生产互助组。第二步,在互助组的基础上,组织以土地入股和统一经营为特点的小型

①参见1953年12月《关于党在过渡时期总路线的学习和宣传提纲》。

②马克思恩格斯选集(第4卷). 北京:人民出版社,1972:310.

的带有半社会主义性质的农业生产合作社。第三步,在这些合作社的基础上进一步联合起来,组织大型的完全社会主义性质的高级农业生产合作社。实践证明,从互助组到初级社,再从初级社到高级社,这种由低级到高级的过渡步骤比较容易被广大农民接受,有效地避免了社会震动和对农业的破坏,激发了农民组织起来发展社会主义生产的积极性。对手工业的社会主义改造,其实施方法和步骤基本上同对农业的社会主义改造相似,采取从小到大、从低级到高级、从供销合作社到生产合作社的渐进过程,在平稳中顺利地实现了改造。

对资本主义工商业的改造,就是要把资本主义私人所有制改造成为社会主义公有制。在马克思主义发展史上,对于如何把资本主义私人所有制改造为社会主义公有制,既有过理论阐述也有过现实实践。马克思和恩格斯认为,从一般意义上来说,因为这两种制度是对立的,是不可调和的,所以通常是直接剥夺资产者;但他们也曾设想过用“赎买”的方式来完成改造,“这一剥夺是否要用赎买来实行,这大半不取决于我们,而取决于我们取得政权时的情况,尤其是也取决于大土地占有者先生们自己的态度”[①]。从实践方面来说,在十月革命后的俄国,列宁领导的布尔什维克是采取直接剥夺资产者的办法来实现社会主义改造的。在新中国,采取什么方式来实现对资本主义工商业的社会主义改造,成为摆在中国共产党人面前的一个重要问题。

马克思主义不是教条,而是指导我们行动的指南,马克思主义中国化是马克思主义本身的内在要求。以毛泽东为首的第一代领导集体,依据民族资产阶级有愿意拥护宪法和党的领导而接受社会主义改造的可能性,对资本主义工商业采取了“赎买”的改造方式,实现了马克思和恩格斯和平“赎买”的伟大构想,即在全行业公私合营前,采取“四马分肥”的办法,对资本主义企业采取“定息”的办法,把资本主义企业转化为国家所有的企业;同时,创造性地提出了将资本主义的私有经济一步一步地改造成社会主义的公有经济。

经过四年的努力,到1956年年底,我国生产资料的社会主义改造任务基本完成,创造性地开辟了一条适合中国特点的社会主义改造即社会主义革命道路,建立了社会主义基本制度。社会主义基本制度的建立,为当代中

①马克思恩格斯选集(第4卷). 北京:人民出版社,1995:499.

国的一切发展进步奠定了根本的政治和制度基础。

二、全面建设社会主义时期马克思主义中国化的基本历程

1956年之后，中国开始进入全面建设社会主义的新时期。当时面临的困难是旧中国留下的一穷二白的家底，民主法制很不健全，经济文化十分落后。如何建设社会主义？马克思主义提供了科学的社会主义理论体系，但马克思主义的创始人没有社会主义建设的实践，当然不可能对不同国情和不同生产力发展水平的国家建设社会主义进行具体的指导。当时苏联是唯一已经开始社会主义建设的国家，苏联的经验和建设模式就难免成为我们学习的榜样。建国后，国人对社会主义的认识就是“苏联的今天就是我们的明天”。但苏联社会主义建设的模式存在很大的弊端，20世纪50年代后，这种弊端开始暴露，中共也开始意识到了这一问题，以毛泽东为代表的中共中央明确提出“以苏为戒，走自己的建设道路”。与此同时，苏共二十大召开，在此次大会上，苏共暴露了苏联社会主义建设各方面出现的问题，这就打破了中国对苏联社会主义建设模式的迷信。在这一背景之下，以毛泽东为核心的中共中央开始了对如何建设社会主义的理论与实践探索。

以毛泽东为代表的中国共产党人在探索中取得了许多积极成果。1956年4月，毛泽东发表《论十大关系》，明确提出了我们建设社会主义要根据自己的国情，走自己的发展道路的基本思想，初步总结了我国社会主义建设的经验，提出了如何处理重工业和农业、轻工业的关系，国家、生产单位和生产者个人的关系，中央和地方的关系，中国和外国的关系等十个关系。毛泽东同志指出，这十种关系都是矛盾，我们的任务是要正确处理这些矛盾；这十种关系的处理都要围绕一个基本方针，就是把国内外一切积极因素调动起来，为社会主义事业服务。他强调，对于马克思列宁主义，我们要学的是属于普遍真理的东西，并且学习一定要与中国实际相结合；特别值得注意的是，最近苏联方面暴露了他们在建设社会主义过程中的一些缺点和错误，他们走过的弯路，我们不能再走。1957年2月，毛泽东发表《关于正确处理人民内部矛盾的问题》。该文运用对立统一的辩证规律，深刻阐述了社会主义社会存在矛盾的必然性；构建了比较系统的关于社会主义社会基本矛盾，关于正确区分和处理人民内部矛盾与敌我矛盾这两类不同性质社会矛盾的学说；主张把正确处理人民内部矛盾作为新时期国家政治生活的主题，并且相应地提出了“统筹兼顾，适当安排”、“百花齐放，百家争鸣”、“长期共存，互

相监督”以及“中国工业化的道路”等一系列重大战略思想和方针。这些理论创新,其实质就是要求我们克服苏联社会主义模式的负面影响,探索中国自己的社会主义道路。这篇文章也成为探索中国式社会主义建设道路的理论奠基之作,推进了马克思主义中国化的发展。

为了走出一条中国自己的社会主义道路,毛泽东等中国共产党人进行了不屈不挠的探索;然而由于缺少社会主义建设的经验以及受到国内外复杂的政治经济因素的影响和制约,我们在社会主义建设道路上慢慢出现了偏差,以致后来越来越偏离正确的轨道,最终酿成了“文革”的灾难。

1958 年先后出现的“大跃进”运动和“人民公社化”运动是偏离社会主义建设轨道的开端,也是违背“马克思主义中国化”的开端。生产建设上急于求成,盲目追求高指标的“大跃进”运动,盲目追求“一大二公”、“纯而又纯的公有制”的“人民公社化”运动,深刻地反映了当时经济工作中的主观主义和教条主义,给生产力的发展造成了极大破坏,给人民生活带来了严重困难,马克思主义中国化倡导的实事求是被浮夸风、共产风所吹倒。在政治方面,形成了以阶级斗争为纲的指导方针,发生了反右派斗争、反“右倾”斗争和 1962 年党的八届八中全会以后开始的从城乡社会主义教育运动到意识形态的大批判运动。这使得党在长期的革命战争时期形成的优良传统开始丢失,马克思主义中国化倡导的理论联系实际被领导言论所取代。

在全面开始建设社会主义阶段,马克思主义中国化发展历程上有一件事不得不提。自从 1938 年提出“马克思主义中国化”的概念之后,“马克思主义中国化”和“马克思主义普遍真理与中国革命具体实践相结合”这两种提法是同时广泛使用的。这种情况在新中国成立之后发生了变化。在新中国初期出版的《毛泽东选集》里,毛泽东将“马克思主义的中国化”改为“使马克思主义在中国具体化”。这一改动,当然只是字面上用语的变化,并无含义上的改变,之所以这样,很大程度上是为了避免所谓民族主义倾向以及不让当时的苏联和斯大林产生误解;但此后很长的时间里,几乎所有的著作、文件和报纸中都不提“马克思主义中国化”的字样,而是统一采用“普遍真理与具体实际相结合”的提法。坚持马克思主义的普遍真理与具体实际相结合,当然就是坚持马克思主义中国化。

20 世纪 60 年代中苏关系开始恶化,中苏两党在理论观点上的论战此起彼伏。在这一背景之下,毛泽东在 1961 年 1 月召开的中共八届九中全会上又一次明确讲到了“马列主义中国化”的问题。毛泽东指出:“所谓马克思主义中国化，就是马克思主义普遍真理跟中国革命具体实践的统一，一个普遍一个具体，两个东西的统一就叫中国化。”之后，无论是党内文献还是中央领导人的讲话，都恢复了原来的提法。

三、“文化大革命”阶段马克思主义中国化的基本历程

到了20世纪60年代，由于缺乏建设经验和受到国内外复杂的政治经济因素的制约，“左”的思想不但没有得到遏制，相反得到迅速的蔓延。对马克思主义的某些论断和结论教条式的理解以及复杂的国际因素的影响，使得党对马克思主义与中国实际相结合的探索彻底误入歧途，并最终酿成“文化大革命”这样全局性的错误。

中国共产党发展的历程造就了毛泽东在党内崇高的个人威望，以致后来发展到认为毛泽东个人言行就是真理的错误倾向。毛泽东晚年在如何建设社会主义和如何认识社会主义方面，越来越脱离实际，以致偏离经济发展的中心，步入“以阶级斗争为纲”的误区。同时，他对国内政治状况也作出了错误判断，认为党内走资本主义道路的当权派在中央形成了一个资产阶级司令部，它有一条修正主义的政治路线和组织路线。与此同时，随着中苏论战的激化，联系到党内的分歧，毛泽东认为国内出现修正主义分子的危险性越来越大，必须要在全党全国进行一场“文化大革命”，以剔去这些修正分子，严防资本主义复辟和修正主义分子掌权，保证人民的尊严和地位。

毛泽东对“文革”的发动负有不可推卸的责任，但也应该看到，“文化大革命”的出现有着更为深刻的历史原因。新中国刚刚成立，百废待兴，党和人民在社会主义制度优越性的鼓舞中，对改变现状的要求特别迫切。这一愿望反映到经济建设上就必然出现急于求成，盲目追求高指标、高增长的倾向。另外，中国共产党把在战争时期养成的大兵团式的工作方法带进了社会主义建设时期，盲目相信人的主观能动性而忽视客观的经济发展规律，用盲目地改变生产关系的手段来促进生产力的发展，这就必然导致阶级斗争扩大化，民主政治建设得不到重视。这一系列的举措又伴随着国际上复杂的政治背景，以及国内一小撮反社会主义分子的煽动和破坏，因而酿成了“文化大革命”这场长达10年的全国性内乱。

但在“文化大革命”的10年中，社会主义建设还是取得了一定的积极成果。在政治建设方面，我们强调坚持共产党的领导，坚持以工人阶级领导的工农联盟为基础的人民民主专政的国体。在经济建设方面，我们提出了中

国社会主义工业化道路的整体构想。其中，在经济管理体制方面，主张中央与地方适当分权；在企业管理体制方面，实行党委领导下的厂长负责制，以及干部参与劳动，工人参加管理，改革不合理的规章制度，技术人员、工人、干部相结合的“鞍钢宪法”。在文化建设方面，毛泽东提出“百花齐放，百家争鸣”的繁荣社会主义科学文化的总方针，强调政治工作是一切工作的生命线等等。

第三节 改革开放时期马克思主义中国化的基本历程

一、1978—1992 年马克思主义中国化的基本历程

1976 年毛泽东逝世之后，在指导思想领域出现了两种声音：一种是坚持毛泽东的所有思想和言论，把毛泽东的思想和言论奉为真理，提出了“两个凡是”的口号，即“凡是毛主席作出的决策，我们都坚决维护；凡是毛主席的指示，我们都始终不渝地遵循”；另一种以邓小平等党内老同志为代表，主张坚持实事求是的思想路线。

马克思主义中国化的基本前提是坚持马克思主义基本原理，而坚持马克思主义，首先就要坚持马克思主义中国化的第一大理论成果——毛泽东思想。怎样看待和坚持毛泽东思想，在“文化大革命”结束之后，是一个关系到人心向背，关系到共和国前进方向的重大问题。

邓小平指出：要把毛泽东的晚年错误同毛泽东思想区别开来，既要坚持毛泽东思想，又要发展毛泽东思想，否则，全党、全民族的思想就要僵化。邓小平说：“一个党，一个国家，一个民族，如果一切从本本出发，思想僵化，迷信盛行，那它就不能前进，它的生机就停止了，就要亡党亡国。”①邓小平从理论上论述了“两个凡是”不符合马克思主义，强调我们要坚持毛泽东思想，但不是毛泽东个人的所有思想和一切言论，要完全、准确地理解毛泽东思想的科学含义。

为了打破思想僵化的现状和局面，真正在实践中坚持马克思主义和毛

①邓小平文选（第 2 卷）．北京：人民出版社，1994：143.

泽东思想,以邓小平为首的党内老一辈革命家发起了关于真理标准问题的大讨论。

1978 年在中国开展起来的真理标准问题大讨论,实质上是一场呼唤我国社会主义新时期伟大变革的思想解放运动,为我国社会主义新时期的改革开放和现代化建设提供了强大的精神动力,为党和国家实现伟大的历史转折作了思想理论准备,为马克思主义实现第二次理论飞跃准备了思想条件。

"两个凡是"提出后不久,邓小平就针锋相对地提出了"准确的完整的毛泽东思想"的观点,引导人们用正确的态度对待毛泽东思想。1977 年 7 月邓小平重新主持工作后,立即旗帜鲜明地强调要准确地完整地理解毛泽东思想,坚持毛泽东思想的科学体系,并积极倡导实事求是这一毛泽东思想的基本观点。随后不久,陈云、叶剑英、聂荣臻、徐向前、罗瑞卿等一批老同志相继发表文章或讲话,宣传党的实事求是的优良传统,推动拨乱反正的开展。

1978 年 3 月,《人民日报》编辑部针对真理标准问题上存在的混乱认识,发表了一篇题为《标准只有一个》的思想评论,明确提出:"真理的标准,只有一个,就是社会实践。" 1978 年 4 月 11 日,一篇题为《实践是检验真理的唯一标准》的文章,以"本报特约评论员"名义在《光明日报》发表,接着各大报纸相继转载。这篇文章针对"两个凡是"的主张尖锐地指出:社会实践不仅是检验真理的标准,而且是唯一的标准。凡有超越于实践并自奉为绝对禁区的地方,就没有科学,就没有真正的马列主义、毛泽东思想,而只有蒙昧主义、唯心主义、文化专制主义。共产党人不能拿现成的公式去限制、宰割、剪裁无限丰富的生动的实际生活,应该勇于研究新的实践提出的新问题。只有这样,才是对待马克思主义的正确态度。1978 年 6 月 2 日,邓小平在全军政治工作会议上着重阐述了实事求是的指导思想,强调"实事求是是毛泽东思想的出发点、根本点"。

关于真理标准问题的大讨论,极大地促进了人们的思想解放,对于破除迷信、正本清源,对于恢复我们党实事求是、一切从实际出发的思想路线,对于加快拨乱反正步伐,有着重大意义。同时,这场大讨论促进了党对中国社会主义建设道路的新探索,为马克思主义中国化的第二次历史性飞跃准备了思想条件。

1978 年 12 月,党的十一届三中全会果断地放弃了"以阶级斗争为纲"的口号,作出了把党的工作重心转移到社会主义建设上来的战略抉择,形成了以邓小平为核心的第二代中央领导集体。在这次会议后不久召开的理论务虚会上,邓小平发表了《坚持四项基本原则》的重要讲话。这篇讲话具有重要意义,标志着“一个中心”和“两个基本点”的新时期基本路线开始形成。这一时期,我们党一方面彻底完成了指导思想和重大是非上的拨乱反正,另一方面,迅速、有效地开始了以经济建设为中心的社会主义建设,特别是农村改革。

1982 年 9 月,党的十二大在北京召开。大会提出:“把马克思主义的普遍真理同我国的具体实际结合起来,走自己的路,建设有中国特色的社会主义。”①这是党恢复实事求是的思想路线,坚持马克思主义中国化的理论呼声。邓小平在大会的开幕词中首次明确提出了“建设有中国特色的社会主义”的崭新命题。邓小平说,我们的现代化建设,必须从中国的实际出发,无论是革命还是建设,都要注意学习和借鉴外国经验,但是,照抄照搬别国经验、别国模式,从来不能得到成功。这方面我们有过不少教训。把马克思主义的普遍真理同我国的具体实际结合起来,走自己的路,建设有中国特色的社会主义,这就是我们总结长期历史经验得出的基本结论。

党的十二大以后,改革开放逐步向纵深挺进。邓小平基于改革开放和现代化建设实践的发展,先后发表了《一心一意搞建设》、《建设有中国特色的社会主义》等重要文章,从理论上概括了改革开放的必要性、前进方向、发展道路等。1984 年 10 月,党的十二届三中全会召开,拉开了城市改革的序幕。此次全会通过了《中共中央关于经济体制改革的决定》。该文件被邓小平称为马克思主义基本原则和中国特色社会主义实践相结合的重要文件,是马克思主义中国化的理论成果。该文件的突出贡献就是首次突破了把计划经济与商品经济对立起来的传统观念,提出了我国社会主义经济是以公有制为基础的有计划的商品经济的观点,这是后来市场经济改革的理论先导。

1987 年 10 月召开的党的十三大在马克思主义中国化发展历程中具有重要意义。正是这次大会明确提出和阐明了社会主义初级阶段理论,并以此为依据阐述了“一个中心,两个基本点”的基本路线,系统地分析和提出了社会主义初级阶段的经济发展战略和经济体制、政治体制改革的目标,构建了中国特色社会主义理论的轮廓。

---

①十二大以来重要文件选编(上册). 北京:人民出版社,1986:3.

关于社会主义初级阶段理论，十三大报告明确指出，我国处在并将长期处在社会主义初级阶段。报告指出：一方面，以生产资料公有制为基础的社会主义经济制度、人民民主专政的社会主义政治制度和马克思主义在意识形态领域中的指导地位已经确立，剥削制度和剥削阶级已经消灭，国家经济实力有了巨大增长，教育科学文化事业有了相当发展。这就是说，我国社会已经是社会主义社会。我们必须坚持而不能离开社会主义。但另一方面，我国人口多，底子薄，人均国民生产总值仍居于世界后列。生产力的落后，决定了在生产关系方面，发展社会主义公有制所必需的生产社会化程度还很低，商品经济和国内市场还很不发达，社会主义经济制度还不成熟、不完善；在上层建筑方面，建设高度的社会主义民主政治所必需的一系列经济文化条件很不充分，封建主义、资本主义腐朽思想和小生产习惯势力在社会上还有广泛影响，并且经常侵袭党的干部和国家公务员队伍。这种状况说明，我国的社会主义社会还处在初级阶段，我们今天仍然远没有超出社会主义初级阶段。社会主义初级阶段论为理解建国以来的成功和失误提供了一把钥匙，也为实行改革开放，建设有中国特色的社会主义提供了有力的理论武器，是马克思主义中国化第二次历史性飞跃的理论基石。

关于党在社会主义初级阶段的基本路线，十三大报告明确提出，领导和团结全国各族人民，以经济建设为中心，坚持四项基本原则，坚持改革开放，自力更生，艰苦创业，为把我国建设成为富强、民主、文明的社会主义现代化国家而奋斗。这条基本路线被简称为“一个中心，两个基本点”，即以经济建设为中心，坚持四项基本原则，坚持改革开放 。

十三大还特别指出，在马克思主义与我国实践相结合的过程中，有两次历史性的飞跃。第一次飞跃发生在新民主主义革命时期，中国共产党人总结成功的经验和失败的教训，找到了有中国特色的革命道路，把革命引向了胜利；第二次飞跃发生在党的十一届三中全会以后，中国共产党人在总结建国以来正反两方面经验的基础上，在研究国际经验和世界形势的基础上，开始找到一条建设有中国特色社会主义的道路，开创了社会主义建设的新阶段。

党的十三大以后，邓小平进一步总结中国和世界社会主义运动的历史经验，总结中国改革开放和现代化建设的新经验，为邓小平理论充实了许多重要的观点。尽管发生了1989年春夏之交的政治风波，但党的基本路线和十三大精神并没有因此而发生改变，马克思主义中国化的基本要求始终得到贯彻。十三届四中全会选出了新的中央领导机构,以江泽民为核心的党中央继续推进中国特色社会主义现代化建设,相继作出了很多重要决定,推进了马克思主义中国化事业的发展。

二、1992—2002 年马克思主义中国化的基本历程

1992 年年初,邓小平发表了南方谈话。这个谈话在总结和分析国内外形势发展以及所面临挑战的基础上,对十一届三中全会以来,特别是十三大以来在改革开放过程中出现的一系列问题展开了思考和探索,在理论和实践的结合方面作出了新的深刻的概括和总结,在马克思主义中国化发展历程中具有重要地位。

(一)关于社会主义本质论

邓小平一向非常重视对社会主义基本问题的分析和研究,目的在于搞清楚什么是社会主义,如何建设社会主义,以揭示社会主义的本质。1980 年 5 月,邓小平在会见非洲国家领导人时就强调,社会主义是一个很好的名词,但是如果搞不好,不能正确理解,不能采取正确的政策,那就体现不出社会主义的本质。这是对社会主义本质探索的开始。1985 年,邓小平阐述了他对社会主义的理解。他说,一个公有制占主体,一个共同富裕,这是我们所必须坚持的社会主义的根本原则。显然,邓小平的社会主义的根本原则是从社会主义与资本主义的根本区别这个角度来阐述什么是社会主义的问题。1992 年,邓小平在南巡讲话中对社会主义的本质用准确的语言进行了完整系统的表述:"社会主义的本质,是解放生产力,发展生产力,消灭剥削,消除两极分化,最终达到共同富裕。"同年,党的十四大进一步论述了这个问题,标志着全党对社会主义本质的问题已经形成了共识。

社会主义本质论,突出强调了"解放生产力,发展生产力"的社会主义功能,突出强调了"消灭剥削,消除两极分化,最终达到共同富裕"的社会主义发展目标。这是对马克思主义的发展,是马克思主义中国化的理论成果,为我们坚持社会主义基本制度,坚持发展生产力,坚持改革开放的方向,提供了坚实的理论基础。

社会主义本质论的第一个特点是:突出解放生产力和发展生产力是社会主义的根本任务。这是在科学社会主义的历史上第一次把解放生产力和发展生产力同社会主义的本质联系起来,把解放生产力、发展生产力提到了

社会主义本质要求的高度，揭示了生产力与社会主义的本质联系，说明解放生产力和发展生产力是社会主义最主要的功能和最根本的任务。中国共产党人继承了马克思主义唯物史观重视生产力的观点，反复强调生产力的重要性。邓小平曾说："马克思主义最注重发展生产力。我们讲社会主义是共产主义的初级阶段，共产主义的最高阶段要实行各尽所能，按需分配，这就要求社会生产力高度发展，社会物质财富极大丰富。所以社会主义阶段的最根本任务就是发展生产力，社会主义的优越性归根到底要体现在它的生产力比资本主义发展得更快一些、更高一些，并且在发展生产力的基础上不断改善人民的物质文化生活。"①

社会主义本质论的第二个特点是：突出社会主义在社会关系、生产关系方面的根本目的，揭示了社会主义与资本主义在生产关系方面的本质区别。社会主义本质论首先讲解放生产力和发展生产力，紧接着讲了"消灭剥削，消除两极分化，最终达到共同富裕"。这是社会主义本质在社会关系、生产关系方面的根本目的。必须把这个方面与解放和发展生产力统一起来理解，才能全面和正确认识社会主义本质。唯物史观认为历史是人创造的，它是作为历史活动主体的人追求自身目的的能动过程。人类历史的发展就是人的发展，物的发展和生产力的发展的根本目的是促进人的发展。社会主义的运动发展不能脱离社会主义社会的人的活动发展，社会主义社会的物的发展和生产力的发展是为了促进社会主义社会的人的发展。中国共产党人把实现共同富裕纳入社会主义的本质内容，这是对社会主义长期思考的结论。贫穷不是社会主义，社会主义应当是富裕的；但是，一个富裕的社会不一定就是社会主义社会。是不是社会主义社会，还要看社会财富的分配是否公正合理，还要看公正平等的实现程度。共同富裕不但是社会主义的目的，而且也是社会主义的原则。社会主义的根本目的是满足人民日益增长的物质文化需要，劳动人民创造的一切财富都为他们自己共同享有。邓小平曾明确指出："社会主义财富属于人民，社会主义的致富是全民共同致富。社会主义原则，第一是发展生产，第二是共同致富。"②

（二）关于社会主义市场经济理论

南方谈话涉及的另一个重要问题是关于社会主义与市场经济关系的问

①邓小平文选（第3卷）. 北京：人民出版社，1993：63.

②邓小平文选（第3卷）. 北京：人民出版社，1993：172.

题。过去传统的社会主义概念一直把计划经济看做是社会主义的本质属性，而把市场经济看做是资本主义的独有特征，仿佛市场经济就是资本主义，计划经济才是社会主义。社会主义市场经济理论的形成经历了一个过程。1979 年 11 月，邓小平在同外宾的一次谈话中，明确提到了"社会主义可以搞市场经济"的重要思想。"说市场经济只存在于资本主义社会，只有资本主义的市场经济，这肯定是不正确的。社会主义为什么不可以搞市场经济，这个不能说是资本主义。我们是计划经济为主，也结合市场经济，但这是社会主义的市场经济。"①1982 年，党的十二大提出"计划经济为主，市场经济为辅"。1984 年，十二届三中全会通过了《关于经济体制改革的决定》，中共中央进一步提出了社会主义经济是在公有制基础上的有计划的商品经济的新概念。在此基础上，党的十三大提出社会主义有计划商品经济体制应该是计划与市场内在统一的体制等思想。十三届四中全会后，党中央又提出要建立适合有计划商品经济发展的计划经济和市场调节相结合的经济体制和运行机制。1990 年 12 月，邓小平在一次讲话中指出："资本主义与社会主义的区分不在于计划还是市场的问题。社会主义也可以搞市场经济，资本主义也有计划控制……不要以为搞点市场经济就是资本主义道路，没有那么回事。计划和市场都要得。"②1992 年邓小平南巡时，用科学的语言对计划与市场的关系进行了完整系统的表述："计划多一点还是市场多一点，不是社会主义与资本主义的本质区别。计划经济不等于社会主义，资本主义也有计划；市场经济不等于资本主义，社会主义也有市场。计划和市场都是经济手段。"

1992 年 10 月召开的党的十四大是新时期马克思主义中国化进程中的一次极其重要的大会。大会依据邓小平南方谈话精神，首次明确提出了社会主义市场经济理论，确立了建立社会主义市场经济体制的总体目标，并对邓小平理论作了系统的概括。

1997 年，党的十五大在北京召开，第一次提出把邓小平理论确立为党的指导思想。江泽民在大会报告中强调：实践证明，作为毛泽东思想继承和发展的邓小平理论，是指导中国人民在改革开放中胜利实现社会主义现代化的正确理论。在当代中国，只有把马克思主义同当代中国实践和时代特征

①邓小平文选(第 2 卷). 北京：人民出版社，1994：236.

②邓小平文选(第 3 卷). 北京：人民出版社，1993：364.

结合起来的邓小平理论,而没有别的理论能够解决社会主义的前途和命运问题。邓小平理论是当代中国的马克思主义,是马克思主义在中国发展的新阶段,是马克思主义中国化的理论成果。

在党的十五大报告中,还第一次明确提出了党在社会主义初级阶段的基本纲领和公有制股份制改革的相关问题,这进一步推进了马克思主义中国化事业的发展。党在社会主义初级阶段的基本纲领是对党在社会主义初级阶段的基本路线的展开。首先:党在社会主义初级阶段的经济纲领。建设有中国特色社会主义的经济,就是在社会主义条件下发展市场经济,不断解放和发展生产力。这就要坚持和完善社会主义公有制为主体、多种所有制经济共同发展的基本经济制度;坚持和完善社会主义市场经济体制,使市场在国家宏观调控下对资源配置起基础性作用;坚持和完善按劳分配为主体的多种分配方式,允许一部分地区一部分人先富起来,带动和帮助后富,逐步走向共同富裕;坚持和完善对外开放,积极参与国际经济合作和竞争。保证国民经济持续快速健康发展,人民共享经济繁荣成果。其次:党在社会主义初级阶段的政治纲领。建设有中国特色社会主义的政治,就是在中国共产党领导下,在人民当家做主的基础上,依法治国,发展社会主义民主政治。这就要坚持和完善工人阶级领导的以工农联盟为基础的人民民主专政;坚持和完善人民代表大会制度和共产党领导的多党合作、政治协商制度以及民族区域自治制度;发展民主,健全法制,建设社会主义法治国家。实现社会安定,政府廉洁高效,全国各族人民团结和睦,生动活泼的政治局面。第三:党在社会主义初级阶段的文化纲领。建设有中国特色社会主义的文化,就是以马克思主义为指导,以培育有理想、有道德、有文化、有纪律的公民为目标,发展面向现代化、面向世界、面向未来的,民族的科学的大众的社会主义文化。这就要坚持用邓小平理论武装全党,教育人民;努力提高全民族的思想道德素质和教育科学文化水平;坚持为人民服务、为社会主义服务的方向和百花齐放、百家争鸣的方针,重在建设,繁荣学术和文艺。建设立足中国现实,继承历史文化优秀传统,吸取外国文化有益成果的社会主义精神文明。这个纲领,是党的基本路线在经济、政治、文化等方面的展开,是马克思主义中国化发展的理论产物,对坚持党的基本路线一百年不动摇,把建设有中国特色社会主义的伟大事业全面向前推进,有着十分重要的意义。

十四大提出了建立社会主义市场经济体制,经过五年的努力,社会主义市场经济得到巨大发展。实践的向前发展必然要求理论上的突破,对公有制经济与非公有制经济,以及公有制经济占主体地位的含义等问题必须作出明确的与时俱进的回答。党的十五大报告系统地回答了这些问题,对马克思主义中国化作出了历史性的贡献。

对于公有制经济的含义,十五大报告指出,公有制经济不仅包括国有经济和集体经济,而且包括混合所有制经济中的国有成分和集体成分。这就从理论上纠正了把股份制经济看成是私有制,把国有企业实行股份制改造看做是私有化的错误观点,对我们全面认识公有制经济有重大的现实意义。同时,报告进一步指出:“公有制的主体地位主要体现在:公有资产在社会总资产中占优势;国有经济控制国民经济命脉,对经济发展起主导作用。”①这就明确了以公有制经济为主体的含义,为进一步深化改革提供了理论指导。

在阐述这些问题的基础上,报告还提出了公有制的实现形式可以而且必须多样化的重大战略思想。江泽民明确指出:“公有制的实现形式可以而且必须多样化。一切反映社会化生产规律的经营方式和组织形式都可以大胆利用。要努力寻找能够极大促进生产力发展的公有制实现形式。”②关于公有制的实现形式,历来认为只有国家所有和集体所有两种,这是计划经济体制下形成的传统观念。公有制的定义以及公有制的实现形式多样化是对马克思主义的发展,是马克思主义中国化的重要理论成果。

(三)关于“三个代表”重要思想

如何建设党,建设一个什么样的党,在1949年我们党取得执政地位之后就是一个重要的问题。特别是20世纪90年代以来,世界多极化和经济全球化趋势出现,科技进步日新月异,综合国力竞争日趋激烈,苏联解体,东欧剧变,国际共产主义运动处于低潮;在国内,随着社会主义市场经济体制的确立,改革开放向纵深推进,许多深层次矛盾日益凸显,党员队伍、干部队伍的构成发生了很大的变化。在这一背景下,如何进一步提高党的领导水平和执政水平,提高拒腐防变和抵御风险能力的问题显得尤为突出。这些新的考验,归根到底,就是我们党能不能始终保持先进性和旺盛活力,在世界形势深刻变化的历史进程中始终走在时代前列,在建设中国特色社会主义的历史进程中成为坚强的领导核心。

如何加强党的建设,是以江泽民为核心的第三代中央领导集体一直关

①江泽民文选(第2卷). 北京:人民出版社,2006:19.
②江泽民文选(第2卷). 北京:人民出版社,2006:20.

注的问题。2000 年 6 月，江泽民在全国党校工作会议上指出：要使党始终保持工人阶级先锋队性质，始终代表最广大人民群众的根本利益，始终成为社会先进生产力的代表，始终坚持有力地发挥好领导作用，必须结合新的历史条件，进一步从思想上、组织上和作风上把党建设好。随后，江泽民在广州主持召开党建工作座谈会，他指出：我们党之所以赢得人民的拥护，是因为我们党作为中国工人阶级的先锋队，在革命、建设和改革的各个历史时期，总是代表着中国先进生产力的发展要求，代表着中国先进文化的前进方向，代表着中国最广大人民的根本利益，并通过制定正确的路线方针政策，为实现国家和人民的根本利益而不懈奋斗。这是江泽民第一次完整提出“三个代表”重要思想。

2001 年 7 月 1 日，在庆祝中国共产党成立 80 周年大会上，江泽民全面、系统地阐述了“三个代表”的重要思想。他在讲话中全面回顾和总结了我们党 80 年的光辉历程和基本经验，系统阐述了“三个代表”重要思想的科学内涵，深刻回答了新的历史条件下加强和改进党的建设需要解决的重大问题，进一步阐明了党在新世纪的历史任务和奋斗目标。以江泽民“七一”讲话为标志，“三个代表”重要思想开始由一个重要论断发展成为思想体系，标志着马克思主义中国化发展的新阶段。

2002 年 11 月，中国共产党第十六次全国代表大会在北京召开。江泽民代表中国共产党在大会上作了题为《全面建设小康社会，开创中国特色社会主义事业新局面》的主题报告。十六大报告以“三个代表”重要思想为灵魂和主线，进一步阐明了“三个代表”重要思想的时代背景、实践基础、历史地位、精神实质和指导意义，揭示了贯彻“三个代表”重要思想的“三个坚持”和“四个必须”，对切实把“三个代表”重要思想贯彻到社会主义现代化建设的经济、政治、文化以及党的建设等各个方面作出了全面部署。十六大把“三个代表”重要思想写进了党章，马克思主义中国化的第三个理论成果——“三个代表”重要思想成为中国共产党的指导思想，标志着马克思主义中国化达到了一个新的高度。

“三个代表”重要思想丰富和发展了马克思主义，是中国化的马克思主义，把马克思主义在中国的发展推进到了一个新的阶段。

马克思主义中国化要求既坚持马克思主义，又发展马克思主义，只有发展马克思主义，才能更好地坚持马克思主义。“三个代表”重要思想既不丢马克思主义老祖宗，又不从书本、概念和抽象的原则出发，而是一切从当代中国实际出发,研究新情况,解决新问题,系统总结党成立以来特别是十三届四中全会以来的新鲜经验,用一系列新思想、新观点、新论断丰富和发展了马克思主义,为马克思主义理论宝库增添了崭新的内容。

"始终代表中国先进生产力的发展要求,始终代表中国先进文化的前进方向,始终代表中国最广大人民的根本利益",是"三个代表"重要思想的集中概括。构成这个重要思想的基本点,马克思主义创始人和经典作家都有论述;但是,将这些基本点构成一个完整统一的体系,并上升到党的性质的高度,上升到我们党治党治国治军基本方略的高度,这是以江泽民同志为代表的当代中国共产党人的一个创造,是对辩证唯物主义和历史唯物主义基本原理的创造性运用和最新发展,是中国化的马克思主义。

"三个代表"重要思想是一个博大的理论体系,针对一系列的新问题、新情况,提出了一系列新的思想、新的观点、新的论断。这些新思想、新观点、新论断是马克思主义中国化的理论成果,是中国化的马克思主义。

马克思主义执政党的首要任务是什么?长期以来人们的认识并不一致。在邓小平理论指出"发展是硬道理"的基础上,"三个代表"重要思想作出了"发展是我们党执政兴国的第一要务"的科学论断,强调发展是以经济建设为中心,经济政治文化相协调的发展,是促进人与自然相和谐的可持续发展。这些重要思想和重要观点,揭示了发展与执政兴国的内在关系,表明中国共产党人始终坚持以发展为己任,以兴国为目标,以富民为取向。"第一要务"的论断丰富和深化了马克思主义关于共产党执政规律的理论。

对于社会主义应该实行何种经济体制这个重大问题,从空想社会主义到科学社会主义,从马克思到毛泽东,人们的探索始终没有停止,在实践中更是出现过曲折。邓小平同志提出"社会主义也可以搞市场经济",为探索和解决这个问题开启了新的思路。以江泽民同志为代表的当代中国共产党人总结社会主义实践的经验教训,创造性地运用科学社会主义特别是邓小平理论的成果,提出建立社会主义市场经济体制,从而开辟了发展中国先进生产力的广阔道路。与社会主义市场经济体制相适应,"三个代表"重要思想提出要建立公有制为主体、多种所有制经济共同发展的基本经济制度,对公有制的含义及实现形式等问题作了全新的回答。此外,还提出实行科教兴国战略、可持续发展战略、西部大开发战略和全方位对外开放战略等重要思想观点。这些都是对马克思主义经济理论的重大贡献。

在社会主义的发展目标问题上,根据马克思、恩格斯关于共产主义社会是全面发展的社会的思想，在邓小平同志“两个文明建设”理论的基础上，“三个代表”重要思想鲜明地提出了政治文明建设的范畴，强调中国特色社会主义必须“三个文明”协调发展，强调建设社会主义政治文明必须扩大社会主义民主，健全社会主义法制，把依法治国和以德治国有机结合起来，建设社会主义法治国家等等。这些重要思想观点，大大丰富了社会主义发展目标的理论，是马克思主义中国化发展的理论成果。

在对马克思主义执政党建设规律的认识上，总结我们党的实践经验，借鉴国外一些执政党建设的经验教训，“三个代表”重要思想提出了一系列重要观点，包括党应该成为“三个代表”、“两个先锋队”和“一个领导核心”的观点，增强党的阶级基础和扩大党的群众基础的观点，用时代发展的要求审视自己，以改革的精神加强和完善自己的观点，党的建设要以加强执政能力建设为重点的观点等等。这些重要思想观点，体现了当今世界和当代中国发展变化的实际对我们党提出的新要求，极大地丰富了马克思主义执政党建设的理论。

三、2002 年至今马克思主义中国化的基本历程

不断推进马克思主义中国化，必须始终坚持解放思想、实事求是、与时俱进。党的十六大选举产生了新一届中央委员会，党的中央领导集体顺利实现了新老交替，形成了以胡锦涛为总书记的新的中央领导集体。新的中央领导集体在深入学习贯彻“三个代表”重要思想，推进中国特色社会主义建设事业的实践中，提出要不断推进马克思主义中国化的进程。

2002 年，党的十六大在北京召开，以胡锦涛为总书记的党中央提出了马克思主义中国化新的社会要求——构建社会主义和谐社会。

构建社会主义和谐社会，是我们党以马克思列宁主义、毛泽东思想、邓小平理论和“三个代表”重要思想为指导，从中国特色社会主义事业总体布局和全面建设小康社会全局出发提出的重大战略任务，反映了建设富强民主文明和谐的社会主义现代化国家的内在要求，是对马克思主义关于社会目标的理论的发展。

实现社会和谐，建设美好社会，是人类孜孜以求的社会理想，也是包括中国共产党在内的马克思主义政党不懈追求的社会理想。马克思、恩格斯在继承前人思想成果的基础上，创立了科学社会主义理论，勾画了美好社会的蓝图，指明了实现美好社会理想的正确途径。在革命、建设、改革的长期

实践中,我们党不断探索并发展了具有中国特色的社会主义社会建设理论。毛泽东提出了社会主义基本矛盾的理论,强调要调动国内外一切积极因素,正确处理我国社会的一些重大关系。邓小平科学阐述了建设中国特色社会主义的一系列重大理论观点,对社会主义社会建设作出了一系列重要论断。江泽民进一步丰富和发展了我们党关于社会主义社会建设的理论,强调要始终代表中国最广大人民的根本利益,正确反映和兼顾不同方面群众的利益,在社会稳定中推进改革和发展,通过改革和发展促进社会稳定。以胡锦涛为总书记的党中央提出构建社会主义和谐社会,坚持和发展了马克思主义关于社会主义社会建设的理论,为我们从理论和实践的结合上正确认识、全面把握和积极构建社会主义和谐社会指明了方向,丰富和发展了马克思主义,是马克思主义中国化的重要理论成果。

社会主义和谐社会,是民主法治、公平正义、诚信友爱、充满活力、安定有序、人与自然和谐相处的社会。民主法治,就是社会主义民主得到充分发扬,依法治国基本方略得到切实落实,各方面积极因素得到广泛调动;公平正义,就是社会各方面的利益关系得到妥善协调,人民内部矛盾和其他社会矛盾得到正确处理,社会公平和正义得到切实维护和实现;诚信友爱,就是全社会互帮互助、诚实守信,全体人民平等友爱、融洽相处;充满活力,就是能够使一切有利于社会进步的创造愿望得到尊重,创造活动得到支持,创造才能得到发挥,创造成果得到肯定;安定有序,就是社会组织机制健全,社会管理完善,社会秩序良好,人民群众安居乐业,社会保持安定团结;人与自然和谐相处,就是生产发展,生活富裕,生态良好。社会主义和谐社会的这些基本特征是相互联系、相互作用的,对社会主义和谐社会建设提出了具体要求,要在全面建设小康社会的进程中切实贯彻和体现。

2003 年 10 月,中共十六届三中全会通过了《中共中央关于完善社会主义市场经济体制若干问题的决定》,总结了改革开放以来我们在发展中遇到的问题,明确提出了"坚持以人为本,树立全面、协调、可持续的发展观,促进经济社会和人的全面发展",强调统筹城乡发展,统筹区域发展,统筹经济社会发展,统筹人与自然和谐发展,统筹国内发展和对外开放。这是我们党第一次提出科学发展观。

2004 年 2 月,中央举办省部级主要领导干部"树立和落实科学发展"专题研讨班,这是党中央为推动全党树立和落实科学发展观采取的一个重要举措。3 月 10 日,胡锦涛在中国人口资源环境工作座谈会上全面阐述了科学发展观的理论基础、实践来源、深刻内涵和基本要求。

“以人为本”是科学发展观的核心。坚持以人为本，就是要把广大人民群众的整体利益放在首位，充分实现广大人民群众的根本利益；要反映和兼顾不同群体的利益，协调好各方面的利益关系；同时要关心每一个人的利益要求，关心人的价值、权益和自由，满足人的发展愿望和多样性的需求。对以人为本的理解和认识，要同对党的宗旨和党的执政理念的认识联系在一起。“全心全意为人民服务”是我们党的根本宗旨，“立党为公、执政为民”是我们党执政的基本理念，“以人为本”反映了党的根本宗旨的内在规定，也体现了党的执政理念的本质要求。坚持以人为本，就是要坚持发展为了人民，发展依靠人民，发展的成果由人民共享，把实现好、维护好、发展好最广大人民群众的根本利益作为我们一切方针政策和各项工作的出发点。

科学发展观的基本要求是“全面、协调、可持续发展”。“全面发展”，就是以经济建设为中心，推动经济、政治、文化和社会建设，实现经济和社会全面进步。科学发展观强调“以人为本”，强调“全面发展”，并不意味着经济建设可以退到次要的位置，更不是要放弃以经济建设为中心。经济是基础，是解决一切社会问题的前提，没有经济的发展，就谈不上其他方面的发展。对于中国这样一个发展中大国来说，保持经济的快速发展，创造更加丰富的物质财富，不断增强经济实力，意义非常重大。当然，单纯的经济增长不能带来社会的全面进步，也不能解决社会发展过程中的一切问题，因此，在坚持以经济建设为中心的同时，必须加强政治建设、文化建设和社会建设，使经济、政治、文化和社会共同发展，相互促进。“协调发展”就是强调“五个统筹”，同时要推进经济、政治、文化、社会发展的各个环节、各个方面相互协调。协调发展不是齐步走，也不是没有重点的发展，它主要是指经济社会之间、城乡之间、区域之间、国内国外之间还有人与自然之间的发展要相互衔接、相互促进，实现良性互动。“可持续发展”就是促进人与自然的和谐，实现经济发展与人口、资源、环境相协调，坚持走生产发展、生活富裕、生态良好的文明发展道路；就是既要考虑当前发展的需要，满足当代人的基本需求，又要考虑未来的发展需要，为子孙后代着想。

2004 年 9 月 19 日，党的十六届四中全会通过了《中共中央关于加强党的执政能力建设的决定》。该《决定》指出：“执政能力建设是党执政后的一项根本建设。”2005 年 1 月 14 日，在中共中央举行的新时期保持共产党员先进性专题报告会上，胡锦涛总书记指出：“加强党的先进性建设，始终是我们党生存、发展、壮大的根本性建设。”这两个“根本建设”，是以胡锦涛为总书记的党中央对党的建设规律的新认识，是对马克思主义政党建设规律的新认识，是对马克思主义的丰富和发展。加强党的执政能力建设和先进性建设的论断是马克思主义中国化的重要理论成果。

胡锦涛同志反复强调，加强党的执政能力建设，是我们党从保证党和国家的事业兴旺发达、长治久安的高度提出的一项带有全局性、根本性的战略任务。我们要把推进中国特色社会主义伟大事业和党的建设新的伟大工程紧密结合起来，实现伟大事业和伟大工程的互相促进，以加强党的执政能力建设促进和带动党的各方面建设，保证党始终成为中国特色社会主义事业的坚强领导核心。

加强党的先进性建设，始终是我们党生存、发展、壮大的根本性建设。抓住了先进性建设，就抓住了党的建设的根本，就抓住了加强党的执政能力建设，巩固党的执政地位的关键。加强党的先进性建设，需要同实现党的历史任务紧紧联系起来。必须坚持立党为公、执政为民，全面落实科学发展观，始终抓好发展这个党执政兴国的第一要务，把党的先进性要求转化为全党的实际行动，贯彻到党的全部执政活动中去，切实落实到发展先进生产力、发展民主政治、发展先进文化、构建和谐社会、实现最广大人民的根本利益上来。我们党要始终保持先进性，就必须顺应时代的发展和人民的要求，自觉、主动、持续地推进先进性建设，努力使党的全部理论和工作体现时代性，把握规律性，富于创造性，使我们党始终与时代发展同步伐，与人民群众共命运。

2006 年 10 月，党的十六届六中全会通过了《中共中央关于构建社会主义和谐社会若干重大问题的决定》。该《决定》明确提出了“建设社会主义核心价值体系”这个重大命题和战略任务。这是以胡锦涛为总书记的党中央进行马克思主义中国化理论创新的又一重要成果。

社会主义核心价值体系的基本内容包括马克思主义指导思想、中国特色社会主义共同理想、以爱国主义为核心的民族精神和以改革创新为核心的时代精神、社会主义荣辱观等四个方面。这四个方面的基本内容相互联系、相互贯通、有机统一，共同构成了完整的社会主义核心价值体系。马克思主义指导思想是社会主义核心价值体系的灵魂。马克思主义是我们立党立国的根本指导思想，是社会主义意识形态的旗帜和灵魂。在社会主义核心价值体系中，马克思主义提供的是科学的世界观，是认识世界和改造世界的立场、观点、方法。我们党坚持把马克思主义基本原理同中国具体实际紧密结合,从而形成了毛泽东思想、邓小平理论和"三个代表"重要思想,形成了科学发展观和构建社会主义和谐社会等重大战略思想。这些理论成果是中国化的马克思主义。中国特色社会主义共同理想是社会主义核心价值体系的主题。我们党在领导人民建设社会主义的过程中,经过艰辛探索,找到了建设中国特色社会主义的正确道路。在中国共产党领导下,走中国特色社会主义道路,实现中华民族的伟大复兴,这是现阶段我国各族人民的共同理想。以爱国主义为核心的民族精神和以改革创新为核心的时代精神是社会主义核心价值体系的精髓。以爱国主义为核心的伟大民族精神,已经深深地融入我们的民族意识、民族品格、民族气质之中,成为各族人民团结一心、共同奋斗的价值取向。以改革创新为核心的时代精神,是马克思主义与时俱进的理论品格、中华民族富于进取的思想品格与改革开放和现代化建设实践相结合的伟大成果,已经深深地融入我国经济、政治、文化、社会建设的各个方面,成为各族人民不断开创中国特色社会主义事业新局面的强大精神力量。民族精神和时代精神是相互交融的,它们深深熔铸在民族的生命力、创造力和凝聚力之中,深深熔铸在社会主义核心价值体系之中,使中华民族能够以昂扬向上的精神状态自立于世界民族之林。社会主义荣辱观是社会主义核心价值体系的基础。以"八荣八耻"为主要内容的社会主义荣辱观,是与社会主义市场经济相适应,与社会主义法律规范相协调,与中华民族传统美德相承接的社会主义思想道德体系。

2007 年 10 月,中国共产党第十七次全国代表大会在北京召开。党的十七大是马克思主义中国化发展历程中的一次重要大会,在推进马克思主义中国化的道路上迈出了重要的新步伐。这次大会是马克思主义中国化的一个重要里程碑,对于中国共产党人把马克思主义与中国实际结合,发展中国特色社会主义有着巨大的现实意义和深远的历史意义。

党的十七大把最新理论成果科学发展观写入了党章,赋予了马克思主义以新的鲜活力量,开辟了马克思主义在当代中国发展的新境界,实现了马克思主义发展理论的又一次与时俱进。党的十七大报告把科学发展观放在突出位置,对科学发展观的历史地位进行了明确定位,并进一步对科学发展观的科学内涵、精神实质和深入贯彻落实科学发展观的要求进行了全面系统深刻的阐发。

把我们党在改革开放以来建设和发展中国特色社会主义创新实践中相

继形成的马克思主义中国化的理论成果作为一个整体,统称为"中国特色社会主义理论体系"并进行科学阐释,这是党的十七大树立的理论丰碑。中国特色社会主义理论体系,是改革开放以来几代中国共产党人坚持和发展马克思列宁主义、毛泽东思想的理论结晶,不懈探索中国特色社会主义建设规律的智慧和心血,推进马克思主义中国化的创新成果和思想精华,创造了党最宝贵的政治和精神财富。马克思主义中国化历史进程中产生的理论创新成果,虽然形成于我国革命、建设和改革的不同历史时期,面对的是不同的历史条件和社会任务,但都贯穿了辩证唯物主义、历史唯物主义的科学世界观和方法论,都代表着中国社会发展的方向和最广大人民的根本利益,是依据我们党和人民的长期实践而形成的一脉相承又与时俱进的科学理论体系,是全党集体智慧的结晶。马克思主义中国化既是一个不断发展的历史进程,又是一个开放的思想体系。中国特色社会主义理论体系,是在继承我们党以往思想理论成果和实践成果的基础上形成和发展起来的。以毛泽东同志为核心的第一代中央领导集体创立了毛泽东思想,为中国特色社会主义理论体系的形成和发展奠定了根本的政治前提、思想保证和制度基础。党的十七大报告指出,中国特色社会主义理论体系,坚持和发展了马克思列宁主义、毛泽东思想,凝结了几代中国共产党人带领人民不懈探索实践的智慧,是马克思主义中国化的最新成果,是党最宝贵的政治和精神财富,是全国各族人民团结奋斗的共同思想基础。

2009 年 9 月,在建国 60 周年前夕,党的十七届四中全会在北京召开。此次全会审议通过了《中共中央关于加强和改进新形势下党的建设若干重大问题的决定》,系统总结了党在执政 60 年的实践中,探索形成的作为马克思主义执政党加强自身建设的基本经验。这些基本经验概括起来就是:坚持把思想理论建设放在首位,提高全党马克思主义水平;坚持把推进党的建设伟大工程同推进党领导的伟大事业紧密结合起来,保证党始终成为社会主义事业的坚强领导核心;坚持以执政能力建设和先进性建设为主线,保证党始终走在时代前列;坚持立党为公、执政为民,保持党同人民群众的血肉联系;坚持改革创新,增强党的生机活力;坚持党要管党、从严治党,提高管党治党水平。这些基本经验,是对马克思主义关于如何加强党的建设的理论的发展,是马克思主义中国化的重大理论成果,是我们党加强和改进新形势下自身建设的重要指导原则,我们要长期坚持,并在实践中不断丰富和发展。

以上简要回顾了近百年来马克思主义中国化的发展历程，我们相信，根据时代变化，坚持马克思主义，紧密结合中国实际，不断推进马克思主义中国化的进程，中国社会主义事业将会呈现出更加蓬勃的生机。

链接

改革开放之后对“马克思主义中国化”概念的使用

作为我国改革开放总设计师的邓小平同志，可能一直没有使用过“马克思主义中国化”这一概念，他自始至终都使用“马克思列宁主义普遍真理与中国革命的具体实践相结合”这一提法。

1. 学术理论界对“马克思主义中国化”概念的使用

改革开放后开始使用“马克思主义中国化”这一概念的是学术理论界的专家学者。20世纪80年代上半期，有些学者开始重新引用历史上党的领导人关于“毛泽东把马克思主义中国化”的论述或直接使用“马克思主义中国化”的概念。

比如1981年8月20日《解放日报》登载的马川波的文章，引用了刘少奇在七大报告中所说：“正是我们的毛泽东同志，出色地成功地进行了这件特殊困难的马克思主义中国化的事业。”

1982年1月8日《人民日报》登载的姚力文、吴智棠的文章也引用了刘少奇“要使马克思主义中国化”的话。

1983年3月24日《天津社联通讯》中刘延亚、杨瑞森的文章，多处使用“马克思主义中国化”概念，文章还作了这样的说明：“‘马克思主义中国化’是对于马克思主义普遍真理同中国革命的具体实践相结合的一种通俗的概括。这种概括见诸老一辈无产阶级革命家的许多文章。本文使用这个概念主要是为了书写简便。”

1983年12月23日《人民日报》登载的杨献珍的文章中，也有“毛泽东同志是我党最早认识到必须把马克思主义中国化，就是说把它同中国革命具体实践相结合的人”的论断，等等。

到了20世纪90年代，“马克思主义中国化”这一概念在学界开始广泛被运用。1993年和1998年还先后召开了“国外学者论‘毛泽东与马克思主义中国化’问题评析座谈会”和“毛泽东邓小平与马克思主义中国化理论研讨会”。

2. 中共中央文件和中央领导人的著作中对“马克思主义中国化”或“中国化马克思主义”概念的使用

1982年，党的十二大提出：“把马克思主义的普遍真理同我国的具体实际结合起来，走自己的路，建设有中国特色的社会主义。”①

1983年3月，胡耀邦在纪念马克思逝世100周年大会上的报告中，讲到马克思主义与具体实际相结合的原则时，明确加入时代的内容，指出：马克思主义的“生命力”就在于它“同各个时代和各个国家的具体革命实践相结合”。②

1987年，党的十三大提出马克思主义与我国实践相结合“有两次历史性飞跃”的观点，即新民主主义革命时期“找到了有中国特色的革命道路，把革命引向胜利”，党的十一届三中全会又“找到了一条建设有中国特色的社会主义的道路，开辟了社会主义建设的新阶段”。③

1992年，党的十四大重申两次历史性飞跃的观点，并论定“建设有中国特色社会主义的理论”，“是马克思列宁主义基本原理与当代中国实际和时代特征相结合的产物，是毛泽东思想的继承和发展”，“是当代中国的马克思主义”。④

1997年，党的十五大再次重申两次历史性飞跃的观点，并进一步把第二次历史性飞跃产生的理论成果定名为邓小平理论，指出邓小平理论“是当代中国的马克思主义，是马克思主义在中国发展的新阶段”。⑤

1999年1月，尉健行在纪念瞿秋白诞辰100周年座谈会上，讲到了瞿秋白“致力于马克思主义中国化，对毛泽东思想的形成作出了重要贡献”的问题。⑥

2001年7月1日，江泽民在庆祝中国共产党成立80周年大会上的讲话中，使用了“中国化了的马克思主义”的概念，用以说明毛泽东思想和邓小平理论在马克思主义发展史上的地位，指出这两大理论成果“既体现了马克思列宁主义的基本原理，又包含了中华民族的优秀思想和

---

①十二大以来重要文件选编（上册）．北京：人民出版社，1986：3.

②十二大以来重要文件选编（上册）．北京：人民出版社，1986：294.

③十三大以来重要文件选编（上册）．北京：人民出版社，1991：56.

④十四大以来重要文件选编（上册）．北京：人民出版社，1996：10，13，39.

⑤十五大以来重要文件选编（上册）．北京：人民出版社，2000：10.

⑥尉健行．在纪念瞿秋白诞辰100周年座谈会上的讲话．人民日报，1999-01-30.

中国共产党人的实践经验”。①

从2001年9月在中共中央党校秋季开学典礼上的讲话和2002年1月在全国宣传部长会议上的讲话，到2003年7月在中央政治局集体学生会上的讲话和同年12月在毛泽东诞辰110周年座谈会上的讲话，再到2005年上半年在新时期保持共产党员先进性专题报告会上的报告和在陈云诞辰100周年纪念大会上的讲话，胡锦涛多次使用了“马克思主义中国化”的概念。

2001年9月26日《中共中央关于加强和改进党的作风建设的决定》，使用了“马克思主义中国化”的概念，要求“不断推进马克思主义的中国化”。②

2003年6月22日中共中央发出的关于学习“三个代表”重要思想的通知，指出“三个代表”重要思想“是马克思主义中国化的最新成果”。③

2003年12月25日，李长春在纪念毛泽东诞辰110周年学术研讨会上的讲话中，多处使用了“马克思列宁主义中国化”的概念。④

2004年以来，在党中央发起的马克思主义理论研究和建设工程的推动下，“马克思主义中国化”概念的使用和研究呈现蓬勃发展之势。

①十五大以来重要文件选编（下册）. 北京：人民出版社，2003：1900.
②十五大以来重要文件选编（下册）. 北京：人民出版社，2003：2000.
③中共中央关于学习“三个代表”重要思想的通知. 人民日报，2003－06－23.
④李长春. 在纪念毛泽东诞辰110周年学术研讨会上的讲话. 人民日报，2003－12－26.

第五章　马克思主义中国化的理论成果

自从中国共产党成立以来，中国共产党人就坚持马克思主义中国化的正确方向，在近九十年的革命、建设和改革的历程中，不断将马克思主义的基本原理同中国的实际相结合，创造了中国化的马克思主义。从理论成果的角度看，马克思主义中国化共产生了两大理论成果，分别是毛泽东思想和中国特色社会主义理论体系。这两大理论成果是我们党在革命、建设和改革的不同历史阶段，根据时代特征探索不同重大问题作出的独特理论贡献。

第一节　毛泽东思想

毛泽东思想是马克思主义基本原理同中国革命和建设具体实际相结合的产物，是马克思主义中国化第一次历史性飞跃的伟大理论成果，是以毛泽东为代表的第一代中国共产党人集体智慧的结晶，是中国共产党的指导思想。毛泽东思想是一个完整的科学体系，有其自身深刻的内涵。在毛泽东思想的指导下，中国人民不仅取得了新民主主义革命的伟大胜利，而且实现了从新民主主义向社会主义的转变，并初步开创了全面建设社会主义的崭新历史时期。

一、毛泽东思想的科学内涵

毛泽东思想作为马克思列宁主义普遍原理和中国革命具体实践相结合的产物，有一个形成和发展的过程。与这个思想理论的发展和成熟过程相适应，毛泽东思想作为一个科学概念的提出，也经历了长期的酝酿过程。

1941年3月，党的理论工作者张如心在《论布尔什维克的教育家》一文中，首次使用了“毛泽东同志的思想”这一提法。他指出，毛泽东同志的言论、著作“是马列主义理论与中国革命实践结合典型的结晶体”，我们党的教育人才应该“忠实于列宁、斯大林的思想,忠实于毛泽东同志的思想”,并说,我们要“研究毛泽东同志如何运用马列主义基本原则到中国环境中来,如何发展创造性的马克思主义”。1942 年 2 月,他又在《解放日报》上发表《学习和掌握毛泽东的理论和策略》一文,指出:“毛泽东同志的理论和策略正是马列主义理论和策略在殖民地半殖民地半封建社会中的运用和发展,毛泽东同志的理论就是中国马克思列宁主义。”他在反驳一些人污蔑“毛泽东主义是中国农民主义”的时候,从正面的意义上使用了“毛泽东主义”这一术语。

值得一提的是,毛泽东本人是不同意提“毛泽东主义”的。七大也没有这样提,但七大以后又有同志提出这个问题。1948 年,吴玉章提出是否可以把毛泽东思想改成毛泽东主义,并从当时设立在河北正定的华北大学打电报向毛泽东请示。毛泽东回电说:“那样说是很不适当的。现在没有什么毛泽东主义,因此不能说毛泽东主义。不是什么‘主要的要学毛泽东主义’,而是必须号召学生们学习马恩列斯的理论和中国革命的经验。这里所说的‘中国革命经验’是包括中国共产党人(毛泽东也在内)根据马恩列斯理论所写的某些小册子及党中央各项规定路线和政策的文件在内。”

1942 年 7 月,陈毅为纪念党成立 21 周年而发表的《伟大的二十一年》一文,从五个方面(关于中国社会性质和革命的动力、前途及革命战略和策略问题,关于革命战争问题,关于苏维埃政权问题,关于建党问题,关于思想方法问题)论述了以毛泽东为领袖的中国共产党运用马列主义解决中国革命实际问题的新创造,并指出毛泽东创立了正确的思想体系。他在该文中指出:毛泽东同志领导秋收暴动,辗转游击湘赣粤闽四省之间,进行苏维埃的红军建设,进行实地的中国社会的调查,主张以科学头脑、科学方法对待马列主义中国化问题,主张世界革命的一般理论与中国革命的具体实践相结合,有了更具体、完整的创获。

1943 年 7 月 4 日,刘少奇为纪念党成立 22 周年而写的《清算党内的孟什维主义思想》一文(载于 1943 年 7 月 6 日《解放日报》),论述了毛泽东及其思想在中国革命历史中的作用和地位。他使用了“毛泽东同志的思想”和“毛泽东同志的思想体系”两个概念。他在文章中指出:“一切干部,一切党员,应该用心研究二十二年来中国党的历史经验,应该用心研究与学习毛泽东同志关于中国革命的及其他方面的学说,应该用毛泽东同志的思想来武装自己,并以毛泽东同志的思想体系去清算党内的孟什维主义思想。”

同年 7 月 5 日,王稼祥为纪念党成立 22 周年而发表的《中国共产党与中国民族解放的道路》一文(载于1943年7月8日《解放日报》),第一次提出了"毛泽东思想"这个概念。他在文章中说:"中国民族解放整个过程中——过去现在与未来——的正确道路就是毛泽东同志的思想,就是毛泽东同志在其著作中与实践中所指出的道路。毛泽东思想就是中国的马克思列宁主义,中国的布尔什维主义,中国的共产主义。""毛泽东思想与中国共产党的民族解放的正确道路是在与国外国内敌人的斗争中,同时又与共产党内部错误思想的斗争中生长、发展与成熟起来的。""以毛泽东思想为代表的中国共产主义,是以马克思列宁主义的理论为基础,研究了中国的现实,积蓄了中共二十二年的实际经验,经过了党内党外曲折斗争而形成起来的……它是创造的马克思列宁主义,它是马克思列宁主义在中国的发展,它是中国的共产主义,中国的布尔什维主义。"王稼祥特别指出,毛泽东思想"是马克思列宁主义与中国革命运动实际经验相结合的结果","这个理论也正在继续发展中","这是引导中国民族解放和中国共产主义到胜利前途的保证"。

1943年7月21日,中央总学委在《关于在延安进行反对内战保卫边区的群众教育的通知》中,曾把上述刘少奇和王稼祥的文章,列为干部和群众学习的参考文件。《通知》指出:在讨论文件中,要"使全体干部和党员认识和拥护毛泽东同志马列主义的思想方法与他所提出的'既团结又斗争'的正确路线","学习毛泽东同志的思想、理论与实际……团结在以毛泽东同志为首的中央的周围"。

"毛泽东思想"这个概念由王稼祥提出并公开使用后,党的一些文件和许多负责同志的讲话也陆续地开始使用和论述"毛泽东思想"以及"毛泽东同志的思想"等概念了。

1943年12月4日,邓小平在北方局党校整风动员会上的讲话中,不仅使用了"毛泽东思想"的概念,而且明确指出我们党及其中央是以毛泽东思想为指导的。邓小平指出:遵义会议之后,党在以毛主席为首的党中央领导之下,彻底克服了党内的"左"右倾机会主义,一扫主观主义、宗派主义和党八股的气氛,把党的事业完全放在中国化的马列主义,即毛泽东思想的指导之下。在以毛泽东思想为指导的党中央的领导之下,我们回忆起过去机会主义领导下的惨痛教训,每个同志都会感觉到这九年是很幸福的,现在我们有了这样好的党中央,有了这样英明的领袖毛泽东同志,这对于我们党是非常重要的。

同年12月25日,邓小平又在相关的讲话中指出:党中央老早告诉我们,整风就是把全党从思想上行动上统一在中国布尔什维主义——毛泽东思想下,在思想上、政治上、组织上把全党团结得像一个人一样,增强党的战斗力量。

1944年2月17日,彭真在关于中央党校第一部整风学习与审查干部的总结中,在讲到整风运动的实质时,提出了"毛主席的中国化的马列主义的思想"这一概念。1944年7月,罗荣桓在为纪念党成立23周年而写的《学习毛泽东的思想》一文中,也同时使用了"毛泽东同志的思想"和"毛泽东思想"这两个概念。文章指出,毛泽东同志的思想是从马列主义的普遍真理与中国革命具体实践日益互相结合上发展起来的,继承了中国革命百年来的历史传统并且民族化了的思想。1945年3月15日,党的六届七中全会闭幕前夕,邓小平在一次关于形势问题的报告里,进一步提出每个党员要"更加学习马列主义与毛泽东思想"的问题。

1945年3月31日,刘少奇在六届七中全会讨论准备提交七大的党章草案时指出:"总纲是党的基本纲领,作为党章的前提、出发点与组成部分,可以更加促进党内的一致,以毛泽东思想贯穿党章,这是一个前所未有的历史特点。"经过六届七中全会的长期酝酿和讨论,1945年6月七大通过的党章正式明确规定:"中国共产党,以马克思列宁主义的理论与中国革命的实践之统一的思想——毛泽东思想,作为自己一切工作的指针。"刘少奇在七大上所作的关于修改党章的报告,对毛泽东思想作了科学的概括和全面的论述。他说:"毛泽东思想,就是马克思列宁主义的理论与中国革命的实践之统一的思想,就是中国的共产主义,中国的马克思主义。""毛泽东思想,就是马克思主义在目前时代的殖民地、半殖民地、半封建国家民族民主革命中的继续发展,就是马克思主义民族化的优秀典型。它是从中国民族与中国人民长期革命斗争中……生长和发展起来的。它是中国的东西,又是完全马克思主义的东西。"①毛泽东思想"是我们党的唯一正确的指导思想,唯一正确的总路线,是中国人民完整的革命建国理论。这些理论,表现在毛泽东同志的各种著作以及党的许多文献上。这就是毛泽东同志关于现代世界情况及中国国情的分析,关于新民主主义的理论与政策,关于解放农民的理论与政策,关于革命统一战线的理论与政策,关于革命战争的理论与政策,关于

①刘少奇选集(上集).北京:人民出版社,1981:333.

革命根据地的理论与政策,关于建设新民主主义共和国的理论与政策,关于建设党的理论与政策,关于文化的理论与政策等”①。刘少奇强调指出:“毛泽东思想,就是这次被修改了的党章及其总纲的基础。学习毛泽东思想,宣传毛泽东思想,遵循毛泽东思想的指示去进行工作,乃是每一个党员的职责。”②

至此,毛泽东思想才作为一个科学概念,作为党的指导思想被正式确定下来。刘少奇代表党中央所作的这个报告,充分地吸收了王稼祥和其他同志的一些提法和意见,这也说明毛泽东思想概念的提出,正如毛泽东思想这一科学理论本身的形成一样,不是出于个别同志的创造,而是党的集体智慧的成果。

我们党对于毛泽东思想的科学内涵的认识,经历了一个由浅入深的过程。在党的历史文献中,对毛泽东思想的科学内涵进行论述的主要有三次:1945 年 4 月中共六届七中全会通过的《关于若干历史问题的决议》,1945 年 5 月刘少奇在中共七大上作的《关于修改党的章程的报告》,以及 1981 年 6 月中共十一届六中全会通过的《关于建国以来党的若干历史问题的决议》。其中,1981 年 6 月中共十一届六中全会通过的《关于建国以来党的若干历史问题的决议》对毛泽东思想的含义作出了最为严谨、最为科学并且迄今为止最为完善的概括。

《决议》指出:以毛泽东同志为主要代表的中国共产党人,根据马克思列宁主义的基本原理,把中国长期革命实践中的一系列独创性经验作了理论概括,形成了适合中国情况的科学的指导思想,这就是马克思列宁主义普遍原理和中国革命具体实践相结合的产物——毛泽东思想。毛泽东思想是马克思列宁主义在中国的运用和发展,是被实践证明了的关于中国革命的正确的理论原则和经验总结,是中国共产党集体智慧的结晶。我党许多卓越领导人对它的形成和发展都作出了重要贡献,毛泽东同志的科学著作是它的集中概括。

毛泽东思想科学含义的核心是把马克思列宁主义普遍真理同中国革命和建设具体实践相结合,其具体内涵主要包括三个方面:

(一)毛泽东思想作为科学的理论体系是马克思主义基本原理在

①刘少奇选集(上集). 北京:人民出版社,1981:334.
②刘少奇选集(上集). 北京:人民出版社,1981:336.

中国的运用和发展

毛泽东思想作为中国的马克思主义,其根本思想体系属于马克思主义范畴,归属于共产主义理论体系。马克思主义基本理论是毛泽东思想的理论基础。毛泽东思想是对辩证唯物主义和历史唯物主义的运用,是对马克思主义关于无产阶级革命和无产阶级专政基本原理及民族殖民地理论的运用。但是毛泽东思想不是对马克思主义的照搬,而是马克思主义在中国的运用和发展,是在与中国革命和建设具体实际相结合过程中的运用和发展,并且又有自己的理论体系。毛泽东思想是马克思主义中国化的第一个理论形态,实现了马克思主义中国化的第一次历史性飞跃。毛泽东思想所确立的马克思主义中国化的奋斗方向、基本原则和基本方法,指导着党不断把马克思主义中国化的进程推向前进。

(二)毛泽东思想作为科学的理论体系是被实践证明了的关于中国革命和建设的正确的理论原则和经验总结

在毛泽东思想的指引下,我们党领导全国人民,找到了一条新民主主义革命的正确道路,完成了反对帝国主义、封建主义、官僚资本主义的任务,结束了中国半殖民地半封建社会的历史,建立了中华人民共和国;找到了一条从新民主主义向社会主义过渡的道路,确立了社会主义基本制度,实现了中国历史上最深刻最伟大的社会变革。在此基础上,毛泽东又对适合中国国情的社会主义建设道路进行了艰苦探索,并取得了重要的理论成果,提出了许多很有启发性的论断。毛泽东思想是中国共产党的科学的指导思想,表象上是理论原则和经验总结,实质上是对中国革命和建设的本质和规律的理性认识,是对中国革命和建设正反经验的科学总结。毛泽东思想来源于实践,指导实践,又要经受实践的检验。实践是检验理论原则和经验总结正确与否的唯一标准,毛泽东思想是经过实践检验的科学的理论体系。

(三)毛泽东思想作为科学的理论体系是中国共产党集体智慧的结晶

毛泽东思想不是中国共产党集体智慧的简单相加,而是中国共产党集体智慧的结晶,是有机的整体。集体智慧是毛泽东思想的来源。一方面,党的许多领导人对中国革命和建设的基本问题探索的成果,为毛泽东将其汇总成理论体系做了准备;另一方面,毛泽东的许多理论成果就是集体的产物。对于毛泽东思想的形成和发展,党的集体智慧起基础作用。结晶是指以毛泽东为代表的中国共产党人对这些集体智慧进行了创造性的理论加工、创造性的理论整合、创造性的理论升华,使之具有科学性和系统性,蕴含一以贯之的活的灵魂,成为科学的理论体系。

毛泽东思想不是几个杂乱观点的简单拼凑,而是一个完整的科学体系,其中的各个观点和原理辩证地、有机地统一在这个体系之中。从纵向看,中国革命是长期的,包含旧民主主义革命阶段、新民主主义革命阶段、社会主义革命阶段和社会主义建设阶段;从横向看,中国革命以军事斗争为主,同时又包括政治、经济、文化、社会、外交等多个领域的斗争。以毛泽东为代表的中国共产党人根据马克思主义基本理论,结合中国革命的具体实际,通过总结中国人民英勇斗争的革命经验,形成了纵向和横向交织的一整套中国自己的独特的革命理论和策略,即毛泽东思想的科学体系。

二、毛泽东思想的主要内容

毛泽东思想是一个完整的科学思想体系,在许多方面以其独创性理论丰富和发展了马克思主义。它有着坚实的中国化马克思主义哲学思想的理论基础,其核心和精髓就是实事求是。它紧紧围绕着中国革命和建设这个主题,提出了一系列相互关联的重要的理论观点。这些理论观点经过了中国革命和建设长期实践的检验,是颠扑不破的科学真理。

1981 年 6 月 27 日中国共产党第十一届中央委员会第六次全体会议一致通过的《关于建国以来党的若干历史问题的决议》,对毛泽东思想这一科学体系的主要内容进行了全面的论述,这也是对毛泽东思想主要内容最为权威的论述。《决议》从关于新民主主义革命、关于社会主义革命和社会主义建设、关于革命军队的建设和军事战略、关于政策和策略、关于思想政治工作和文化工作、关于党的建设六个方面,系统论述了毛泽东思想的基本内容,指出毛泽东思想具有多方面的内容,其中在以下几个方面以独创性的理论丰富和发展了马克思列宁主义。

(一)关于新民主主义革命

毛泽东同志从中国的历史状况和社会状况出发,深刻研究中国革命的特点和规律,发展了马克思列宁主义关于无产阶级在民主革命中的领导权的思想,创立了无产阶级领导的,工农联盟为基础的,人民大众的,反对帝国主义、封建主义和官僚资本主义的新民主主义革命的理论。新民主主义革命理论的核心是“无产阶级领导”，这是新民主主义革命区别于旧民主主义革命的根本标志。这方面的主要著作有:《中国社会各阶级的分析》、《湖南农民运动考察报告》、《星星之火，可以燎原》、《〈共产党人〉发刊词》、《新民主主义论》、《论联合政府》、《目前形势和我们的任务》。其基本点:一是认为中国资产阶级有两个部分，一部分是依附于帝国主义的大资产阶级(买办资产阶级、官僚资产阶级)，另一部分是既有革命要求又有动摇性的民族资产阶级。无产阶级领导的统一战线要争取民族资产阶级的参加，并且在特殊条件下把一部分大资产阶级也包括在内，以求最大限度地孤立最主要的敌人。在同资产阶级结成统一战线时，要保持无产阶级的独立性，实行又团结又斗争、以斗争求团结的政策;在被迫同资产阶级，主要是同大资产阶级分裂时，要敢于并善于同大资产阶级进行坚决的武装斗争，同时要继续争取民族资产阶级的同情或中立。二是认为由于中国没有资产阶级民主，反动统治阶级凭借武装力量对人民实行独裁恐怖统治，革命只能以长期的武装斗争为主要形式。中国的武装斗争，是无产阶级领导的以农民为主体的革命战争。农民是无产阶级的最可靠的同盟军。无产阶级有可能也有必要通过自己的先锋队用先进思想、组织性和纪律性来提高农民群众的觉悟水平，建立农村根据地，长期进行革命战争，发展和壮大革命力量。毛泽东同志指出，“统一战线和武装斗争，是战胜敌人的两个基本武器”①，加上党本身的建设，就是革命的“三大法宝”。以上这些，就是中国共产党能成为全民族的领导核心，并且创造出一条以农村包围城市，最后夺取全国胜利的道路的基本依据。毛泽东在提出新民主主义革命总路线的同时，提出了新民主主义的政治、经济和文化纲领，将其作为贯彻和执行新民主主义革命总路线的具体目标和要求。新民主主义的政治纲领，就是推翻帝国主义和封建主义的统治，建立一个工人阶级领导的，以工农联盟为基础的，各革命阶级联合专政的新民主主义的共和国;新民主主义的经济纲领，也称三大经济纲领，即没收封建地主阶级的土地归农民所有，没收官僚资产阶级的垄断资本归新民主主义国家所有，保护民族工商业;新民主主义的文化纲领，就是无产阶级领导的，人民大众的，反帝反封建的文化，就是民族的、科学的、大众的文化。新民主主义革命理论，是反映中国新民主主义革命客观规律的完备的理论

①毛泽东选集(第2卷). 北京:人民出版社，1991:613.

形态，是毛泽东思想达到成熟的主要标志。

（二）关于社会主义革命和社会主义建设

毛泽东同志和中国共产党依据新民主主义革命胜利所创造的向社会主义过渡的经济政治条件，采取社会主义工业化和社会主义改造并举的方针，实行逐步改造生产资料私有制的具体政策，从理论上和实践上完成了在中国这样一个占世界人口近四分之一的经济文化落后的大国建立社会主义制度的艰难任务。毛泽东同志提出的对人民内部的民主方面和对反动派的专政方面结合起来就是人民民主专政的理论，丰富了马克思列宁主义关于无产阶级专政的学说。社会主义制度建立以后，毛泽东同志指出，在社会主义制度下，人民的根本利益是一致的，但人民内部还存在着各种矛盾，必须严格区分和正确处理敌我矛盾和人民内部矛盾。他提出，人民内部要在政治上实行"团结—批评—团结"，在党与民主党派的关系上实行"长期共存，互相监督"，在科学文化工作中实行"百花齐放，百家争鸣"，在经济工作中实行对全国城乡各阶层统筹安排和兼顾国家、集体、个人三者利益。他多次强调，不要机械搬用外国的经验，而要从中国是一个农业大国的情况出发，以农业为基础，正确处理重工业同农业、轻工业的关系，充分重视发展农业和轻工业，走出一条适合我国国情的中国工业化道路。他强调，在社会主义建设中要处理好经济建设和国防建设、大型企业和中小型企业、汉族和少数民族、沿海和内地、中央和地方、自力更生和学习外国等各种关系，处理好积累和消费的关系，注意综合平衡。他还强调工人是企业的主人，要实行干部参加劳动，工人参加管理，改革不合理的规章制度，以及技术人员、工人、干部"三结合"。他提出了调动一切积极因素，化消极因素为积极因素，以便团结全国各族人民建设社会主义强大国家的战略思想。毛泽东同志关于社会主义革命和社会主义建设的重要思想，集中地体现在《在中国共产党第七届中央委员会第二次全体会议上的报告》、《论人民民主专政》、《论十大关系》、《关于正确处理人民内部矛盾的问题》、《在扩大的中央工作会议上的讲话》等文献中。

（三）关于革命军队的建设和军事战略

毛泽东同志系统地解决了以农民为主要成分的革命军队如何建设成为一支无产阶级性质的、具有严格纪律的、同人民群众保持亲密联系的新型人民军队的问题。他规定了全心全意为人民服务是人民军队的唯一宗旨，规定了是党指挥枪而不是枪指挥党的原则，制定了三大纪律八项注意，强调实行政治、经济、军事三大民主，实行官兵一致、军民一致和瓦解敌军的原则，提出和总结了一套军队政治工作的方针和方法。他在《关于纠正党内的错误思想》、《中国革命战争的战略问题》、《抗日游击战争的战略问题》、《论持久战》、《战争和战略问题》等军事著作中，总结了中国长期革命战争的经验，系统地提出了建设人民军队的思想，提出了以人民军队为骨干，依靠广大人民群众，建立农村根据地，进行人民战争的思想。他把游击战争提高到了战略的地位，认为中国革命战争在长时期内的主要作战形式是游击战和带游击性的运动战。他论述了要随着敌我力量对比的变化和战争发展的进程，正确地实行军事战略的转变。他为革命军队制定了在敌强我弱的形势下实行战略的持久战和战役、战斗的速决战，把战略上的劣势转变为战役、战斗上的优势，集中优势兵力各个歼灭敌人等一系列人民战争的战略战术。他在解放战争中总结出了著名的十大军事原则。这些是毛泽东同志对马克思列宁主义军事理论的极为杰出的贡献。建国以后，他提出了必须加强国防，建设现代化革命武装力量（包括海军、空军以及其他技术兵种）和发展现代化国防技术（包括用于自卫的核武器）的重要指导思想。

（四）关于政策和策略

毛泽东同志精辟地论证了革命斗争中政策和策略问题的极端重要性，指出政策和策略是党的生命，是革命政党一切实际行动的出发点和归宿，必须根据政治形势、阶级关系和实际情况及其变化制定党的政策，把原则性和灵活性结合起来。他在对敌斗争和统一战线等方面，提出了许多重要的政策和策略思想。他指出：弱小的革命力量在变化着的主客观条件下能够最终战胜强大的反动力量；战略上要藐视敌人，战术上要重视敌人；要掌握斗争的主要方向，不要四面出击；对敌人要区别对待、分化瓦解，实行利用矛盾、争取多数、反对少数、各个击破的策略；在反动统治地区，要把合法斗争和非法斗争结合起来，在组织上采取隐蔽精干的方针；对被打倒的反动阶级成员和反动分子，只要他们不造反、不捣乱，都给以生活出路，让他们在劳动中改造成为自食其力的劳动者；无产阶级及其政党要实现自己对同盟者的领导，必须具备两个条件——一是率领被领导者与共同的敌人作坚决斗争并取得胜利，二是对被领导者给以物质利益，至少不损害其利益，同时给以政治教育；等等。毛泽东同志的这些政策和策略思想表现在他的许多著作中，集中表现在《目前抗日统一战线中的策略问题》、《论政策》、《关于打退第二次反共高潮的总结》、《关于目前党的政策中的几个重要问题》、《不要四面出击》、《关于帝国主义和一切反动派是不是真老虎的问题》等著作中。

（五）关于思想政治工作和文化工作

毛泽东同志在《新民主主义论》中指出："一定的文化（当做观念形态的文化）是一定社会的政治和经济的反映，又给予伟大影响和作用于一定社会的政治和经济；而经济是基础，政治则是经济的集中表现。"①他根据这个基本观点，在这方面提出过许多具有长远意义的重要思想。例如：思想政治工作是经济工作和其他一切工作的生命线，要实行政治和经济统一、政治和技术统一、又红又专的方针；发展民族的、科学的、大众的文化，实行百花齐放、推陈出新、古为今用、洋为中用的方针；知识分子在革命和建设中具有重要作用，知识分子要同工农相结合，通过学习马克思列宁主义、学习社会和工作实践树立无产阶级的世界观；等等。他说明了"为什么人的问题，是一个根本的问题，原则的问题"②，强调要全心全意为人民服务，对革命工作要极端负责，要艰苦奋斗和不怕牺牲。毛泽东同志关于思想政治文化的许多著名的著作，例如《青年运动的方向》、《大量吸收知识分子》、《在延安文艺座谈会上的讲话》、《纪念白求恩》、《为人民服务》、《愚公移山》等，至今仍有重要意义。

（六）关于党的建设

在无产阶级人数很少而战斗力很强，农民和小资产阶级占人口大多数的国家，建设一个具有广泛群众性的马克思主义的无产阶级政党，是极其艰巨的任务。毛泽东同志的建党学说成功地解决了这个问题。他在这方面的主要著作有《反对自由主义》、《中国共产党在民族战争中的地位》、《改造我们的学习》、《整顿党的作风》、《反对党八股》、《学习和时局》、《关于健全党委制》、《党委会的工作方法》等。毛泽东特别注重从思想上建设党，提出党员不但要在组织上入党，而且要在思想上入党，经常注意以无产阶级思想改造和克服各种非无产阶级思想。他指出，理论和实践相结合的作风，与人民群众紧密地联系在一起的作风，以及自我批评的作风，是中国共产党区别于

①毛泽东选集（第2卷）．北京：人民出版社，1991：663－664.

②毛泽东选集（第3卷）．北京：人民出版社，1991：857.

其他任何政党的显著标志。他针对历史上党内斗争中存在过的“残酷斗争，无情打击”的“左”倾错误，提出了“惩前毖后，治病救人”的正确方针，强调在党内斗争中要达到既弄清思想又团结同志的目的。他创造了在全党通过批评与自我批评进行马克思列宁主义思想教育的整风形式。建国前夕和建国以后，鉴于我们党成为掌握全国政权的党，毛泽东同志多次提出要继续保持谦虚谨慎、戒骄戒躁、艰苦奋斗的作风，警惕资产阶级思想的侵蚀，反对脱离群众的官僚主义。

此外，毛泽东思想的活的灵魂，是贯穿于上述各个组成部分的立场、观点和方法，它有三个基本方面，即实事求是、群众路线、独立自主。毛泽东同志把辩证唯物主义和历史唯物主义运用于无产阶级政党的全部工作，在中国革命的长期艰苦斗争中形成了具有中国共产党人特色的立场、观点和方法，丰富和发展了马克思列宁主义。这不仅表现在《反对本本主义》、《实践论》、《矛盾论》、《〈农村调查〉的序言和跋》、《关于领导方法的若干问题》、《人的正确思想是从那里来的?》等重要著作中，而且表现在毛泽东同志的全部科学著作中，表现在中国共产党人的革命活动中。

实事求是，就是从实际出发，理论联系实际，就是要把马克思列宁主义普遍原理同中国革命具体实践相结合。毛泽东同志从来反对离开中国社会和中国革命的实际去研究马克思主义。早在1930年，他就提出反对本本主义，强调调查研究是一切工作的第一步，没有调查就没有发言权。他在延安整风运动前夕指出，主观主义是共产党的大敌，是党性不纯的一种表现。这些精辟论断冲破了教条主义的束缚，使人们的思想得到一大解放。他的哲学著作和其他许多包含着丰富哲学思想的著作，从总结中国革命的经验教训中，深刻地论述和丰富了马克思主义的认识论和辩证法。毛泽东同志着重阐明辩证唯物主义认识论是能动的革命的反映论，特别强调充分发扬符合客观实际的自觉能动性。他以社会实践为基础，全面地系统地论述了辩证唯物主义关于认识的源泉、认识的发展过程、认识的目的、真理的标准的理论；指出正确认识的形成和发展，往往需要经过由物质到精神，由精神到物质，即由实践到认识，由认识到实践多次的反复；指出真理是同谬误相比较而存在、相斗争而发展的，真理是不可穷尽的，认识的是非即认识是否符合客观实际，最终只能通过社会实践来检验。毛泽东同志阐述和发挥了马克思主义辩证法的核心——对立统一规律。他指出不仅要研究客观事物的矛盾的普遍性，更重要的是要研究它的特殊性，对于不同性质的矛盾，要用不同的方法去解决。因此,不能把辩证法看做是可以死背硬套的公式,而必须把它同实践和调查研究密切结合,加以灵活运用。他使哲学真正成为无产阶级和人民群众认识世界和改造世界的锐利武器,特别是他论述中国革命战争问题的重要著作,提供了在实践中运用和发展马克思主义认识论和辩证法的最光辉的范例。毛泽东同志的上述思想路线,我们党必须永远坚持。

群众路线,就是一切为了群众,一切依靠群众,从群众中来,到群众中去。把马克思列宁主义关于人民群众是历史的创造者的原理系统地运用在党的全部活动中,形成党在一切工作中的群众路线,这是我们党长时期在敌我力量悬殊的艰难环境里进行革命活动的无比宝贵的历史经验的总结。毛泽东同志经常强调,只要我们依靠人民,坚决地相信人民的创造力是无穷无尽的,因而信任人民,和人民打成一片,那就任何困难都有可能克服,任何敌人最终都压不倒我们,而只能被我们所压倒。他还指出,领导群众进行一切实际工作时,要取得正确的领导意见,必须从群众中来,到群众中去,实行领导和群众相结合,一般号召和个别指导相结合。这就是说,把群众的意见集中起来,化为系统的意见,又在群众中坚持下去,在群众的行动中检验这些意见是否正确,如此循环往复,使领导的认识更正确、更生动、更丰富。这样,毛泽东同志就把马克思主义的认识论同党的群众路线统一起来了。党是无产阶级的先锋队,是为人民的利益而存在和奋斗的,但是党永远只是人民的一小部分,离开人民,党的一切斗争和理想不但都会落空,而且都要变得毫无意义。我们党要坚持革命,把社会主义事业推向前进,就必须坚持群众路线。

独立自主,自力更生,是从中国实际出发,依靠群众进行革命和建设的必然结论。无产阶级革命是国际性的事业,需要各国无产阶级互相支援;但是完成这个事业,首先需要各国无产阶级立足于本国,依靠本国革命力量和人民群众的努力,使马克思列宁主义的普遍原理同本国革命的具体实践相结合,把本国的革命事业做好。毛泽东同志一贯强调,我们的方针要放在自己力量的基点上,自己找出适合我国情况的前进道路。在我们这样一个大国,尤其必须主要依靠自己的力量发展革命和建设事业。我们一定要有自己奋斗到底的决心,要信任和依靠本国亿万人民的智慧和力量,否则,无论革命还是建设都不可能取得胜利,胜利了也不可能巩固。当然,我国的革命和建设不是也不可能孤立于世界之外,我们在任何时候都需要争取外援,特别是需要学习外国一切对我们有益的先进事物。闭关自守、盲目排外以及任何大国主义的思想行为都是完全错误的。但是,尽管我国经济文化还比较落后,然而我们对待世界上任何大国、强国和富国,都必须坚持自己的民族自尊心和自信心,绝不允许有任何奴颜婢膝、卑躬屈节的表现。建国以前和建国以后,在党和毛泽东同志的领导下,无论遇到什么样的困难,我们都没有动摇过独立自主、自力更生的决心,没有在任何外来的压力面前屈服,表现了中国共产党、中国各族人民大无畏的英雄气概。我们主张各国人民和平共处,平等互助;我们坚持独立自主,也尊重别国人民独立自主的权利;适合本国特点的革命道路和建设道路,只能由本国人民自己来寻找、创造和决定,任何人都无权把自己的意见强加于人。只有这样,才能有真正的国际主义,否则就只能是霸权主义。在今后的国际交往中,我们将永远坚持这样的原则立场。

三、正确认识毛泽东思想

要坚持以毛泽东思想为指导,就必须正确认识毛泽东思想。在正确认识毛泽东思想的过程中,需要正确认识两个问题。

(一)正确认识毛泽东思想与毛泽东个人思想之间的关系

"毛泽东思想"和"毛泽东个人的思想"是两个不同的概念。毛泽东思想是马克思主义理论与中国革命和建设具体实践相结合的产物,是中国化了的马克思主义,是中国共产党集体智慧的结晶;毛泽东个人的思想则是指毛泽东个人的全部思想(包括他的错误思想)。

毛泽东思想来源于马克思主义,它是中国化了的马克思主义。老一辈无产阶级革命家把中国革命的实践同马克思主义基本原理相结合,并在此基础上作了中国式的阐释,使中国的无产阶级和人民群众能够理解和接受,同时又成为他们改造中国社会的理论武器。这个理论和实践的结合,伴随着许多老一辈革命家、思想家、理论家的探索和实践,也正是他们集体智慧的合力才是毛泽东思想产生的基础。当然,毛泽东在总结集体智慧并对其加以理论概括方面确实作了突出的贡献,所以这一理论成果被称为"毛泽东思想",他是当之无愧的。正如刘少奇在党的七大上所作的《关于修改党的章程的报告》中指出的:毛泽东思想是关于整个中国历史与中国革命的全部有系统的科学理论,这种理论只能由中国无产阶级的代表人创造出来,而其中最伟大最杰出的代表人,便是毛泽东同志。

1979年党的十一届四中全会通过的叶剑英在庆祝国庆30周年大会上的讲话,考虑到毛泽东思想形成和发展的过程以及毛泽东本人的一贯主张,明确地提出“毛泽东思想不只是毛泽东同志一个人智慧的产物,也是他的战友们、党和革命人民智慧的产物”①。

胡耀邦同志1986年8月15日在《人民日报》上发表的《深切纪念王稼祥同志》一文中指出,“毛泽东的思想”和“毛泽东思想”仅一字之差,却是科学内涵不同的两个概念。前者是指毛泽东一个人的思想,后者作为一个特定的科学概念,不只是一个人的思想,而是以毛泽东为代表的中国共产党人集体智慧的结晶,是中国化了的马克思主义理论。

(二)正确认识毛泽东的功绩与错误

正确认识毛泽东思想的历史地位和指导意义,有一个怎样科学评价毛泽东和毛泽东思想的问题。这个问题的解决,关系到怎样看待党和国家过去几十年奋斗的成就,关系到党的团结、国家的安定,也关系到党和国家未来的发展前途,不仅有重要的历史意义,而且有重要的现实意义。

“文化大革命”结束后,在对毛泽东和毛泽东思想的认识问题上,存在过两种错误倾向:一种是认为凡是毛泽东作出的一切决策、指示,都必须坚决维护,始终遵循,即“两个凡是”的错误思想;另一种是借口毛泽东晚年犯了严重错误,从而全面否定毛泽东的历史地位与毛泽东思想的科学价值和指导作用。这两种态度都没有把经过长期历史考验而形成科学理论的毛泽东思想同毛泽东晚年所犯的错误区别开来。毛泽东晚年的错误是由于违反了他自己主张的实事求是原则。邓小平在领导全党进行拨乱反正时,用了极大的精力来解决如何正确评价毛泽东和毛泽东思想的问题。1980年8月,他在《答意大利记者奥琳埃娜·法拉奇》中指出:“尽管毛泽东过去有段时间也犯了错误,但他终究是中国共产党、中华人民共和国的主要缔造者。拿他的功和过来说,错误毕竟是第二位的。”“没有毛主席,至少我们中国人民还要在黑暗中摸索更长时间。毛主席最伟大的功绩是把马列主义的原理同中国革命的实践结合起来,指出了中国夺取革命胜利的道路。应该说在60年代以前或50年代后期以前,他的许多思想给我们带来了胜利,他提出的一

①三中全会以来重要文献选编(上). 北京:人民出版社,1982:209.

些根本原理是非常正确的。他创造性地把马列主义运用到中国革命的各个方面,包括哲学、政治、军事、文艺和其它领域,都有创造性的见解。但是很不幸,他在一生的后期,特别'文化大革命'中是犯了错误的,而且错误不小,给我们党、国家和人民带来许多不幸。"对于毛泽东晚年犯下错误的原因,邓小平也进行了深刻的分析,他指出:"由于胜利,他(毛泽东)不够谨慎了,在他的晚年有些不健康的因素、不健康的思想逐渐露头,主要是一些'左'的思想。有相当部分违背了他原来的思想,违背了他十分好的正确主张,包括他的工作作风。这时他接触实践少了。他在生前没有把过去良好的作风,比如说民主集中制、群众路线,很好地贯彻下去,没有制定也没有形成良好的制度。这不仅是毛泽东同志本人的缺点,我们这些老一辈的革命家,包括我,也是有责任的。"①"错误是从五十年代后期开始的,比如说,大跃进是不正确的。这个错误不仅仅是毛主席一个人的,我们这些人脑子都发热了。完全违背客观规律,企图一下子把经济搞上去。主观愿望违背客观规律,肯定要受损失。但大跃进本身的主要责任还是毛主席的。……一九六二年,毛主席对这些问题进行了自我批评。但毕竟对这些教训总结不够,导致爆发了'文化大革命'。"②

在邓小平的主持下,1981 年党的十一届六中全会作出《关于建国以来党的若干历史问题的决议》,对毛泽东和毛泽东思想的历史地位作出了科学的、实事求是的评价,奠定了领导全党全国人民团结一致向前看的重要的思想政治基础。《决议》指出:因为毛泽东同志晚年犯了错误,就企图否认毛泽东思想的科学价值,否认毛泽东思想对我国革命和建设的指导作用,这种态度是完全错误的。对毛泽东同志的言论采取教条主义态度,以为凡是毛泽东同志说过的话都是不可移易的真理,只能照抄照搬,甚至不愿实事求是地承认毛泽东同志晚年犯了错误,并且还企图在新的实践中坚持这些错误,这种态度也是完全错误的。这两种态度都没有把经过长期历史考验而形成科学理论的毛泽东思想同毛泽东同志晚年所犯的错误区别开来,而这种区别是十分必要的。

在正确认识毛泽东的功绩和晚年所犯错误问题的过程中,必须把握两个原则:

①邓小平文选(第 2 卷). 北京:人民出版社,1994:345 - 347.
②邓小平文选(第 2 卷). 北京:人民出版社,1994:346.

首先,正确定位毛泽东的功绩与错误的原则。《决议》指出,毛泽东是伟大的马克思主义者,是伟大的无产阶级革命家、战略家和理论家。他虽然在“文化大革命”中犯了严重错误,但是,就他的一生来看,他对中国革命和建设的功绩远远大于他的过失。他的功绩是第一位的,错误是第二位的。毛泽东作为中国共产党第一代领导集体的核心,为中华人民共和国的缔造和我国社会主义事业的发展立下了永远不可磨灭的功勋。这就是说,毛泽东的伟大功绩与他的错误不是等量的关系,他的功绩远远大于错误。

其次,历史的、客观的、实事求是的原则。我们必须坚持历史的、客观的、实事求是的原则去认识毛泽东的功绩和错误的关系。所谓历史的原则,就是要把毛泽东的功绩和错误都放在当时的历史环境中去理解、认识和评价,尤其是对毛泽东晚年的错误,更要放在20世纪50年代末—70年代初的国际大环境中去认识和理解。也就是说,应该把毛泽东一生的活动包括他的功绩与错误放在中国近代和现代的历史发展,以及世界近代和现代的历史发展中去认识和理解。所谓客观的原则,就是在认识这一问题时,不带感情色彩,不凭主观印象,客观、公正地认识毛泽东的功绩与错误。所谓实事求是的原则,就是要尊重事实,以客观事实来认识、理解和评价毛泽东一生的功过是非。对于毛泽东的功绩与错误,既不能以功绩掩盖错误,也不能夸大错误而抹杀功绩。一方面要肯定毛泽东的功绩,把毛泽东思想作为指导思想,不断坚持和发展毛泽东思想;另一方面也要客观公正地分析和认识毛泽东晚年的错误,以史为鉴,避免错误重演。

第二节 中国特色社会主义理论体系

中国特色社会主义理论体系,就是包括邓小平理论、“三个代表”重要思想以及科学发展观等重大战略思想在内的科学理论体系。这个理论体系,围绕什么是社会主义、怎样建设社会主义,建设什么样的党、怎样建设党,实现什么样的发展、怎样发展等重大理论和实践问题展开,贯穿着我们党解放思想、实事求是、与时俱进的思想路线。中国30年改革开放的历史,就是我们党不断解放思想,坚持与时俱进的历史,就是党在新时期理论和实践创新的历史,就是用马克思主义中国化最新成果推动我国改革开放和现代化建设的历史,就是中国特色社会主义理论体系形成和发展的历史。

一、中国特色社会主义理论体系是马克思主义中国化的最新理论成果

中国特色社会主义理论体系作为马克思主义中国化的最新理论成果，是我们党根据不同历史时期我国社会主义现代化建设的实践进行理论创新的产物。因此，中国特色社会主义理论体系是我们党在深刻认识和把握不同时期国际国内形势的基础上形成和发展的。

（一）中国特色社会主义理论体系的主要内容

党的十七大创造性地提出并深刻阐述了中国特色社会主义理论体系，把邓小平理论、"三个代表"重要思想以及科学发展观等马克思主义中国化的理论创新成果整合为一个理论体系，这是一大历史性的贡献。党的十七大在全面回顾和深刻总结改革开放的伟大历程和宝贵经验的基础上，指出："改革开放以来我们取得一切成绩和进步的根本原因，归结起来就是：开辟了中国特色社会主义道路，形成了中国特色社会主义理论体系。高举中国特色社会主义伟大旗帜，最根本的就是要坚持这条道路和这个理论体系。"①

中国特色社会主义理论体系紧紧围绕"什么是社会主义、怎样建设社会主义"，"建设什么样的党、怎样建设党"，"实现什么样的发展、怎样发展"这三大基本问题而展开，内涵十分丰富，包含了一系列独创性的成果，从整体上进一步深化和丰富了对共产党执政规律、社会主义建设规律、人类社会发展规律的认识。党的历次代表大会都对中国特色社会主义理论体系的内容进行过总结和概括。党的十三大从12个方面阐述了建设有中国特色社会主义的理论轮廓；党的十四大从9个方面阐述了建设中国特色社会主义理论的基本内容；党的十六大深刻阐述了"三个代表"重要思想，从10个方面总结了建设中国特色社会主义必须坚持的基本经验；党的十七大深刻论述了科学发展观，概括了改革开放的"十个结合"的宝贵经验。中央历次大会对于中国特色社会主义理论体系的科学概括和总结，为我们把握中国特色社会主义理论体系的主要内容提供了理论依据。

总体来说，中国特色社会主义理论体系包括14个方面的具体内容：

1. 关于中国特色社会主义的思想路线。这是中国特色社会主义理论体

①高举中国特色社会主义伟大旗帜，为夺取全面建设小康社会新胜利而奋斗. 北京：人民出版社，2007：11.

系的精髓。要坚持解放思想、实事求是、与时俱进,一切从实际出发,理论联系实际,在实践中检验和发展真理。要大力弘扬求真务实精神,大力推进实践创新和理论创新,使党的全部理论和工作始终体现时代性,把握规律性,富于创造性。要以科学的态度对待马克思主义,坚持把马克思主义基本原理同中国的具体实际相结合,不断推进马克思主义中国化,善于在解放思想中统一思想,用发展着的马克思主义指导新的实践。

2. 关于中国特色社会主义的根本任务。这是中国特色社会主义理论体系的中心问题。社会主义的根本任务是解放和发展社会生产力,不断改善人民生活。发展是解决中国一切问题的关键。社会主义的本质,是解放生产力,发展生产力,消灭剥削,消除两极分化,最终达到共同富裕。要始终代表中国先进生产力的发展要求,不断促进先进生产力的发展。科学技术是第一生产力,是先进生产力的集中体现和重要标志,要大力促进科技进步和创新。要始终把发展作为党执政兴国的第一要务,坚持以经济建设为中心,坚持四项基本原则与坚持改革开放相统一,坚持正确处理改革发展稳定的关系,全面推进社会主义经济建设、政治建设、文化建设、社会建设和生态文明建设,促进人的全面发展。

3. 关于中国特色社会主义的发展阶段和发展战略。这是我们党立足当代中国基本国情提出的战略目标和宏伟蓝图。我国仍处于并将长期处于社会主义初级阶段,这是我国逐步摆脱不发达状态,基本实现现代化的特定历史阶段,是中国特色社会主义很长历史过程的初始阶段。我国社会现阶段的主要矛盾是人民日益增长的物质文化需要同落后的社会生产之间的矛盾。在新的历史阶段,我国发展呈现出一系列新的阶段性特征,这是社会主义初级阶段基本国情在新世纪新阶段的具体体现。要始终立足我国社会主义初级阶段基本国情,牢牢把握我国发展的新的阶段性特征,坚持党的基本理论、基本路线、基本纲领、基本经验,紧紧抓住重要战略机遇期,分“三步走”,有步骤地实现从温饱到小康,从全面建设小康社会到本世纪中叶基本实现现代化的目标,努力建设富强民主文明和谐的社会主义现代化国家。

4. 关于中国特色社会主义的发展动力。这是深刻认识社会主义社会生产力和生产关系、经济基础和上层建筑矛盾运动得出的重要结论,揭示了党和国家发展进步的活力源泉。改革开放是强国之路,是决定当代中国命运的关键抉择,是党在新的历史条件下带领人民进行的新的伟大革命。必须把改革创新精神贯彻到治国理政的各个环节,毫不动摇地坚持改革的正确方向，提高改革决策的科学性，增强改革措施的协调性，不断解放和发展社会生产力，推动我国社会主义制度自我完善和发展。坚定不移地实行对外开放的基本国策，积极推进全方位、多层次、宽领域的对外开放，形成经济全球化条件下参与国际经济合作和竞争的新优势。

5. 关于中国特色社会主义的根本目的。这反映了发展中国特色社会主义的出发点和落脚点。人民是我们国家的主人，全心全意为人民服务是我们党的根本宗旨。发展中国特色社会主义必须坚持以人为本，始终做到发展为了人民，发展依靠人民，发展成果由人民共享。必须坚持立党为公、执政为民，尊重人民主体地位，发挥人民首创精神，保障人民各项权益，不断满足人民群众日益增长的物质文化需要。要把人民拥护不拥护、人民赞成不赞成作为衡量党和国家一切工作和方针政策的根本尺度。

6. 关于中国特色社会主义的经济建设。坚持和完善社会主义市场经济体制，从制度上更好地发挥市场在资源配置中的基础性作用。坚持和完善公有制为主体，多种所有制经济共同发展的基本经济制度。坚持和完善按劳分配为主体，多种分配方式并存的分配制度。加快转变经济发展方式，坚持走中国特色新型工业化道路，推动产业结构优化升级。深化各项体制改革，健全现代市场体系，完善有利于科学发展的宏观调控体系。提高自主创新能力，建设创新型国家，建设社会主义新农村，推动区域协调发展，加强能源资源节约和生态环境保护，提高开放型经济水平，促进国民经济又好又快发展。

7. 关于中国特色社会主义的政治建设。人民民主是社会主义的生命，人民当家做主是社会主义民主政治的本质和核心。坚持中国特色社会主义政治发展道路，坚持党的领导、人民当家做主、依法治国有机统一，坚持和完善人民代表大会制度、中国共产党领导的多党合作和政治协商制度、民族区域自治制度以及基层群众自治制度，不断推进社会主义政治制度自我完善和发展。深化政治体制改革，扩大人民民主，发展基层民主，尊重和保障人权，全面落实依法治国基本方略，加快行政管理体制改革，完善权力制约和监督机制，推进社会主义民主政治制度化、规范化、程序化，建设社会主义法治国家，发展社会主义政治文明。

8. 关于中国特色社会主义的文化建设。代表社会主义先进文化前进方向，建设社会主义核心价值体系，建设社会主义精神文明，发展面向现代化、面向世界、面向未来的，民族的科学的大众的社会主义文化。坚持为人民服务、为社会主义服务的方向,坚持百花齐放、百家争鸣的方针,坚持贴近实际、贴近生活、贴近群众,积极推进文化创新。深化文化体制改革,大力发展文化事业和文化产业,建设和谐文化,弘扬中华文化,提高国家文化软实力,推动社会主义文化大发展大繁荣,保障人民基本文化权益,提高全民族文化素质,使社会主义文化生活更加丰富多彩,使人民精神风貌更加昂扬向上。

9. 关于中国特色社会主义的社会建设。社会和谐是中国特色社会主义的本质属性。按照构建社会主义和谐社会的总要求和共同建设、共同享有的原则,坚持把保障和改善民生作为关系全局的重大任务,着力解决人民最关心、最直接、最现实的利益问题,优先发展教育,实施扩大就业的发展战略,深化收入分配制度,完善社会保障体系,建立基本医疗卫生体系,促进社会公平正义。深化社会体制改革,扩大公共服务,完善社会管理,妥善处理人民内部矛盾,统筹协调各方面利益关系,最大限度激发社会创造活力,最大限度增加和谐因素,最大限度减少不和谐因素,努力形成全体人民各尽其能、各得其所而又和谐相处的局面。

10. 关于中国特色社会主义的国防和军队建设。国防和军队建设关系国家安危和发展全局,必须统筹经济建设和国防建设,在全面建设小康社会进程中实现富国和强军的统一。坚持党对军队的绝对领导,坚持人民军队的根本宗旨,全面履行新世纪新阶段军队历史使命,按照政治合格、军事过硬、作风优良、纪律严明、保障有力的总要求,全面推进军队革命化、现代化、正规化建设,推进中国特色军事变革和军事斗争准备,坚持科技强军,切实转变战斗力生成模式,坚定不移地走中国特色的精兵之路,提高军队应对多种安全威胁、完成多样化军事任务的能力。依靠人民建设国防、建设军队,增强全民国防意识,完善国防动员体系。

11. 关于中国特色社会主义的依靠力量。人民群众是历史的创造者,是中国特色社会主义事业的主体力量。包括知识分子在内的工人阶级和广大农民是推动我国生产力发展和社会全面进步的根本力量,在社会变革中出现的新的社会阶层是中国特色社会主义事业的建设者。要尊重劳动、尊重知识、尊重人才、尊重创造,发展和壮大爱国统一战线,促进政党关系、民族关系、宗教关系、阶层关系、海内外同胞关系的和谐,最广泛最充分地调动一切积极因素,团结一切可以团结的力量,不断为中华民族的伟大复兴增添新的力量。

12. 关于推进祖国和平统一大业。按照“一个国家,两种制度”的构想,实现祖国和平统一，符合中华民族的根本利益。坚定不移地贯彻“一国两制”、“港人治港”、“澳人治澳”、高度自治的方针，严格按照特别行政区基本法办事，促进香港、澳门长期繁荣稳定。遵循“和平统一”、“一国两制”的方针和现阶段发展两岸关系，推进祖国和平统一进程的八项主张，坚持新形势下发展两岸关系的四点意见，牢牢把握两岸关系和平发展的主题，真诚为两岸同胞谋福祉，为台海地区谋和平，维护国家主权和领土完整，维护中华民族根本利益，最终解决台湾问题，实现祖国完全统一。

13. 关于中国特色社会主义的外交与国际战略。和平与发展是时代主题，求和平、谋发展、促合作已经成为不可阻挡的时代潮流，中国的前途命运日益紧密地同世界的前途命运联系在一起。要适应世界多极化和经济全球化的发展趋势，始终坚持独立自主的和平外交政策，维护国家主权、安全、发展利益，在和平共处五项原则的基础上同所有国家发展友好合作，坚持走和平发展道路，始终不渝地奉行互利互赢的开放战略，推进建设持久和平、共同发展繁荣的和谐世界，既通过维护世界和平发展自己，又通过自身发展维护世界和平。

14. 关于中国特色社会主义的领导核心。中国共产党是中国特色社会主义的领导力量和根本保证，中国问题的关键在党。要把中国特色社会主义伟大事业同党的建设新的伟大工程贯通起来，以改革创新精神全面推进党的建设，坚持以党的执政能力建设和先进性建设为主线，坚持党要管党、从严治党，扎实推进党的思想建设、组织建设、作风建设、制度建设和反腐倡廉建设，不断提高党的领导水平和执政水平，提高拒腐防变和抵御风险的能力，使党始终成为中国特色社会主义事业的坚强领导核心。

中国特色社会主义理论体系在建设中国特色社会主义的思想路线、发展道路、发展阶段、发展战略、根本任务、发展动力、依靠力量、国际战略、领导力量和根本目的等问题上，形成了一系列独创性的思想理论观点，内容贯通哲学、政治经济学、科学社会主义等学科，涵盖社会主义经济建设、政治建设、文化建设、社会建设以及党的建设、国防和军队现代化建设、祖国统一、国际战略和外交工作等领域，是内涵丰富、思想深刻、系统完整的科学理论体系，开拓了马克思主义中国化的新境界。

（二）邓小平理论与中国特色社会主义理论体系的创立

邓小平理论是以邓小平为主要代表的中国共产党人把马克思主义基本

原理与当代中国实际和时代特征相结合形成的中国化的马克思主义,是对毛泽东思想在新的历史条件下的继承和发展,是中国共产党集体智慧的结晶。邓小平理论是关于社会主义本质和社会主义现代化建设规律的科学理论,是建设中国特色社会主义的基本理论、基本国策、基本战略的总和,是马克思主义中国化形成的重要的理论成果,开创了中国特色社会主义理论体系。

关于邓小平理论的主要内容,我们党在建设中国特色社会主义的过程中曾经多次作过概括。伴随着社会主义现代化建设的不断推进,邓小平理论的内容不断丰富,体系逐渐完善。

在1987年12月召开的党的十三大上,我们党从12个方面对邓小平理论的主要观点作了初步概括。十三大报告指出:"十一届三中全会以来,我们党在对社会主义再认识的过程中,在哲学、政治经济学和科学社会主义等方面,发挥和发展了一系列科学理论观点。包括:关于解放思想,实事求是,以实践为检验真理的唯一标准的观点;关于建设社会主义必须根据本国国情,走自己的路的观点;关于在经济文化落后的条件下,建设社会主义必须有一个很长的初级阶段的观点;关于社会主义社会的根本任务是发展生产力,集中力量实现现代化的观点;关于社会主义经济是有计划的商品经济的观点;关于改革是社会主义社会发展的重要动力,对外开放是实现社会主义现代化的必要条件的观点;关于社会主义民主政治和社会主义精神文明是社会主义重要特征的观点;关于坚持四项基本原则同坚持改革开放的总方针这两个基本点相互结合、缺一不可的观点;关于用'一个国家,两种制度'来实现国家统一的观点;关于执政党的党风关系到党的生死存亡的观点;关于按照独立自主、完全平等、互相尊重、互不干涉内部事务的原则,发展同外国共产党和其他政党的关系的观点;关于和平与发展是当代世界的主题的观点,等等。"①这些观点,构成了建设有中国特色社会主义理论的轮廓,初步回答了我国社会主义建设的阶段、任务、动力、条件、布局和国际环境等基本问题,初步形成了邓小平理论的主要内容。

1992年,在党的十四大上,我们党在回顾和总结改革开放14年的历程和经验的基础上,正式确立了建设有中国特色社会主义理论的历史地位。十四大报告指出:"我们党之所以能够取得这样的胜利,根本原因是在十四

---

①中共中央文件选编. 北京:中共中央党校出版社,1994:407.

年的伟大实践中,坚持把马克思主义基本原理同中国具体实践相结合,逐步形成和发展了建设有中国特色社会主义的理论。这个理论,第一次比较系统地初步回答了中国这样一个经济文化比较落后的国家如何建设社会主义、如何巩固和发展社会主义的一系列基本问题,用新的思想、观点,继承和发展了马克思主义。"[①]党的十四大第一次系统论述了建设有中国特色社会主义理论的9条主要内容,这也就是邓小平理论这一科学体系的9个方面的主要内容。

1. 在社会主义的发展道路问题上,强调走自己的路,不把书本当教条,不照搬外国模式,以马克思主义为指导,将实践作为检验真理的唯一标准,解放思想,实事求是,尊重群众的首创精神,建设有中国特色的社会主义。

2. 在社会主义的发展阶段问题上,作出了我国还处在社会主义初级阶段的科学论断,强调这是一个至少上百年的很长的历史阶段,制定一切方针政策都必须以这个基本国情为依据,不能脱离实际,超越阶段。

3. 在社会主义的根本任务问题上,指出社会主义的本质是解放生产力,发展生产力,消灭剥削,消除两极分化,最终达到共同富裕。强调现阶段我国社会的主要矛盾是人民日益增长的物质文化需要同落后的社会生产之间的矛盾,必须把发展生产力摆在首要位置,以经济建设为中心,推动社会全面进步。判断各方面工作的是非得失,归根到底,要以是否有利于发展社会主义社会的生产力,是否有利于增强社会主义国家的综合国力,是否有利于提高人民的生活水平为标准。科学技术是第一生产力,经济建设必须依靠科技进步和劳动者素质的提高。

4. 在社会主义的发展动力问题上,强调改革也是一场革命,也是解放生产力,是中国现代化的必由之路,僵化停滞是没有出路的。经济体制改革的目标,是在坚持公有制和按劳分配为主体,其他经济成分和分配方式为补充的基础上,建立和完善社会主义市场经济体制。政治体制改革的目标,是以完善人民代表大会制度、共产党领导的多党合作和政治协商制度为主要内容,发展社会主义民主政治。同经济、政治的改革和发展相适应,以培育"有理想、有道德、有文化、有纪律"的"四有"公民为目标,建设社会主义精神文明。

5. 在社会主义建设的外部条件问题上,指出和平与发展是当代世界两

①中共中央文件选编. 北京:中共中央党校出版社,1994:564.

大主题，必须坚持独立自主的和平外交政策，为我国现代化建设争取有利的国际环境。强调实行对外开放是改革和建设必不可少的，应当吸收和利用世界各国包括资本主义发达国家所创造的一切先进文明成果来发展社会主义，封闭只能导致落后。

6. 在社会主义建设的政治保证问题上，强调坚持社会主义道路，坚持人民民主专政，坚持中国共产党的领导，坚持马克思列宁主义毛泽东思想。这四项基本原则是立国之本，是改革开放和现代化建设健康发展的保证，又从改革开放和现代化建设中获得新的时代内容。

7. 在社会主义建设的战略步骤问题上，提出基本实现现代化分三步走。在现代化建设的长过程中要抓住时机，争取出现若干个发展速度比较快，效益又比较好的阶段，每隔几年上一个台阶。贫穷不是社会主义，同步富裕又是不可能的，必须允许和鼓励一部分地区一部分人先富起来，以带动越来越多的地区和人们逐步达到共同富裕。

8. 在社会主义的领导力量和依靠力量问题上，强调作为工人阶级先锋队的共产党是社会主义事业的领导核心，党必须适应改革开放和现代化建设的需要，不断改善和加强对各方面工作的领导，改善和加强自身建设。执政党的党风、党同人民群众的联系，是关系党生死存亡的问题。必须依靠广大工人、农民、知识分子，必须依靠各民族人民的团结，必须依靠全体社会主义劳动者、拥护社会主义的爱国者和拥护祖国统一的爱国者的最广泛的统一战线。党领导的人民军队是社会主义祖国的保卫者和建设社会主义的重要力量。

9. 在祖国统一问题上，提出“一个国家，两种制度”的创造性构想。在一个中国的前提下，国家的主体坚持社会主义制度，香港、澳门、台湾保持原有的资本主义制度长期不变，按照这个原则来推进祖国和平统一大业的完成。

邓小平理论的总体框架

社会主义发展道路	解放思想,实事求是
	尊重实践,尊重群众
	三个有利于的标准
社会主义发展阶段	我国处在社会主义初级阶段
	坚持基本路线不动摇
	制定路线方针的依据
社会主义根本任务	首要的基本理论问题
	社会主义本质
	现阶段主要矛盾
	以经济建设为中心
	科学技术是第一生产力
社会主义发展动力	经济体制改革目标
	政治体制改革目标
	精神文明建设,两手抓方针
社会主义建设外部条件	和平与发展的时代主题
	独立自主的外交政策
	坚定不移地对外开放
社会主义建设政治保证	坚持四项基本原则
	反对资产阶级自由化的长期性
	改革和建设需要安定团结
社会主义发展战略	“三步走”战略
	抓住机遇发展经济,台阶式发展思路
	一部分地区和一部分人先富,最终达到共同富裕
社会主义建设领导力量和依靠力量	社会主义建设的领导核心
	社会主义建设的依靠力量
	军队和国防建设
祖国统一	“一国两制”构想
	祖国统一理论

党的十五大报告提出：邓小平理论是“贯通哲学、政治经济学、科学社会主义等领域，涵盖经济、政治、科技、教育、文化、民族、军事、外交、统一战线、党的建设等方面比较完备的科学体系，又是需要从各方面进一步丰富发展的科学体系”①。概言之，邓小平理论形成了中国特色社会主义理论体系的主体构架。这主要体现在以下几个方面：

第一，邓小平理论排除了来自“左”与右的两个方面的思想干扰，为中国特色社会主义理论体系的形成奠定了思想基础。邓小平同志曾经多次强调，“左”和右都具有严重的危害，“右可以葬送社会主义，‘左’也可以葬送社会主义。中国要警惕右，但主要是防止‘左’”②，这就保证了中国特色社会主义理论在形成和发展的过程中始终坚持马克思主义的科学轨道。邓小平没有把中国特色社会主义理论的创立作为一个一劳永逸的课题，而是在实践中不断地加以创新和发展。这一点，从他关于实现工作重心的转移、富民思想、建立经济特区、实行改革开放以及“一国两制”等思想的发展中都能得到充分的证明。更为重要的是，在我国改革开放的关键时期，以及出现曲折、经受考验的紧要关头，他又在准确分析国际国内形势变化的基础上，不断进行理论创新，推动中国特色社会主义理论不断向前发展。总之，邓小平理论不仅初步形成了中国特色社会主义理论体系，而且为这一理论体系的发展打下了坚实的基础。

第二，邓小平理论提出了建设有中国特色社会主义这个科学命题。在中国这样经济文化落后的国家如何建设社会主义，是从以毛泽东为核心的第一代领导集体就开始探索和思考的问题；但是由于社会主义制度在我国建立的时间不长，我们对社会主义发展和建设规律的认识还不足，所以，在这一过程中，既有成功的经验，又有失误的教训。如何在理论上和实践上对这种探索的成果和经验教训加以总结和概括，是摆在全党和全国人民面前的一个历史性课题。邓小平以马克思主义的远见卓识和求实创新精神，在坚持科学社会主义理论与实践基本成果的基础上，抓住“什么是社会主义，怎样建设社会主义”这个根本问题，深刻地揭示了社会主义的本质，科学地提出了建设有中国特色社会主义这一新的概念，把对社会主义的认识提高到了新的科学水平，从而使我国社会主义现代化建设有了新的主题，使中国

①十五大以来重要文献选编(上). 北京:人民出版社,2000:12.

②邓小平文选(第3卷). 北京:人民出版社,1993:375.

特色社会主义理论体系有了一个新的起点。

第三,邓小平理论构建了中国特色社会主义理论体系的基本框架。邓小平理论贯穿解放思想、实事求是的思想路线,围绕“什么是社会主义,怎样建设社会主义”这个首要问题,在社会主义的本质和发展道路、发展阶段、根本任务、发展动力、外部条件、政治保证、战略部署、领导力量和依靠力量、国防建设以及祖国统一等一系列重大问题上,形成了比较完整和系统的理论观点,初步构成了中国特色社会主义理论体系的基本框架。

(三)“三个代表”重要思想与中国特色社会主义理论体系的丰富

“三个代表”重要思想是继毛泽东思想、邓小平理论之后马克思主义中国化的又一理论成果,是中国特色社会主义理论体系承前启后的重要组成部分。“三个代表”重要思想是以江泽民为主要代表的中国共产党人集体智慧的结晶,它创造性地回答了“建设一个什么样的党,怎样建设党”的重大问题,进一步回答了“什么是社会主义,怎样建设社会主义”的重大问题,反映了当代世界和中国的发展变化对党和国家工作的新要求,是加强和改进党的建设,推进我国社会主义自我完善和发展的强大理论武器。

“三个代表”重要思想的集中概括,就是“中国共产党必须始终代表中国先进生产力的发展要求,代表中国先进文化的前进方向,代表中国最广大人民的根本利益”。但是,“三个代表”重要思想绝不是简单的三句话,而是包含着博大精深的内容,是马克思主义中国化理论创新的伟大成果。在认识“三个代表”重要思想的主要内容的过程中,要防止两种错误的倾向:一方面要防止把“三个代表”重要思想“简单化”,认为其主要内容就是简单的三句话;另一方面要防止把“三个代表”重要思想“庸俗化”,认为其是包罗万象的理论,什么思想都能放置其中。

“三个代表”重要思想是围绕中国特色社会主义这个主题,包含社会主义现代化建设各方面思想的一个系统、科学的理论体系。“三个代表”重要思想的主要内容包含三个层面,这三个层面一起构成了“三个代表”重要思想理论体系的主要内容的逻辑体系。

1. 基本内涵。

“三个代表”重要思想的基本内涵就是对它的概括,即中国共产党必须始终代表中国先进生产力的发展要求,代表中国先进文化的前进方向,代表中国最广大人民的根本利益。

始终代表中国先进生产力的发展要求，就是党的理论、路线、纲领、方针、政策和各项工作，必须努力符合生产力发展的规律，体现不断推动社会生产力的解放和发展的要求，尤其要体现推动先进生产力发展的要求，通过发展生产力不断提高人民群众的生活水平。

始终代表中国先进文化的前进方向，就是党的理论、路线、纲领、方针、政策和各项工作，必须努力体现面向现代化、面向世界、面向未来的，民族的科学的大众的社会主义文化的发展要求，促进全民族思想道德素质和科学文化素质的不断提高，为我国经济发展和社会进步提供精神动力和智力支持。

始终代表中国最广大人民的根本利益，就是党的理论、路线、纲领、方针、政策和各项工作，必须坚持把人民的根本利益作为出发点和归宿，充分发挥人民群众的积极性、主动性、创造性，在社会不断发展进步的基础上，使人民群众不断获得切实的经济、政治、文化利益。

"三个代表"是统一的整体，相互联系，相互促进。发展先进生产力，是发展先进文化的基础，是实现最广大人民根本利益的前提；发展先进文化，是发展先进生产力和实现最广大人民根本利益的重要思想保证；发展先进生产力和先进文化，归根到底都是为了实现最广大人民的根本利益，而人民群众则是创造先进生产力和先进文化的主体，也是实现自身利益的根本力量。

2. 具体内容。

中共中央印发的《"三个代表"重要思想学习纲要》，从 16 个方面对"三个代表"重要思想这一系统的科学理论的具体内容进行了概括，完整地揭示了这一系统的科学理论的体系。

"三个代表"重要思想的具体内容包括：

(1)关于建设中国特色社会主义的思想路线，提出与时俱进；

(2)关于中国特色社会主义的发展道路，提出发展是党执政兴国的第一要务；

(3)关于社会主义的发展阶段和发展战略，提出全面建设小康社会；

(4)关于中国特色社会主义的根本任务，提出一系列不断促进先进生产力发展的观点；

(5)关于中国特色社会主义的改革，提出推进社会主义的自我完善和发展方面的一系列观点；

(6)关于中国特色社会主义的对外开放,提出实施“引进来”和“走出去”相结合的对外开放战略;

(7)关于中国特色社会主义的经济建设,提出推动国民经济持续快速健康发展;

(8)关于中国特色社会主义的政治建设,提出建设政治文明;

(9)关于中国特色社会主义的文化建设,提出创造更加灿烂的先进文化;

(10)关于中国特色社会主义的国防和军队建设,提出走中国特色的精兵之路;

(11)关于坚持和发展爱国统一战线,提出团结一切可以团结的力量等一系列论述;

(12)关于推进祖国完全统一,提出完成祖国统一大业是中华民族的根本利益所在;

(13)关于中国特色社会主义的外交和国际战略,提出维护世界和平和促进共同发展等一系列论述;

(14)关于中国特色社会主义的领导核心,提出坚定地站在时代潮流的前头;

(15)关于中国特色社会主义的执政党建设,提出以改革的精神建设党;

(16)关于建设中国特色社会主义的根本目的,提出实现好、维护好、发展好最广大人民的根本利益。

这16条具体内容,涉及中国特色社会主义事业的各个方面,构成了“三个代表”重要思想的科学体系。

3. 重要问题。

上述16个方面的内容,又可以归纳为6个方面的问题:

(1)贯穿了解放思想、实事求是、与时俱进这个精髓。学习和把握“三个代表”重要思想,首先要把握好这个贯穿其中的精髓,要坚持一切从实际出发,理论联系实际,要体现时代性,把握规律性,富于创造性。

(2)贯穿了中国特色社会主义这个主题。从党的十三届四中全会到党的十六大,中国共产党人的理论和实践一直是围绕两个方面展开的:一个是社会主义现代化建设,一个是党的建设。“三个代表”重要思想进一步回答了“什么是社会主义,怎样建设社会主义”的问题,创造性地回答了“建设什么样的党,怎样建设党”的问题,这两方面集中起来,都是解决建设中国特色社会主义的问题。

(3)贯穿了发展这个党执政兴国的第一要务。党执政的任务是始终致力于发展,执政的措施始终围绕发展来制定,执政的成效始终用发展来检验。中国特色社会主义要靠发展的方式来巩固和推进,中国的问题要用发展的眼光、发展的思路和发展的方式解决。

(4)贯穿了社会主义物质文明、政治文明和精神文明协调发展的要求。"三个代表"重要思想把社会主义物质文明、政治文明和精神文明协调发展作为全面建设小康社会的奋斗目标,深化了邓小平关于分阶段、有步骤地实现社会主义现代化的战略思想,丰富了党关于社会主义初级阶段的理论。

(5)贯穿了坚持党的先进性这个核心。"三个代表"重要思想紧密围绕建设什么样的党和怎样建设党,提出了一系列新思想、新观点和新论断。提出了"两个转变"的思想(中国共产党已经从领导人民为夺取政权而奋斗的党,转变成为领导人民掌握政权并长期执政的党,从受到外部封锁和实行计划经济条件下领导国家建设的党,转变成为对外开放和发展社会主义市场经济条件下领导国家建设的党);提出了"两个先锋队"的思想(中国共产党是中国工人阶级的先锋队,同时是中国人民和中华民族的先锋队);提出了"两个基础"的思想(要不断增强党的阶级基础,扩大党的群众基础);提出了"两个纲领相统一"的思想(把党的最高纲领和最低纲领统一起来);提出了"两大历史件课题"的思想(要全面推进党的建设新的伟大工程,以提高党的执政能力为重点,把思想建设、组织建设和作风建设结合起来,把制度建设贯穿其中,进一步解决提高党的领导水平和执政水平,提高拒腐防变和抵御风险能力这两大历史性课题)。"三个代表"重要思想为我们党加强自身建设提供了一个系统而全面的思路,为加强和改进党的建设,保持党的先进性提供了理论指导。

(6)贯穿了立党为公、执政为民这个本质。坚持立党为公、执政为民,核心是代表最广大人民的根本利益。要把人民的利益和群众的需求作为我们工作的基本出发点,在工作中坚持群众路线,从群众最关心、最迫切需要解决的实际问题入手,实现好、维护好、发展好人民群众的利益,这是衡量是否深刻领会和正确实践"三个代表"重要思想的最重要的标志。

因此,我们必须清楚地认识到,"三个代表"重要思想体现在改革发展稳定、内政外交国防、治党治国治军等各个方面,是由一系列紧密联系、相互贯通的思想、观点和论断构成的。只有全面把握"三个代表"重要思想主要内容的三个层次，才能全面深刻地把握“三个代表”重要思想。

“三个代表”重要思想与马克思列宁主义、毛泽东思想和邓小平理论是既一脉相承又与时俱进的理论体系，它用把马克思主义基本理论与中国的实践相结合的方式丰富和发展了马克思主义。“三个代表”重要思想是中国特色社会主义理论体系的重要组成部分，是马克思主义中国化在特定历史时期的产物，它的形成和发展，丰富了中国特色社会主义理论体系。

第一，“三个代表”重要思想是马克思主义中国化的理论成果。“三个代表”重要思想继承和发展了马克思主义关于人类社会前进最终是由生产力发展决定的，同时是由先进文化引导的，由人民群众推动的等基本原理，揭示了建设中国特色社会主义是社会主义市场经济、社会主义民主政治和社会主义先进文化有机统一，社会主义物质文明、政治文明和精神文明全面发展，党领导的伟大事业同党的建设新的伟大工程相互促进的历史进程。“三个代表”重要思想作为马克思主义在中国发展的最新成果，主要表现在新的理论概括、新的理论基础、新的理论要求、新的理论视野等方面。“三个代表”重要思想的形成，表明党对执政规律、社会主义建设规律和人类社会发展规律的认识达到了新的理论高度，开辟了马克思主义发展的新境界。

第二，“三个代表”重要思想是全面建设小康社会的行动指南。建设中国特色社会主义是一个长期和艰辛的历程。党在现阶段最重要的任务，就是全面建设小康社会。“三个代表”重要思想作为面向21世纪的中国化的马克思主义，是指引全党全国人民为实现全面建设小康社会的宏伟目标而奋斗的行动指南。我们在实现这个宏伟目标的征程中，将长期面对如何科学判断和全面把握国际形势的发展变化、如何科学判断和全面把握长期处于社会主义初级阶段的基本国情、如何科学判断和全面把握党所处的历史方位和肩负的历史使命等重大课题。“三个代表”重要思想为我们正确认识和解决这个重大课题提供了科学理论和科学方法。

第三，“三个代表”重要思想是加强和改进党的建设，推进我国社会主义自我完善和发展的强大理论武器。“三个代表”重要思想创造性地回答了“建设什么样的党，怎样建设党”的问题，把党的建设新的伟大工程同中国特色社会主义伟大事业紧密联系起来，赋予党的性质、宗旨、指导思想和根本任务以丰富的时代内容，确定了党的建设新的总体部署。一方面，紧紧围绕新时期党的建设所面临的两大历史性课题，强调加强党的执政能力建设，不断提高党的创造力、凝聚力和战斗力，不断巩固党的阶级基础和扩大党的群众基础,永远保持党的先进性;另一方面,“三个代表”重要思想提出的一系列关于中国特色社会主义的发展道路、发展阶段、发展战略、根本目的、根本任务、发展动力、依靠力量、国际战略等重要思想,对我们正在进行的改革开放和社会主义现代化建设事业具有重要的指导意义。“三个代表”重要思想是以江泽民为核心的党的第三代中央领导集体对中国特色社会主义理论的继承和发展,丰富和发展了中国特色社会主义理论体系。

(四)科学发展观与中国特色社会主义理论体系的发展

科学发展观是我们党在新的历史时期进行理论创新的最新成果,它贯穿中国特色社会主义伟大事业和党的建设新的伟大工程的各个方面,科学地回答了在新世纪新阶段,中国特色社会主义要实现什么样的发展、怎样发展等重大理论和现实问题,以新的思想、新的观点为中国特色社会主义理论体系增添了新的内容,发展了中国特色社会主义理论体系。

党的十七大报告指出:“科学发展观,第一要义是发展,核心是以人为本,基本要求是全面协调可持续,根本方法是统筹兼顾。”①这一精辟论述,深刻揭示了科学发展观的科学内涵和精神实质。

第一,深入贯彻落实科学发展观,必须紧紧把握科学发展观的第一要义,坚持以经济建设为中心,坚持把发展作为党执政兴国的第一要务。坚持科学发展,根本着眼点是要用新的发展思路实现更好更快的发展。在社会主义国家,一个真正的马克思主义政党在执政以后,根本任务就是发展社会生产力。发展是硬道理,抓住了发展,就抓住了社会主义现代化建设的根本任务和主要内容,就抓住了中国特色社会主义事业的关键。紧紧把握发展这个“第一要义”,就要时刻牢记发展是硬道理的战略思想,牢牢抓住经济建设这个中心,坚持聚精会神搞建设,一心一意谋发展,不断解放和发展社会生产力。我国正处于并将长期处于社会主义初级阶段,社会主义初级阶段的主要矛盾,始终是人民日益增长的物质文化需要同落后的社会生产之间的矛盾。因此,胡锦涛同志指出:“只有坚持以经济建设为中心,不断增强综合国力,才能为抓好发展这个党执政兴国的第一要务,为全面协调发展打下坚实的物质基础。全党全国都要增强促进发展的紧迫感,在任何时候任何情况下都紧紧扭住经济建设这个中心不放松,坚定不移地推动经济持续快

①中国共产党第十七次全国代表大会文件汇编.北京:人民出版社,2007:14.

速协调健康发展。”①当然,在新的历史起点上所追求的发展,不应是孤立、片面、不计代价、不能持续的发展。必须更好地实施科教兴国战略、人才强国战略、可持续发展战略,着力把握发展规律,创新发展理念,转变发展方式,实现又好又快发展。

第二,深入贯彻落实科学发展观,必须紧紧把握科学发展观的核心,坚持以人为本。所谓以人为本,“就是要以实现人的全面发展为目标,从人民群众的根本利益出发谋发展、促发展,不断满足人民群众日益增长的物质文化需要,切实保障人民群众的经济、政治和文化权益,让发展的成果惠及全体人民”②。人的解放和自由而全面的发展是社会进步的最高目标,坚持以人为本是经济社会发展的长远指导方针,是实际工作中必须坚持的重要原则,是我们党全心全意为人民服务根本宗旨的集中体现。坚持以人为本,就要尊重劳动、尊重知识、尊重人才、尊重创造,就要按照立党为公、执政为民的要求,坚持权为民所用、情为民所系、利为民所谋,始终把实现好、维护好、发展好最广大人民的根本利益作为党和国家一切工作的出发点和落脚点。胡锦涛同志指出:“我们要始终不渝地坚持全心全意为人民服务的根本宗旨,时刻把群众的安危冷暖放在心上,真诚倾听群众呼声,真实反映群众愿望,真情关心群众疾苦,着力保障和改善民生,着力解决人民最关心、最直接、最现实的利益问题,着力化解人民内部矛盾和不和谐因素,多为群众办好事、办实事,特别是要千方百计帮助困难群众排忧解难,努力使全体人民学有所教、劳有所得、病有所医、老有所养、住有所居,不断实现社会主义公平正义,促进社会和谐,维护社会安定团结。”③

第三,深入贯彻落实科学发展观,必须紧紧把握科学发展观的基本要求,坚持全面协调可持续发展。十七大报告指出:“必须坚持全面协调可持续发展。要按照中国特色社会主义事业总体布局,全面推进经济建设、政治建设、文化建设、社会建设,促进现代化建设各个环节、各个方面相协调,促进生产关系与生产力、上层建筑与经济基础相协调。坚持生产发展、生活富裕、生态良好的文明发展道路,建设资源节约型、环境友好型社会,实现速度和结构质量效益相统一,经济发展与人口资源环境相协调,使人民在良好生

①胡锦涛. 在中央人口资源环境工作座谈会上的讲话. 人民日报,2004-03-11.

②胡锦涛. 在中央人口资源环境工作座谈会上的讲话. 人民日报,2004-03-11.

③科学发展观重要论述摘编. 北京:中央文献出版社,2008:30.

态环境中生产生活,实现经济社会永续发展。”①

第四,深入贯彻落实科学发展观,必须紧紧把握科学发展观的根本方法,坚持统筹兼顾。统筹兼顾是我们党长期执政中的一条重要经验,也是在新的历史条件下保证全面协调可持续发展的根本方针。统筹兼顾,就是要从中国的发展全局和最广大人民的根本利益出发,正确认识和妥善处理中国特色社会主义事业中的重大关系。十七大报告指出:“要正确认识和妥善处理中国特色社会主义事业中的重大关系,统筹城乡发展、区域发展、经济社会发展、人与自然和谐发展、国内发展和对外开放,统筹中央和地方关系,统筹个人利益和集体利益、局部利益和整体利益、当前利益和长远利益,充分调动各方面积极性。统筹国内国际两个大局,树立世界眼光,加强战略思维,善于从国际形势发展变化中把握发展机遇,应对风险挑战,营造良好国际环境。既要总揽全局、统筹规划,又要抓住牵动全局的主要工作、事关群众利益的突出问题,着力推进、重点突破。”②要夺取全面建设小康社会新胜利,必须进一步深入贯彻落实科学发展观。我们要全面把握科学发展观的科学内涵和精神实质,增强贯彻落实科学发展观的自觉性和坚定性,着力转变不适合、不符合科学发展观的思想观念,着力解决影响和制约科学发展的突出问题,把全社会的发展积极性引导到科学发展上来,把科学发展观贯彻落实到经济社会发展的各个方面。

科学发展观是对党的三代中央领导集体关于发展的重要思想的继承和发展,是马克思主义关于发展的世界观和方法论的集中体现,是同马克思列宁主义、毛泽东思想、邓小平理论和“三个代表”重要思想既一脉相承又与时俱进的科学理论,是马克思主义中国化的最新理论成果。科学发展观的提出,为发展中国特色社会主义理论体系作出了重大贡献。

第一,科学发展观丰富和发展了中国特色社会主义的思想路线。在新世纪新阶段,以胡锦涛为总书记的党中央提出大力弘扬求真务实精神,大兴求真务实之风,鲜明地体现了解放思想、实事求是、与时俱进这个马克思主义的精髓。历史经验告诉我们,党的理论的重大创新发展总是同党的思想路线的形成发展联系在一起,解放思想、实事求是、与时俱进思想路线的形成过程,也就是毛泽东思想、邓小平理论和“三个代表”重要思想形成的过

①科学发展观重要论述摘编. 北京:中央文献出版社,2008:44.

②科学发展观重要论述摘编. 北京:中央文献出版社,2008:53.

程。在新世纪新阶段,我们面临的新形势和新任务,要求党的思想路线有新的发展。科学发展观就是我们党在新的历史条件下,坚持求真务实精神取得的重大理论成果。求真务实是科学发展观的哲学基础,求真务实精神渗透在科学发展观的各个方面。2004 年 1 月,胡锦涛在中央纪委第三次全会上指出:“求真务实,是辩证唯物主义和历史唯物主义一以贯之的科学精神,是我们党的思想路线的核心内容。”①“求真务实”进一步丰富和发展了党的思想路线的内涵。

第二,科学发展观丰富和发展了中国特色社会主义发展道路的思想。改革开放以来,我们党带领全国人民开创了一条中国特色社会主义的发展道路。以胡锦涛为总书记的党中央在马克思列宁主义、毛泽东思想、邓小平理论和“三个代表”重要思想关于发展的思想的基础上,从当今时代发展新趋势和中国当前发展阶段的实际出发,适应新的发展的要求,对我们党长期以来关于发展问题的理论思考和实践经验进行了全面总结,提出了科学发展观,使我们党对发展问题的认识提高到了一个新水平。科学发展观站在时代高度,既坚持了党的三代中央领导集体关于发展的思想,又深刻总结了国内外在发展问题上的经验教训,科学分析了我国发展进程中面临的各种新情况新问题,密切结合新的发展实践,创造性地回答了“实现什么样的发展,怎样发展”等重大问题,是对共产党执政规律、社会主义建设规律、人类社会发展规律作出的新探索和新概括,丰富和发展了中国特色社会主义发展道路的理论,开拓了中国特色社会主义理论体系发展的新境界。

第三,科学发展观丰富和发展了中国特色社会主义战略布局的思想。我们党历来高度重视中国特色社会主义战略布局问题,并提出了一系列重要思想。新中国成立前后,毛泽东在《论人民民主专政》、《关于正确处理人民内部矛盾》等著作中,系统地论述了社会主义经济、政治、文化建设问题。改革开放后,邓小平提出要坚持“两手抓,两手都要硬”的方针,强调在搞好社会主义物质文明建设的同时,要搞好社会主义精神文明建设。江泽民强调,社会主义社会是以经济建设为中心的全面发展、全面进步的社会,要促进社会主义物质文明、政治文明、精神文明协调发展,促进人的全面发展。在这些重要思想的基础上,以胡锦涛为总书记的党中央提出了构建社会主义和谐社会的战略任务,强调通过发展社会生产力来不断增强和谐社会建

①十六大以来重要文献选编(上). 北京:中央文献出版社,2005:724.

设的物质基础，通过发展社会主义民主政治来不断加强和谐社会建设的政治保障，通过发展社会主义先进文化来不断巩固和谐社会建设的精神支撑，同时又要通过和谐社会建设来为社会主义物质文明、政治文明、精神文明建设创造有利的社会条件。提出构建社会主义和谐社会具有重大理论创新意义，丰富和发展了马克思主义关于社会主义社会建设的理论，使得中国特色社会主义事业的总体布局，由社会主义经济建设、政治建设、文化建设"三位一体"扩展为社会主义经济建设、政治建设、文化建设、社会建设"四位一体"。中国特色社会主义事业"四位一体"的总体布局，反映出我们党对中国特色社会主义发展战略的谋划更加全面、协调、均衡，从而进一步丰富和发展了中国特色社会主义理论体系。

（五）中国特色社会主义理论体系的历史地位

改革开放以来，中国共产党在推进马克思主义中国化的历史进程中，开辟了中国特色社会主义道路，形成了中国特色社会主义理论体系。这是中国共产党在改革开放历史新时期的伟大实践中，不断坚持和发展马克思主义的结果，是马克思主义中国化的最新理论成果。

1. 中国特色社会主义理论体系是改革开放历史新时期我们党继续推进马克思主义中国化的伟大历史性创造。

近代以来，中华民族面临两大历史任务：一是求得民族独立和人民解放；二是实现国家繁荣富强和人民共同富裕。中国人民为此进行了长期探索和艰苦斗争，但都因为没有科学理论的指导而以失败告终。经过反复比较和激烈斗争，直到选择了马克思主义，中国革命的面貌才为之一新。在历史的比较中，中国人民深刻认识到，只有马克思主义才是救国救民的科学真理。

马克思主义揭示了人类社会发展规律，论证了社会主义代替资本主义的历史必然性，指明了工人阶级和劳动人民实现解放的道路，是人们认识世界和改造世界的科学指南。只有把马克思主义同各国实际和时代特征相结合，才能充分显示出其真理的力量和强大生命力。

把马克思主义基本原理同中国实际相结合，实现马克思主义中国化，是中国共产党人在深刻把握马克思主义理论品质，清醒认识中国国情的基础上得出来的科学结论。

以毛泽东同志为主要代表的中国共产党人，从中国的历史状况和社会现实出发，运用马克思主义的立场、观点、方法深刻研究中国革命的特点和规律，实现了马克思主义中国化的第一次历史性飞跃，创立了毛泽东思想。这一科学理论系统地回答了在中国这样一个落后的东方大国怎样开展新民主主义革命并走上社会主义道路的一系列问题。在毛泽东思想的指引下，中国革命走上了胜利发展的道路，完成了民族独立和人民解放的历史任务，建立了新中国，建立了社会主义制度，为当代中国的发展奠定了政治基础和制度前提。社会主义制度建立以后，面对经济文化比较落后的国家建设、巩固和发展社会主义的全新课题，毛泽东同志在借鉴苏联社会主义建设经验教训的基础上，开始思考在中国怎样建设和发展社会主义的问题，形成了许多科学认识和宝贵思想成果。但是，这些正确思想有不少没有得到贯彻落实，以致后来党和国家工作发生了严重失误特别是"文化大革命"那样全局性的错误，社会主义事业遭遇重大挫折。

1978 年，我们党召开具有重大历史意义的十一届三中全会，开启了改革开放的历史新时期。改革开放 30 年来，我们党的全部理论和实践探索都是围绕建设中国特色社会主义这个主题展开的。在推进改革开放和社会主义现代化的伟大实践中，我们党遵循实践—认识—再实践的规律，坚持不懈地进行理论总结和概括，在新的历史条件下继续推进马克思主义中国化，形成和发展了中国特色社会主义理论体系。

党的十一届三中全会以后，以邓小平同志为主要代表的中国共产党人，把马克思主义基本原理同当代中国实际和时代特征结合起来，提出了一系列具有开创意义的思想，奠定了中国特色社会主义理论体系的基础。以党的十一届三中全会为转折点，我们党在邓小平同志的领导下，顺应时代潮流和人民愿望，倡导解放思想，重新确立实事求是的思想路线，实现了指导思想上的拨乱反正，把全党工作重心转移到经济建设上来，实行改革开放，开始了建设社会主义的新探索。在党的十二大开幕式上，邓小平同志明确提出，把马克思主义的普遍真理同我国的具体实际结合起来，走自己的路，建设有中国特色的社会主义。有中国特色的社会主义这一重大命题的提出，指明了我们党的理论和实践探索的方向。1992 年，在南方谈话中，邓小平对关系中国特色社会主义发展的一系列重大问题作了理论概括，从根本上解除了人们的思想障碍，有力地促进了改革开放和社会主义现代化事业。以邓小平同志为核心的党的第二代中央领导集体具有开创意义的探索，第一次比较系统地初步回答了中国这样的经济文化比较落后的国家如何建设社会主义,如何巩固和发展社会主义的一系列基本问题。1992 年党的十四大对邓小平同志一系列富有创造性的思想进行了概括,把它称为“邓小平同志建设有中国特色社会主义理论”。1997 年党的十五大对邓小平同志的这一理论又作了进一步概括和论述,将其命名为“邓小平理论”,并作为我们党的指导思想写入党章。

党的十三届四中全会以后,以江泽民同志为主要代表的中国共产党人,继续推进中国特色社会主义伟大事业,提出了一系列新思想、新观点、新论断,丰富和发展了中国特色社会主义理论体系。面对 20 世纪 80 年代末 90 年代初国际、国内严峻的政治形势和国内改革发展的繁重任务,以江泽民同志为核心的党的第三代中央领导集体旗帜鲜明地强调,要坚定不移、毫不动摇地全面执行党的十一届三中全会以来的路线和基本政策。江泽民同志提出了一系列创新性观点,丰富和发展了党的理论路线方针政策,进一步回答了“什么是社会主义,怎样建设社会主义”的问题,创造性地回答了“建设什么样的党,怎样建设党”的问题,形成了“三个代表”重要思想,进一步发展了中国特色社会主义理论体系。2002 年党的十六大把“三个代表”重要思想同马克思列宁主义、毛泽东思想、邓小平理论一道确立为我们党必须长期坚持的指导思想,实现了我们党指导思想的又一次与时俱进。

党的十六大以来,以胡锦涛同志为总书记的党中央领导全党全国各族人民,在推进中国特色社会主义事业的历史进程中提出一系列重大理论观点、重大战略思想、重大工作部署,形成了中国特色社会主义理论体系的最新成果。进入新世纪新阶段,我们党站在历史和时代的高度,立足社会主义初级阶段基本国情,深入分析我国发展的阶段性特征,认真总结我国发展实践,准确把握世界发展趋势,借鉴国外发展经验,适应新的发展要求,深刻回答我国社会主义经济建设、政治建设、文化建设、社会建设以及生态文明建设和党的建设中的重大问题,形成了科学发展观等重大战略思想,赋予了中国特色社会主义理论体系以新的丰富内容。科学发展观以一系列紧密联系、相互贯通的基本观点,继续回答了“什么是社会主义,怎样建设社会主义”和“建设什么样的党,怎样建设党”的问题,创造性地回答了“实现什么样的发展,怎样发展”的问题,开拓了马克思主义中国化新境界。党的十七大深刻阐述了科学发展观的历史地位、时代背景、科学内涵、精神实质、根本要求,把它作为我国经济社会发展的重要指导方针和发展中国特色社会主义必须坚持和贯彻的重大战略思想写入党章。

党的十七大把新时期以来我们党在实践中相继形成的邓小平理论、“三个代表”重要思想以及科学发展观等重大战略思想作为有机统一的整体，概括为“中国特色社会主义理论体系”，具有重大的政治意义、理论意义、实践意义，标志着中国特色社会主义理论和实践的进一步成熟。

2. 中国特色社会主义理论体系是全面建设小康社会的指南。

中国特色社会主义理论体系，是被改革开放30年实践充分证明了的胜利推进社会主义现代化的正确理论。科学理论的地位和作用，归根到底是由实践决定的。回顾改革开放30年来的历史进程，我国在中国特色社会主义理论体系指导下取得了举世瞩目的发展成就，经济实力、综合国力不断增强，基础设施和城乡面貌发生巨大变化，人民生活总体上达到小康水平。从1978年到2009年，中国在经济建设、政治建设、文化建设、社会建设以及生态文明建设和党的建设方面取得显著成就，中国人民的面貌、社会主义中国的面貌、中国共产党的面貌发生了历史性变化。事实雄辩地证明，中国特色社会主义理论体系，是指导中国人民在改革开放中胜利推进社会主义现代化的正确理论。在当代中国，只有这一理论体系，而没有别的理论，能够指引我们实现国家富强和人民幸福，完成实现中华民族伟大复兴的历史任务。

中国特色社会主义理论体系，为实现全面建设小康社会宏伟目标提供了根本指针。当前，全国各族人民正在党的领导下为夺取全面建设小康社会新胜利，开创中国特色社会主义事业新局面而努力奋斗。在前进道路上，我们既面临着重要的发展机遇，也面临着诸多矛盾和问题：生产力水平总体不高，人均国内生产总值偏低，自主创新能力不强；长期形成的结构性矛盾没有解决，粗放型经济增长方式尚未根本改变，环境资源压力加大，影响发展的体制机制障碍依然存在；收入分配差距拉大趋势还未根本扭转，城乡贫困人口和低收入人口的数量还相当大，农业基础薄弱、农村发展滞后的局面依然存在，促进经济社会协调发展任务艰巨；民主法制建设与扩大人民民主和经济社会发展的要求还不完全适应；人们的精神文化需求日趋旺盛，对发展社会主义先进文化提出更高要求；伴随着社会结构、社会组织形式、社会利益格局的深刻变化，社会建设和管理面临诸多新课题；国际竞争日趋激烈，发达国家在经济科技上占优势的压力长期存在。只有坚持以中国特色社会主义理论体系为指导，我们才能对这一系列问题作出科学回答，才能顺利推进全面建设小康社会进程，不断发展中国特色社会主义。

3. 中国特色社会主义理论体系是全党全国各族人民团结奋斗的共同思

想基础。

中国特色社会主义理论体系是扎根于当代中国的科学社会主义,是马克思主义中国化的最新成果,是指导继续推进党和国家事业发展的锐利思想武器,是引领全党全国各族人民团结奋斗的共同思想基础。

社会主义既是一种崭新的社会制度和社会运动,也是一种理想和价值追求,必然要用共同的思想和意志来凝聚和统一人民的思想。一些社会主义国家的执政党走向垮台的教训告诉我们,不坚持马克思主义不行,不发展马克思主义,不用发展着的马克思主义统一思想和指导实践也不行。作为一个拥有 7000 多万党员的执政党和一个有着 13 亿人口的发展中大国,面对深刻变化的国际国内环境,面对人们思想观念多元多样多变的新情况,只有坚持用马克思主义中国化的最新成果武装全党、教育人民,用中国特色社会主义共同理想凝聚力量,才能真正统一全党全国各族人民的思想,才能最大限度地团结和凝聚不同社会阶层、不同利益群体的人们,为实现我们的目标而共同奋斗。

中国特色社会主义理论体系,也是我们应对各种困难、风险和挑战的强大精神支柱。中国特色社会主义理论体系把社会主义发展与民族复兴的历史任务紧密联系在一起,把实现社会主义现代化与人民共同富裕紧密联系在一起,把国家的兴盛和个人的幸福紧密联系在一起,是引领、激励全国各族人民的强大精神力量。改革开放以来,我们之所以能够经受住 20 世纪 80 年代末 90 年代初国内的严重政治风波以及国际上东欧剧变、苏联解体的严峻考验,之所以能够从容应对关系我国主权和安全的国际突发事件,战胜来自政治、经济、社会领域和自然界的各种困难和挑战,包括亚洲金融风暴、1998 年特大洪水、2003 年“非典”疫情,特别是 2008 年年初以来,在以胡锦涛同志为总书记的党中央的坚强领导下,战胜南方严重低温雨雪冰冻灾害,果断处理达赖集团策划煽动的拉萨打、砸、抢、烧严重暴力犯罪事件,取得四川汶川特大地震抗震救灾重大胜利,坚决排除境外反华势力的干扰,成功举办北京奥运会和残奥会,圆满完成神舟七号载人航天飞行,赢得世界的赞誉和尊重,从根本上说,就是因为我们有党中央的坚强领导,有社会主义的制度优势,有中国特色社会主义理论体系给予的信念力量和指导作用。事实深刻地表明,中国特色社会主义道路和中国特色社会主义理论体系,是能够把全国各族人民紧密团结在一起的共同思想基础,是我们战胜一切风险和挑战的主心骨。在未来前进道路上,无论遇到什么样的艰难险阻,我们都要始终高举中国特色社会主义伟大旗帜不动摇,坚持中国特色社会主义道路不动摇,坚持中国特色社会主义理论体系不动摇。

第三节 毛泽东思想与中国特色社会主义理论体系的关系

党的十七大最重要的理论贡献,就是提出了"中国特色社会主义理论体系"的概念,把邓小平理论、"三个代表"重要思想和科学发展观等一系列重大战略思想整合为一个理论体系。十七大所界定的中国特色社会主义理论体系,很明显没有包括毛泽东思想。因此,对于毛泽东思想和中国特色社会主义理论体系之间关系的研究,就成了当前理论界的一个热点问题。众多学者在认真研究这一问题的基础上,提出了自己的观点。这些观点,在有些方面是一致的,但在有些方面则产生了分歧。分歧主要集中"毛泽东思想中关于社会主义建设的思想是否应该包含在中国特色社会主义理论体系中"这一问题上。在总结和归纳学术界关于毛泽东思想与中国特色社会主义理论体系的关系问题的诸多观点的基础上可以得出,毛泽东思想和中国特色社会主义理论体系存在三重关系。

一、同质关系:两者都是马克思主义中国化的理论成果

毛泽东思想和中国特色社会主义理论体系是同质的,两者都是马克思列宁主义与中国实际相结合的产物,都是马克思主义中国化的理论成果,都是中国化的马克思主义,具有同一的质的规定性。

中国共产党在领导中国革命、建设和改革的长期实践中,把马克思列宁主义基本原理同中国具体实际相结合,不断推进马克思主义中国化,实现了两次历史性飞跃,产生了两大理论成果。毛泽东思想是被实践证明了的关于中国革命和建设的正确的理论原则和经验总结,是马克思主义中国化的第一次历史性飞跃和第一大理论成果。中国特色社会主义理论体系是对改革开放以来我国社会主义改革实践的最新的系统、科学的理论概括,是党最宝贵的政治和精神财富,是全国各族人民团结奋斗的思想基础,是马克思主义中国化的第二次历史性飞跃和最新理论成果。

二、非包含关系:中国特色社会主义理论体系不包括毛泽东思想

对于中国特色社会主义理论体系不包含毛泽东思想的观点,学术界已达成共识。究其原因,主要有三点:

首先,毛泽东思想对中国社会主义建设道路探索的时代背景、历史和现实依据以及理论基础与中国特色社会主义理论体系不相同。

第一,时代背景不同。以毛泽东为核心的党中央第一代领导集体探索社会主义建设道路时处于战争与革命的时代主题中;中国特色社会主义理论体系则是在和平与发展成为时代主题的背景下创立和发展的。第二,历史和现实依据不同。毛泽东探索社会主义建设道路开始于苏共二十大召开之后,是以对苏联模式的反思和对我国社会主义建设初期经验教训的总结为依据的;中国特色社会主义理论体系则是以我国社会主义建设正反两个方面的经验教训,特别是"文化大革命"的经验教训,以及我国改革开放和社会主义现代化建设的生动实践为依据的。第三,理论基础不同。虽然毛泽东思想和中国特色社会主义理论体系都是对马克思列宁主义继承的结果,但中国特色社会主义理论体系还是对毛泽东思想继承的结果,它是对毛泽东从1956年开始探索社会主义建设规律的积极成果的科学继承,也是通过对毛泽东晚年错误进行纠正而又维护毛泽东思想及其历史地位来实现的。

其次,毛泽东思想对社会主义建设的探索没有形成完整的、系统的理论。

中国特色社会主义理论体系是包括邓小平理论、"三个代表"重要思想以及科学发展观等重大战略思想在内的科学理论体系。其中,邓小平理论是中国特色社会主义理论体系的开创之作,"三个代表"重要思想是中国特色社会主义理论体系中承上启下的中间部分,科学发展观是中国特色社会主义理论体系的最新成果。它们之间既一脉相承又与时俱进,既统一于建设中国特色社会主义这一共同主题,又科学地回答了我党我国在不同时期不同阶段所面临的不同矛盾和不同问题,使得中国特色社会主义理论体系成为一个内容相互衔接、相互贯通的科学理论体系。

毛泽东在探索社会主义建设规律的过程中虽然取得了一些积极的思想成果,例如如何处理社会主义经济建设和社会发展中的十个重大关系以及社会主义社会基本矛盾的理论、关于社会主义社会发展阶段的思想、关于四个现代化的目标和实现步骤等,但由于后来对国内阶级斗争形势作出了错

误估计,他在指导思想上越来越“左”,逐渐偏离了他对社会主义建设规律正确认识的轨道,以至于提出了“以阶级斗争为纲”的错误方针,在1958年发动了不符合实际的“大跃进”和“人民公社化”运动,在1966年发动了“文化大革命”。这使得毛泽东在探索社会主义建设规律的过程中产生的那些积极的思想成果无法落实,没有继续下去,没有形成一个完整的、系统的理论,从而也就使毛泽东对社会主义建设规律的探索没有升华为中国特色社会主义理论。

再次,中国特色社会主义理论体系和毛泽东思想对社会主义建设规律进行探索的历史起点不同。

把邓小平理论、“三个代表”重要思想和科学发展观等重大战略思想整合为中国特色社会主义理论体系是十七大一个重要的理论创新之处。对中国特色社会主义道路和理论的概括都以党的十一届三中全会为起点,而不以1956年以后毛泽东对社会主义建设规律的探索为起点。

2008年12月18日,在纪念改革开放30周年的大会上,胡锦涛同志指出:1978年12月18日,党的十一届三中全会隆重召开,开启了我国改革开放历史新时期。30年来,以邓小平同志为核心的党的第二代中央领导集体、以江泽民同志为核心的党的第三代中央领导集体和党的十六大以来的中央领导集体,团结带领全党全国各族人民,承前启后,继往开来,竭力推进改革开放伟大事业,形成了党的基本理论、基本路线、基本纲领、基本经验,制定和作出了指导改革开放和社会主义现代化建设的一整套方针政策和工作部署,成功开辟了中国特色社会主义道路。

我们党对中国特色社会主义理论起点的界定和十七大报告的提法是统一的,都是从党的新时期的转折点——党的十一届三中全会开始的,即从邓小平理论的形成开始的,而不是起始于毛泽东对社会主义建设规律的探索。因此,中国特色社会主义理论体系不包括毛泽东思想。

三、承继关系:毛泽东思想对中国特色社会主义理论体系起了奠基作用

党的十七大报告指出:中国特色社会主义理论体系,坚持和发展了马克思列宁主义、毛泽东思想,凝结了几代中国共产党人带领人民不懈探索实践的智慧和心血。这就阐明了中国特色社会主义理论体系对包括毛泽东思想在内的马克思列宁主义的继承,这种继承不仅仅体现在世界观、方法论上,

也体现在具体的思想观点上。

毛泽东思想对中国特色社会主义理论体系所起的奠基作用主要体现在三个方面：

首先，以毛泽东同志为核心的党的第一代中央领导集体为中国特色社会主义奠定了根本政治前提和制度基础。党的十七大报告明确指出："新民主主义革命的胜利，社会主义基本制度的建立，为当代中国一切发展进步奠定了根本政治前提和制度基础。"正是在以毛泽东为首的党的第一代中央领导集体的领导下，中国人民推翻了三座大山，取得了新民主主义革命的胜利，并成功地实现了社会主义改造，最终确立了社会主义基本制度。

其次，以毛泽东同志为核心的党的第一代中央领导集体对中国社会主义建设道路进行了富于创造性的探索。

新中国成立后，特别是在完成了由新民主主义革命向社会主义革命的转变以后，毛泽东同志在带领人民转入大规模社会主义建设的过程中，对适合中国国情的社会主义建设道路进行了艰辛探索。在苏共二十大召开之后，毛泽东对社会主义的发展模式进行了深入的思考，提出了"以苏为鉴"，独立探索一条不同于苏联模式的，符合中国国情的社会主义建设道路的思想。以毛泽东同志为核心的党的第一代中央领导集体在社会主义建设事业中坚持独立自主的方针，不懈地为探索适合我国国情的发展道路而努力，对党在十一届三中全会以后独立开辟中国特色社会主义道路有重要的指导作用。

再次，毛泽东思想活的灵魂为形成和发展中国特色社会主义理论体系提供了根本的立场、观点和方法。(1)实事求是。一切从实际出发，理论联系实际，实事求是，在实践中检验和发展真理，这是毛泽东思想的精髓。中国特色社会主义理论体系坚持和发展了实事求是的思想路线，把解放思想、实事求是、与时俱进的有机统一作为建设中国特色社会主义的重要法宝。(2)群众路线。一切为了群众，一切依靠群众，从群众中来，到群众中去，这是毛泽东思想的群众路线。中国特色社会主义理论体系坚持和发展了毛泽东思想的群众路线，特别是提出发展为了人民，发展依靠人民，发展的成果由人民共享，把群众路线提高到了新的水平。(3)独立自主。毛泽东思想中独立自主的基本内涵是：必须把马克思主义的基本原理同中国的实际结合起来，找到适合中国国情的革命和建设道路。中国特色社会主义理论体系关于独立自主地探索一条适合中国的社会主义建设道路的思想、关于正确处理自力更生和学习外国的关系的思想等,都是对毛泽东思想中的独立自主的继承和发展。

在把握毛泽东思想和中国特色社会主义理论体系之间的关系时,要克服两种错误倾向:一方面,要反对强调共性而否定个性的思维方式,无视毛泽东思想和中国特色社会主义理论体系各自的理论特色而将它们混为一谈,从而将毛泽东思想包含于中国特色社会主义理论体系之中,最终消解了毛泽东思想和中国特色社会主义理论体系各自的理论特色;另一方面,要反对只突出个性而忽视共性的思维方式,看不到毛泽东思想和中国特色社会主义理论体系的一脉相承而将它们截然分开,最终破坏了毛泽东思想和中国特色社会主义理论体系的有机联系。

在正确对待毛泽东思想和中国特色社会主义理论体系之间关系的问题上,我们应该摈弃孤立的、静止的、片面的形而上学观点,而采取联系的、运动的、全面的辩证观点,既要看到毛泽东思想和中国特色社会主义理论体系各自的特点,又要看到它们的共同特征。只有这样,我们才能全面地理解中国化的马克思主义,才能正确地探索中国特色的社会主义道路,才能充分发挥中国共产党的理论自觉性、党性自觉性和民族自觉性,更好地带领全国各族人民进行社会主义现代化建设,早日实现中华民族的伟大复兴。

第六章　中国共产党人对马克思主义中国化的贡献

第一节　毛泽东对马克思主义中国化的贡献

中国共产党的历史，就是一部马克思主义中国化的历史。作为中国共产党缔造者之一的毛泽东，在马克思主义中国化的伟大历史进程中，作出了伟大的历史贡献。毛泽东同志是马克思主义中国化的首创者、奠基者、不断开拓者。作为中国共产党第一代领导集体的核心，毛泽东同志经历了新民主主义革命时期、社会主义改造时期和社会主义建设时期，在这些不同的历史时期，毛泽东同志为马克思主义中国化作出了突出的历史贡献。其贡献主要体现在：提出并阐明了马克思主义中国化的基本内涵；奠定了马克思主义中国化的哲学基础；找到了一条有中国特色的新民主主义革命道路；开辟了一条符合中国国情的社会主义改造道路；开始了对中国特色社会主义建设道路的探索。

一、提出并阐明了马克思主义中国化的基本内涵

马克思主义是科学的世界观和方法论，是无产阶级革命的思想武器。中国共产党自成立之日起，就把马克思主义写在自己的旗帜上，并为之英勇奋斗。但在如何认识和对待马克思主义的问题上，中国共产党早期的一些领导人，其中还有一些是主要的领导人，将马克思主义教条化，不懂得要将马克思主义与中国的具体事实相结合。这种倾向在20世纪20年代后期和30年代前期表现得尤为突出，给中国革命带来了很大的危害。正是在革命反复遭受重大失败的惨痛教训中，毛泽东认识到了实现马克思主义中国化的极端重要性，在中国共产党内，他最早提出了马克思主义中国化的概念，

并阐明了马克思主义中国化的基本内涵。

马克思主义不是教条,而是一种科学的世界观。晚年的恩格斯告诫我们:“如果不把唯物主义方法当作研究历史的指南,而把它当作现成的公式,按照它来裁剪各种历史事实,那它就会转变为自己的对立物。”[①]这应当成为我们对待马克思主义的根本性指导原则。但历史的发展却不是如此。马克思主义刚一传入中国,在如何对待马克思主义的问题上,就出现了两种截然相反的观点:一种把马克思主义奉为神灵,教条呆板地对待马克思主义;一种则实事求是,用一切从实际出发的态度来看待马克思主义。在中国共产党早期,由于种种原因,第一种态度占据主流,大革命的失败与土地革命前期的失败与此密切相关。在土地革命前期,党内先后发生了以瞿秋白为首的“左”倾盲动主义错误、以李立三为首的“左”倾冒险主义错误和以王明为首的“左”倾教条主义错误。他们错误的共同点就是教条地对待马克思主义和共产国际的决议,把苏联的经验神圣化,坚持教条主义的思想路线。历史的发展已经清楚地证明了其危害性。与此同时,以毛泽东为首的另一部分中国共产党人,则坚持一切从实际出发,注重把马克思主义与中国革命的具体实际相结合,坚持实事求是的思想路线。

为了反对当时党内盛行的教条主义,毛泽东于1930年写作了《反对本本主义》一文。毛泽东在此文中指出:“我们的斗争需要马克思主义。我们欢迎这个理论……马克思主义的本本是要学习的,但是必须同我国的实际情况相结合。我们需要本本,但是一定要纠正脱离实际情况的本本主义。”[②]《反对本本主义》一文是毛泽东吹响马克思主义中国化号角的标志,是马克思主义中国化的奠基石。

“马克思主义中国化”这一命题是毛泽东在1938年9月召开的中共中央六届六中全会上正式提出来的。毛泽东在此次全会上所作的报告《论新阶段》中指出:“共产党员是国际主义的马克思主义者,但是马克思主义必须和我国的具体特点相结合并通过一定的民族形式才能实现……离开中国特点来谈马克思主义,只是抽象的空洞的马克思主义,因此,马克思主义的中国化,使之在其每一表现中带着必须有的中国的特性,即是说,按照中国的

①马克思恩格斯选集(第4卷).北京:人民出版社,1995:688.

②毛泽东选集(第1卷).北京:人民出版社,1991:111.

特点去应用它，成为全党有待了解并必须解决的问题。”①

第二年10月，毛泽东在《共产党人发刊词》中进一步提出了“将马克思列宁主义的理论和中国革命的实践相结合”的思想原则，这种结合就是马克思主义的中国化。需要一提的是，在新中国初期出版的《毛泽东选集》里，毛泽东将“马克思主义的中国化”改为“使马克思主义在中国具体化”，之所以这样，很大程度上是为了避免所谓的民族主义倾向以及不让当时的苏联和斯大林产生误解，其两者的实质并无差别。到了20世纪60年代，无论是党内文献还是中央领导人的讲话，都恢复了原来的提法。1961年1月，毛泽东在一次讲话中再次提到：“所谓马克思主义中国化，就是马克思主义普遍真理跟中国革命具体实践的统一，一个普遍一个具体，两个东西的统一就叫中国化。”毛泽东进一步阐述说，各国具体的历史、具体的传统、具体的文化都不同，应该区别对待，应该允许把马克思列宁主义具体化，也就是说把马克思列宁主义的普遍真理和本国革命的具体实际相结合。

“马克思主义中国化”这一概念的提出，是以毛泽东为主要代表的中国共产党人在走过艰难曲折之后对马克思主义认识的一种理论升华。这一科学概念的提出，对当时的中国共产党人来说是一次巨大的思想解放，为马克思主义在中国的发展开辟了正确的道路。

毛泽东认为马克思主义中国化的基本内涵，主要应包括马克思主义中国化的基本内容、表现形式和实现方法三个方面。首先，从基本内容上来说，马克思主义中国化就是把马克思主义在中国具体化，要“具体地研究中国的现状和历史”②。马克思主义是科学的世界观和方法论，但我们不应当把它当做理论教条。毛泽东指出：“把马克思列宁主义书本上的某些个别字句看作现成的灵丹圣药，似乎只要得了它，就可以不费气力地包医百病，这是一种幼稚者的蒙昧，我们对这些人应该作启蒙运动。”③只有真正领会马克思列宁主义的立场、观点和方法，并且应用它去深刻地、科学地分析中国实际问题，找到它的发展规律的人，才是真正的马克思主义者。其次，从表现形式上来说，马克思主义中国化就是把马克思主义民族化，也就是要把马克思主义和中国的民族特点结合起来，把马克思主义理论的基本内涵用中国

①毛泽东选集（第2卷）．北京：人民出版社，1991：534.

②毛泽东选集（第3卷）．北京：人民出版社，1991：797.

③毛泽东选集（第3卷）．北京：人民出版社，1991：820.

式的语言和形式表现出来，使其具有新鲜活泼的、为中国老百姓所喜闻乐见的中国作风和中国气派，以便为广大人民群众所普遍接受。毛泽东说："必须将马克思主义的普遍真理和中国革命的具体实践完全地恰当地统一起来，就是说，和民族的特点相结合，经过一定的民族形式，才有用处。"①第三，从实现方法上来说，马克思主义中国化就是要坚持解放思想、实事求是，反对教条主义。马克思主义中国化的过程就是解放思想、实事求是，反对教条主义，把理论与实践相结合的过程。毛泽东思想作为马克思主义中国化的第一个理论成果，其本身就是在与教条主义的斗争中逐步形成的。毛泽东所倡导的解放思想、实事求是、一切从实际出发等为马克思主义中国化找到了正确的思想方法和途径。

二、奠定了马克思主义中国化的哲学基础

如前所述，马克思主义中国化这一命题的提出是与中国革命的历史进程密切相关的。艾思奇就曾经说过："由于抗战以前的特殊情形，理论研究与实践斗争的某些脱离现象是普遍的。这样的脱离现象，使理论的研究基本上始终限制在介绍性质的、书本的、通俗化性质的活动范围内。"②在这种情况下，党内盛行的教条主义和主观主义在20世纪30年代初期给中国革命带来了巨大的损失，如何在中国革命的实践中应用马克思主义就成了一个亟待解决的问题。毛泽东从哲学的高度，论证了马克思主义必须中国化，强调了应用马克思主义在于运用马克思主义的基本立场、基本观点和基本方法来指导中国革命的实践，强调要坚持一切从实际出发，理论联系实际，反对教条地对待马克思主义的方法。

马克思主义中国化是马克思主义的固有属性和特点所要求的，也是中国的特殊国情所决定的。用马克思主义来指导中国革命，使马克思主义成为中国人民争取民族独立和人民解放的强大理论武器，必须运用马克思主义中国化的理论成果，必须运用中国化的马克思主义。但在很长的一段时间里，我们党内的大多数领导人还不明白这个道理。随着中国革命的向前发展，一些领导人逐渐明白了不能直接用马克思主义的"条条"来指导中国革命的实践，至于为什么不能，却不能够很好地回答。毛泽东很好地回答了

①毛泽东选集(第2卷). 北京:人民出版社,1991:707.

②艾思奇文集(第1卷). 北京:人民出版社,1981:552.

这一问题。

1937 年 7 月和 8 月，毛泽东先后发表了《实践论》和《矛盾论》，从哲学的高度论证了马克思主义必须中国化的问题。在《实践论》中，毛泽东围绕认识与实践的关系，论证了理论依赖于实践，理论的基础是实践的问题。在《矛盾论》中，毛泽东从矛盾的普遍性和特殊性即共性和个性的辩证关系的角度，从人类对事物的特殊本质和共同本质的认识的基本秩序的角度，论证了马克思主义普遍原理与中国社会、中国革命具体特点相结合的道理。这样，毛泽东就从理论与实践、共性与个性的关系这两个方面，论证了马克思主义与中国实践相结合的必然性和必要性，从哲学的高度说明了马克思主义中国化的问题，从而奠定了马克思主义中国化的认识论基础。

马克思主义中国化不仅仅是一个认识论的问题，也是一个思想路线、思想方法的问题，因此，毛泽东一方面反对党内的教条主义，另一方面开展了广泛深入的调查研究，确立了实事求是的思想路线。何为实事求是？在《改造我们的学习》一文中，毛泽东明确地阐述了实事求是的科学内涵。他指出："实事就是客观存在着的一切事物，是就是客观事物内部的联系，即规律性，求就是我们去研究。我们要从国内外、省内外、县内外、区内外的实际情况出发，从其中引出其固有的而不是臆造的规律性，即找出周围事变的内部联系，作为行动的向导。"①毛泽东认为，只有一切从实际出发，实事求是，在马克思主义指导下开展系统的、周密的调查研究，找出事物内部的规律性，马克思主义才能发展，才能体现出它的作用，中国革命才能成功。

毛泽东很早就意识到了调查出真知的道理，并身体力行。早在 1925 年，毛泽东就在湖南农村作了为期一个月的调查，并整理出《湖南农民运动考察报告》。1930 年 5 月，毛泽东写了《反对本本主义》一文，这是中国共产党内第一篇反对教条主义的檄文。毛泽东在此文里提出了"没有调查，就没有发言权"、"调查就是解决问题"的著名论断，并明确提出了两条对立的思想路线，一条是"唯书"、"唯上"的思想路线，一条是从斗争中创造新局面的思想路线，也就是实事求是的思想路线。1937 年，毛泽东发表了《实践论》和《矛盾论》。在这两篇马克思主义经典文献中，毛泽东详细地分析了教条主义的错误和危害性，进一步从哲学的高度阐述了实事求是的马克思主义思想路线。之后，毛泽东连续发表了《改造我们的学习》、《整顿党的作风》、

①毛泽东选集(第 3 卷). 北京:人民出版社,1991:801.

《反对党八股》等文章,从思想上分析了当时党内存在的路线分歧,从而进一步论述了实事求是的思想路线。

三、找到了一条有中国特色的新民主主义革命道路

毛泽东最杰出的贡献在于,他以马克思主义列宁主义的立场、观点和方法,系统而周密地研究中国的基本国情和中国革命的时代背景、国际环境,科学总结党领导人民革命斗争的经验,批判地继承中国历史文化的优秀遗产,创立了中国化的马克思主义理论即新民主主义革命理论,开辟了一条有中国特色的新民主主义革命道路,使马克思主义这个产生在欧洲的科学世界观和方法论具备了中国特点、中国作风和中国气派,从而在中国的土壤上发挥了巨大的威力。

在中国这样一个半殖民地半封建的东方大国进行革命,必然会遇到许多特殊的复杂问题,靠背诵马克思列宁主义一般原理和照搬外国经验是不可能解决这些问题的。在中国共产党成立之前,世界近现代历史进程中主要出现过两种不同类型的革命:一种是由资产阶级领导的,反对封建专制主义统治,以建立资产阶级共和国为目的的资产阶级民主革命;一种是由无产阶级领导的,反对资本主义统治,以建立社会主义国家为目的的无产阶级社会主义革命。中国革命应该是一场什么性质的革命?这是党必须首先回答的问题。

在这个问题上,毛泽东代表了党的正确方向。从大革命时期开始,毛泽东就对中国革命进行了认真的探索,认为中国当时进行的是资产阶级民主革命。毛泽东认为,中国当时进行的革命,是小资产阶级、半无产阶级、无产阶级三个阶级合作的革命,对象是国际帝国主义和它的工具——官僚、军阀、买办阶级、地主阶级。1927年大革命失败以后,毛泽东针对反对资产阶级甚至打击小资产阶级的“左”倾错误,进一步指出:“中国现时还处在资产阶级民权革命的阶段。中国彻底的民权主义革命的纲领,包括对外推翻帝国主义,求得彻底的民族解放;对内肃清买办阶级的在城市的势力,完成土地革命,消灭乡村的封建关系,推翻军阀政府。必定要经过这样的民权主义革命,方能造成过渡到社会主义的真正基础。”①这时,毛泽东已经初步区分了民主革命和社会主义革命的界限。

①毛泽东选集(第1卷). 北京:人民出版社,1991:71.

1937 年,抗日战争全面爆发。在此以后,毛泽东深化了对中国革命性质的认识。在认真总结历史的基础上,毛泽东在 1940 年前后先后发表了《共产党人发刊词》、《中国革命和中国共产党》、《新民主主义论》等文章,明确提出了"新民主主义革命"的概念,对中国革命的基本问题作了系统的阐述。毛泽东指出:"既然中国社会还是一个殖民地、半殖民地、半封建的社会,既然中国革命的敌人主要的还是帝国主义和封建势力,既然中国革命的任务是为了推翻这两个主要敌人的民族革命和民主革命……既然如此,所以,现阶段中国革命的性质,不是无产阶级社会主义的,而是资产阶级民主主义的。""但是,现时中国的资产阶级民主主义的革命,已不是旧式的一般的资产阶级民主主义的革命,这种革命已经过时了,而是新式的特殊的资产阶级民主主义的革命",即"新民主主义革命"。[①] 毛泽东认为,中国革命是新民主主义的革命,它不是社会主义性质的革命,而是资产阶级性质的民主革命;但它又不同于一般的资产阶级民主革命,而是新式的民主革命。这一"新"主要体现在两个方面:第一,革命的领导者不同,新民主主义革命不再由资产阶级领导,而是由无产阶级领导,是在无产阶级领导之下的人民大众的反帝反封建的革命;第二,革命的前途不一样,新民主主义革命不造成资产阶级专政,而造成各革命阶级在无产阶级领导之下的统一战线的专政,并最终过渡到社会主义。

中国革命的性质是新民主主义革命,它的前途又是社会主义革命,那么两者之间是什么关系?这又是一个必须解决的问题。毛泽东对此进行了探索,并完整地回答了这一问题。在总结北伐战争和土地革命两次胜利、两次失败的经验教训的基础上,毛泽东提出了中国革命分"两步走"的思想,即整个中国革命分为两步,第一步先进行新民主主义革命,第二步再进行社会主义革命。毛泽东认为,这完全是由中国社会的性质和现状决定的,那种"毕其功于一役"的思想是行不通的,是有害的。毛泽东认为,社会主义是我们的目标,新民主主义革命必然要转到社会主义革命方向去,新民主主义革命是社会主义革命的必要准备,社会主义革命是新民主主义革命的必然趋势。两个革命犹如一篇文章的上篇与下篇,只有做好了上篇,才能去做下篇。

在解决了以上两个问题之后,毛泽东为中国新民主主义革命设定了一条总路线。他在 1935 年 12 月提出:"所谓新民主主义革命,就是在无产阶

①毛泽东选集(第 2 卷). 北京:人民出版社,1991:646 - 647.

级领导之下的人民大众的反帝反封建的革命。”①1948 年 4 月，毛泽东在一次干部会议上发表讲话，明确指出：“无产阶级领导的，人民大众的，反对帝国主义、封建主义和官僚资本主义的革命，这就是中国的新民主主义的革命，这就是中国共产党在当前历史阶段的总路线和总政策。”②这样，毛泽东就以简洁的文字，精确地阐明了中国新民主主义革命的领导力量、动力、对象和任务等一系列基本问题。

毛泽东运用马克思主义的立场、观点和方法分析和研究中国具体问题，不拘泥于马克思主义的个别结论和字句，正确认识中国的特殊国情，科学把握中国革命的历史特点和基本规律，制定了一条符合中国革命实际的总路线，解决了中国革命的一系列基本问题，创立了中国化的马克思主义理论即新民主主义革命理论。

自从马克思主义诞生以来，无产阶级革命运动都把重点放在城市，在城市中组织工会，发动工人起义等。无论是巴黎公社起义，还是俄国十月革命，都是以首先夺取城市来实现的。在中国，20 世纪早期的革命斗争也是以城市为中心开展的。辛亥革命是以大城市武汉首先爆发起义而取得成功的，历史的发展证明这是一条成功的革命道路。因此，早期的中国共产党人进行武装斗争也都想走这条道路。但历史的发展并不遂人所愿，包括毛泽东领导的秋收起义在内，都奉行“以城市为中心”的武装斗争路线，结果都以失败而告终。在革命遭受重大挫折的危急时刻，毛泽东根据中国社会的历史条件和现实状况，对中国革命实践进行了全新的探索，开辟了一条“农村包围城市，武装夺取政权”的全新革命道路，最终引领中国革命取得了伟大的胜利。

1927 年大革命失败以后，中国共产党人逐渐认识到了武装斗争的重要性，先后发动了南昌起义、广州起义、秋收起义等不下百次的武装起义。这些起义有一个共同的特点，即都是以围攻某一个城市而部署展开的，结果都失败了。毛泽东在领导秋收起义失败以后，率领秋收起义的剩余部队毅然放弃攻打中心城市的计划，转向敌人统治力量薄弱的农村，在广大的农村用打土豪、分田地、开展游击战的方法，逐渐站稳了脚跟，形成了一块农村革命根据地——井冈山革命根据地。在实践的基础上，他研究了农村根据地与

---

①毛泽东选集（第 2 卷）. 北京：人民出版社，1991：647.

②毛泽东选集（第 4 卷）. 北京：人民出版社，1991：1316－1317.

中国革命发展的关系。毛泽东先后写作了《星星之火,可以燎原》、《中国的红色政权为什么能够存在》等文章,从理论上阐述了工农武装割据的思想。毛泽东认为,在半殖民地半封建的中国,经济政治发展不平衡是其最大的特征,这一特征在政治上就体现为军阀割据,这就为红色政权的存在和发展创造了有利条件;同时,中国农村社会的发展相对独立于城市,对城市的依赖较小,这使得工农武装割据成为可能。

1928 年,党的六大在莫斯科召开。六大前后,全党上下几乎都认识到了武装割据的重要性,但当时占据统治地位的仍然是“城市中心论”。毛泽东在对中国国情充分了解的基础上,结合实践,逐渐摆脱了“城市中心论”的观点,认为在半殖民地半封建的中国,应该走一条以农村为中心,然后逐渐向城市发展的革命道路。但是,毛泽东的这一思想当时并没有立即被全党接受。1930 年李立三主持中央工作时期,提出“会师武汉,饮马长江”的计划,要求当时的所有红军向中心城市进攻,夺取武汉。这一计划虽受到了毛泽东的批评与抵制,但全党并没有认识到毛泽东意见的正确性,结果红军遭到惨败。

长征胜利后,毛泽东通过对土地革命战争经验教训的深刻总结,逐渐形成了关于“农村包围城市,武装夺取政权”革命道路的系统理论。1936 年年底,毛泽东发表了《中国革命战争的战略问题》一文。在这篇文章里,他详细地分析了中国革命战争的四大特点,阐明了走农村包围城市道路的理论依据和现实依据。

抗日战争爆发以后,毛泽东针对王明等人仍然只重视城市而不重视农村的错误倾向,并结合对日作战的新形势,指出中国必须继续走农村包围城市的道路。在《战争与战略问题》一文中,毛泽东进一步批判了在中国革命道路问题上照抄照搬外国经验的教条主义,科学论证了中国革命为什么必须走农村包围城市的道路,而且能够通过走这条道路夺取革命的胜利,形成了完整的“农村包围城市,武装夺取政权”道路的理论。

历史的发展已经证明,“农村包围城市,武装夺取政权”的革命道路是中国革命唯一正确的道路。这条道路是以毛泽东为首的中国共产党人坚持实事求是的马克思主义基本原则,成功运用马克思主义的基本理论和基本方法指导中国革命实践的结果,是马克思主义与中国实践相结合的典型。毛泽东在这一过程中作出了最主要的贡献。正如邓小平所说:“毛主席最伟大的功绩是把马列主义的原理同中国革命的实际结合起来,指出了中国夺取革命胜利的道路。”①

四、开辟了一条符合中国国情的社会主义改造道路

马克思在1875年抱病写作了《哥达纲领批判》一文。在这篇马克思主义经典文章中，他阐述了过渡时期的理论。马克思说：“在资本主义社会和共产主义社会之间，有一个从前者变为后者的革命转变时期。同这个时期相适应的也有一个政治上的过渡时期，这个时期的国家只能是无产阶级的革命专政。”②也就是说，马克思认为，从资本主义社会到共产主义社会，中间必须有一个转变的过程，要经历一个过渡时期，进行社会主义革命。在经济文化落后的国家怎样进行社会主义革命？怎样引导农业、手工业走上社会主义道路？怎样对资本主义工商业进行社会主义改造？这些都是马克思恩格斯没有回答的，需要我们将马克思主义的基本理论与实践相结合，找到一条自己的社会主义改造道路。

1949年新中国成立后，经过大约3年的努力，我国国民经济得以基本恢复，人民民主专政得到巩固和加强，国有经济掌握着国家经济命脉。在这样一种有利的情况下，党中央和毛泽东创造性地于1953年提出了党在社会主义过渡时期的总路线，开辟了一条适合中国特点的社会主义改造道路。“党在过渡时期的总路线和总任务，是要在10年到15年或者更多一些时间内，基本上完成国家工业化和对农业、手工业、资本主义工商业的社会主义改造。”③

在对农业进行社会主义改造的过程中，毛泽东强调要采用稳妥的方法，按照“积极领导，稳步前进”的方针，坚持自愿互利、典型示范和国家帮助的原则，逐步引导农民走上合作化道路。对手工业的社会主义改造，其实施方法和步骤基本上同对农业的社会主义改造相似，采取从小到大、从低级到高级、从供销合作社到生产合作社的渐进过程，在平稳中顺利地实现了改造。

实践证明，以毛泽东为首的第一代党中央对农业、手工业的社会主义改造是成功的。尽管在这一改造过程中出现了要求过急、工作过粗等问题，但是从基本上说是健康的、正确的。

①邓小平文选(第2卷). 北京:人民出版社,1994:345.

②马克思恩格斯选集(第3卷). 北京:人民出版社,1995:314.

③毛泽东文集(第6卷). 北京:人民出版社,1999:316.

对资本主义工商业的改造，就是要把资本主义私人所有制改造成为社会主义公有制。以毛泽东为首的第一代领导集体，依据民族资产阶级有愿意拥护宪法和党的领导而接受社会主义改造的可能性，对资本主义工商业采取了“赎买”的改造方式，实现了马克思和恩格斯和平“赎买”的伟大构想。同时，毛泽东创造性地提出了将资本主义的私有经济一步一步地改造成社会主义的公有经济，强调对资本主义企业不应当实行一次性的没收，而应当采取由初级到高级的国家资本主义渐进形式。

历史的发展清楚地证明，我们对资本主义工商业的改造是成功的。在对资本主义工商业进行改造的过程中，毛泽东再一次把马克思主义基本原理与中国实际相结合，开辟了一条有中国特色的社会主义改造道路，成功地完成了社会主义改造。正如邓小平所说：“建国头七年的成绩是大家一致公认的。我们的社会主义改造是搞得成功的，很了不起。这是毛泽东同志对马克思列宁主义的一个重大贡献。”①

五、开始了对中国特色社会主义建设道路的探索

毛泽东是伟大的探索者。1956年，毛泽东发表《论十大关系》。这一文章的发表是以毛泽东为首的党中央提出探索中国建设道路的标志。社会主义改造基本完成以后，社会主义制度在我国建立。毛泽东领导全党和全国人民继续坚持马克思主义中国化的方向，以苏联经验为借鉴，积极探索中国社会主义建设道路，提出了一系列正确思想。毛泽东对中国特色社会主义建设道路的探索，是他对马克思主义中国化所作贡献的重要组成部分，是马克思主义中国化第一次飞跃的延伸，为马克思主义中国化的第二次飞跃奠定了基础。

由于受到历史条件和认识水平的限制，我国在建设社会主义的模式上受苏联影响比较深。毛泽东是党内第一个认识到苏联体制弊端的人，他批评苏联在经济建设中片面重视重工业，忽视农业和手工业的做法，明确提出应当“以苏为鉴”，走一条有中国特色的建设之路。

1953年3月斯大林逝世后，苏联党内和国内出现了许多新情况、新问题，在经济、政治和社会生活各个领域长期实行的高度集中统一的领导体制和管理体制受到了严重挑战，社会主义经济建设中比例失调的问题凸现出

①邓小平文选(第2卷). 北京：人民出版社，1994：302.

来。毛泽东十分敏锐地觉察到了苏联模式的某些弊端,发现苏联的一些经验并不完全适合中国的国情,强调在学习苏联和别国经验的同时,一定要结合自己的实际。1955 年年底,毛泽东在党内首先提出了如何以苏联经验为借鉴,探索适合中国情况的社会主义建设道路的重大问题,并开始组织大规模的调查研究。在这些调查研究的基础上,毛泽东写出了《论十大关系》,在文中提出了调动一切积极因素为社会主义事业服务的基本方针,强调要以苏为鉴,走一条中国自己的社会主义建设道路。毛泽东自己后来说:"前八年照抄照搬外国经验。但从 1956 年提出十大关系起,开始找到自己的一条适合中国的路线。"①毛泽东在强调要走一条自己的社会主义建设道路时说,我们在坚持马克思主义基本原理的同时,必须注意本国的具体实际,独立思考,解决自己的问题。他说,民主革命时期,我们在吃了大亏之后才成功地实现了马克思列宁主义同中国实际的结合;现在是社会主义革命和建设时期,我们要进行第二次结合,找出在中国进行社会主义建设的道路。过去我们也不是完全迷信,有自己的创造,现在更要努力找到自己的建设社会主义道路。毛泽东在这里反复强调社会主义建设要走一条有自己特色的道路,体现了马克思主义中国化的基本原则,是对马克思主义中国化的生动阐述。

在社会主义革命和建设的实践中,毛泽东一直在寻找中国建设社会主义的道路,寻找马克思主义与中国实际的第二次结合。虽然历史的发展已经证明以毛泽东为首的第一代党中央领导集体的探索之路偏离了社会主义建设的大道,没有完成马克思主义与中国实际第二次结合的任务,但在这一过程中,毛泽东提出了许多建设社会主义的重大原则和指导方针。这是一笔宝贵的精神遗产,邓小平开创的建设有中国特色社会主义理论和道路,正是继承了这一宝贵遗产的结果。

在社会主义改造基本完成之后,毛泽东提出:"在社会主义社会,基本的矛盾仍然是生产关系和生产力之间的矛盾,上层建筑和经济基础之间的矛盾。"②正是这些矛盾的运动推动着社会主义社会不断向前发展。毛泽东认为,这些矛盾不是对抗性的,可以在制度范围内不断地得到解决。在谈基本矛盾时,毛泽东还谈到了社会主义社会的主要矛盾。他认为,我们社会主义社会的主要矛盾是"人民对于建立先进的工业国的要求同落后的农业国的

①建国以来毛泽东文稿(第 9 册). 北京:中央文献出版社,1996:213.

②毛泽东文集(第 7 卷). 北京:人民出版社,1999:218.

现实之间的矛盾,也就是人民对于经济文化迅速发展的需要同当前经济文化不能满足人民需要的状况之间的矛盾”①。毛泽东还强调,要严格区分并正确处理敌我矛盾和人民内部矛盾,把正确处理人民内部矛盾作为国家政治生活的主题。对于社会主义发展阶段,毛泽东也作过有益的探索,他认为:“社会主义这个阶段,又可能分为两个阶段,第一个阶段是不发达的社会主义,第二个阶段是比较发达的社会主义。”②同时毛泽东还强调,建成社会主义,特别是建成强大的社会主义,至少需要100年,或更多的时间。这就为后来的社会主义初级阶段理论奠定了基础。

在阐述一系列建设社会主义的重大理论原则的同时,毛泽东还提出了社会主义经济建设、政治建设和文化建设等方面的重要指导方针。在社会主义经济建设方面,毛泽东明确提出了“中国工业化道路”的命题。他指出,要在优先发展重工业的条件下,更多地发展农业、轻工业,要把“以工业为主导,以农业为基础”作为安排国民经济的总方针。在经济体制改革方面,毛泽东提出了“可以消灭资本主义后又搞资本主义”的思想,同时提出,华侨、外国人可以来中国投资办厂,这对我们是有利的;在管理体制上,毛泽东提出了后来被总结为“鞍钢宪法”的“两参一改三结合”的新的企业管理制度;在经济运行机制方面,毛泽东强调发展社会主义商品生产和商品交换,重视价值规律的作用。在社会主义政治建设方面,毛泽东特别强调要贯彻民主集中制。毛泽东认为:“在人民内部,不可以没有自由,也不可以没有纪律,不可以没有民主,也不可以没有集中。这种民主和集中的统一,自由和纪律的统一,就是我们的民主集中制。”③他希望能够在人民内部创造一个“又有集中又有民主,又有纪律又有自由,又有统一意志又有个人心情舒畅,生动活泼,那样一种政治局面”④。他同时提出,共产党要与民主党派搞好关系,要与他们“长期共存,互相监督”,宣布我们不搞一党制等。在社会主义文化建设方面,毛泽东强调我们必须坚持马克思主义在思想文化领域的指导地位,提出了“百花齐放,百家争鸣”、“古为今用,洋为中用”、“推陈出新”的社会主义文化建设方针。

毛泽东提出的上述关于建设社会主义的一系列重大原则和指导思想极

①中国共产党第八次全国代表大会文献. 北京:人民出版社,1957:809.

②毛泽东文集(第7卷). 北京:人民出版社,1999:116.

③毛泽东文集(第7卷). 北京:人民出版社,1999:209.

④毛泽东著作选读(下册). 北京:人民出版社,1986:819.

富创造性,是马克思主义中国化的重大理论成果,这些原则和思想直接奠定了马克思主义中国化的第二大理论成果的基础。

第二节 邓小平对马克思主义中国化的贡献

马克思主义中国化不是一劳永逸的事情,而是一项需要代代相传,不断深化对马克思主义与中国国情的认识,不断面向实际,坚持在新的实践中创新理论的永恒事业。继毛泽东之后,伟大的马克思主义者邓小平,把马克思主义与中国社会主义建设实际和时代特征结合起来,实现了马克思主义中国化的第二次历史性飞跃,创立了邓小平理论,为马克思主义中国化的伟大事业作出了重要贡献。具体来说,邓小平对马克思主义中国化的历史贡献可以归纳为四个方面:捍卫了毛泽东及毛泽东思想的历史地位;恢复了实事求是的思想路线;对邓小平理论的创立与发展作出了巨大贡献;指明了马克思主义中国化的方向。

一、捍卫了毛泽东及毛泽东思想的历史地位

十一届三中全会以后,中国的历史发展进入了新的阶段。以邓小平为首的党中央着力解决新的历史条件下马克思主义中国化的问题,核心是要解决马克思列宁主义如何同中国社会主义建设实践相结合的问题。如果说马克思主义中国化的第一次历史性飞跃是要回答在一个半殖民地半封建的中国怎么实现新民主主义革命和社会主义革命的胜利,那么,马克思主义中国化的第二次历史性飞跃则是要解决在一个经济文化落后的国家如何建设、巩固和发展社会主义的问题。归纳为一点,马克思主义中国化的第二次历史性飞跃所要回答的就是“什么是社会主义,如何建设社会主义”的问题。要回答这一问题,必须首先回答什么是毛泽东思想,如何坚持毛泽东思想,如何评价毛泽东同志的历史功绩和毛泽东思想的历史地位。

如何评价毛泽东,如何看待毛泽东晚年所犯的错误,是一个十分重要的问题。针对这个问题,邓小平鲜明地指出,毛泽东的功绩是第一位的,错误是第二位的。以邓小平为核心的党中央,一方面指出和纠正了毛泽东晚年的错误尤其是发动“文化大革命”的错误,另一方面顶住了否定毛泽东和毛

泽东思想的逆流。邓小平在这一过程中发挥了重要作用。

早在起草《关于建国以来党的若干历史问题的决议》时,邓小平就明确指示起草小组:毛泽东是一个伟大的马克思主义者,他所犯的错误是一个伟大的革命家所犯的错误,一个伟大的马克思主义者所犯的错误。邓小平认为,我们既要实事求是地批评和纠正毛泽东晚年的错误,又要理直气壮地肯定毛泽东的历史功绩,坚持和高举毛泽东思想的旗帜,坚决反对那种借口毛泽东晚年错误而企图从根本上否定毛泽东和毛泽东思想的右的错误倾向,也要坚决反对那种无视毛泽东晚年错误,全面肯定毛泽东的"两个凡是"的"左"的错误倾向。

1981 年,中共十一届六中全会通过了《关于建国以来党的若干历史问题的决议》,该《决议》对毛泽东的历史功绩和地位作出了如下郑重结论:"毛泽东同志是伟大的马克思主义者,是伟大的无产阶级革命家、战略家和理论家。他虽然在'文化大革命'中犯了严重错误,但是就他的一生来说,他对中国革命的功绩远远大于他的过失。他的功绩是第一位的,错误是第二位的。他为我们党和中国人民解放军的创立和发展,为中国各族人民解放事业的胜利,为中华人民共和国的缔造和我国社会主义事业的发展,建立了永远不可磨灭的功勋。他为世界被压迫民族的解放和人类进步事业作出了重大的贡献。"①这一对毛泽东的历史功绩与地位的评价是客观、科学的,是符合实际的。

在坚持和发展毛泽东思想的问题上,当时同样存在着思想混乱。自从党的七大把毛泽东思想确定为我党的指导思想以来,受其指导的中国革命和建设乘风破浪,从一个胜利走向另一个胜利。但是从 20 世纪 50 年代后期开始,由于党在指导思想上逐渐产生了"左"的错误,滋长了教条主义习气,大搞个人崇拜、个人迷信,把毛泽东加以神化,把毛泽东思想教条化、庸俗化,严重地歪曲和篡改了毛泽东思想。"文化大革命"结束后,又出现了全盘否定毛泽东思想的右的思潮。这样,准确全面地理解毛泽东思想的内涵就成了一个十分重要的问题。邓小平一针见血地指出,准确理解毛泽东思想的关键是要把毛泽东晚年所犯的错误和毛泽东思想区别开来。他说:"我们坚持的和当作行动指南的是马列主义、毛泽东思想的基本原理,或者说是由这些基本原理构成的科学体系。至于个别论断,那么,无论马克思、列宁和

①关于建国以来党的若干历史问题的决议. 北京:人民出版社,1981:39.

毛泽东同志，都不免有这样那样的失误，但是这些都不属于马列主义、毛泽东思想的基本原理所构成的科学体系。”①邓小平反复指出，因为毛泽东晚年犯了错误，就企图否认毛泽东思想的科学价值，否认毛泽东思想对我国革命和建设的指导作用，这是完全错误的；对毛泽东的言论采取教条主义的态度，不愿实事求是地承认毛泽东晚年犯了错误，并且还企图在新的实践中坚持这些错误，也是完全错误的。邓小平认为，这两种错误态度都是没有把经过长期历史考验而形成科学理论的毛泽东思想同毛泽东晚年所犯的错误区分开来，必须指出，毛泽东思想不包括毛泽东晚年的错误。

正是在这一思想的指导之下，十一届六中全会通过的《关于建国以来党的若干历史问题的决议》对毛泽东思想的科学内涵作出了完整和准确的定义。《决议》指出：“以毛泽东同志为主要代表的中国共产党人，根据马克思列宁主义的基本原理，把中国长期革命实践中的一系列独创性经验作了理论概括，形成了适合中国情况的科学的指导思想，这就是马克思列宁主义普遍原理和中国革命具体实践相结合的产物）——毛泽东思想。”②毛泽东思想是一个科学体系，不是指毛泽东个人的所有言论、观点和思想，毛泽东晚年的错误不属于毛泽东思想的范畴。《决议》指出：“毛泽东思想是马克思列宁主义在中国的运用和发展，是被实践证明了的关于中国革命的正确理论原则和经验总结，是中国共产党集体智慧的结晶。”③这样，就准确地阐述了毛泽东思想的科学内涵，捍卫了毛泽东思想的历史地位。

二、恢复了实事求是的思想路线

毛泽东思想的精髓是实事求是，毛泽东也将此作为马克思主义中国化的认识路线，然而到了晚年，他却逐渐背离了自己所倡导的这条认识路线。“文化大革命”结束后，邓小平以非凡的政治智慧和巨大的理论勇气，在反对“两个凡是”与开展真理标准大讨论的历史过程中，恢复了实事求是这一马克思主义中国化的思想路线，奋力开拓着马克思主义中国化的新境界。

关于“两个凡是”最初的文字表达，出现在华国锋的一份会议讲话稿中。在1977年1月21日华国锋的一份讲话稿中，出现了这样的提法：“凡是毛主

①邓小平文选(第2卷)．北京：人民出版社，1994：171.

②关于建国以来党的若干历史问题的决议．北京：人民出版社，1981：39.

③关于建国以来党的若干历史问题的决议．北京：人民出版社，1981：40.

席作出的决策,我们都必须维护,不能违反;凡是损害毛主席的言行,都必须坚决制止,不能容忍。”由于原拟定召开的会议推迟,这份讲话稿的主要内容就先作为《人民日报》的社论于2月7日发表了,发表时题为《学好文件抓住纲》,其中公开提出:“凡是毛主席作出的决策,我们都坚决维护;凡是毛主席的指示,我们都始终不渝地遵循。”很快,人们就把这两句话概括为“两个凡是”。

“两个凡是”是与马克思主义背道而驰的,是反马克思主义的思想路线。“两个凡是”刚一提出,邓小平等人就以其马克思主义的立场,对此展开了批判。4月10日,经过反复考虑,还未复出的邓小平又写信给党中央,针对“两个凡是”的方针从理论高度指出:“我们必须世世代代地用准确的完整的毛泽东思想来指导我们全党、全军和全国人民。”[①]5月3日,中共中央转发了这封信,肯定了邓小平的意见,在全党起了积极的政治作用。“准确的完整的毛泽东思想”的观点立即得到党内许多干部的赞同,成为大家委婉抵制“两个凡是”的思想武器。5月24日,邓小平在同王震、邓力群两位同志谈话时,又一次批评了“两个凡是”。邓小平说:“前些日子,中央办公厅两位负责同志来看我,我对他们讲,两个凡是不行。按照两个凡是,就说不通为我平反的问题,也说不通肯定1976年广大群众在天安门广场的活动合乎情理的问题。”[②]他一针见血地指出“两个凡是”不符合马克思主义。同时邓小平还指出,毛泽东同志也说过,他自己也犯过错误。一个人讲的每句话都对,一个人绝对正确,没有这回事情。“两个凡是”的问题集中到一点,就是究竟应当如何正确对待毛泽东的指示和决策,检验真理的标准究竟是什么。事实表明,不澄清在这个问题上的混乱,就无法挣脱“两个凡是”的枷锁,就不能恢复实事求是的思想路线。

1978年5月11日,《光明日报》以头版头条显著位置发表特约评论员文章《实践是检验真理的唯一标准》。这篇文章针对“两个凡是”的主张指出:社会实践不仅是检验真理的标准,而且是唯一的标准。凡有超越于实践并自奉为绝对禁区的地方,就没有科学,就没有真正的马列主义、毛泽东思想,而只有蒙昧主义、唯心主义、文化专制主义。共产党人不能拿现成的公式去限制、宰割、剪裁无限丰富的生动的实际生活,应该勇于研究新的实践中提

①邓小平选集(第2卷). 北京:人民出版社,1994:39.
②邓小平选集(第2卷). 北京:人民出版社,1994:38.

出的新问题。只有这样,才是对待马克思主义的正确态度。文章发表后,立即引起了人们对真理标准问题的热烈讨论。多数人表示赞同,但也有一些人表示强烈反对,指责此文是“要检验和修改马列主义、毛泽东思想”,甚至当时主管宣传工作的中央领导人也指责文章“是针对着毛主席来的,不是中央的想法”,企图压制关于这个问题的讨论。在此关键时刻,邓小平对这场讨论给予了及时有力的支持。邓小平说:“毛泽东思想最根本的最重要的东西就是实事求是。现在发生了一个问题,连实践是检验真理的标准都成了问题,简直就是莫名其妙。”①

反对“两个凡是”与开展真理标准大讨论,极大地促进了人们的思想解放,对于破除迷信、正本清源,恢复我们党实事求是的思想路线有着重大的理论意义和现实意义。

实事求是是毛泽东思想的精髓,是马克思主义中国化的认识路线。邓小平指出,“实事求是,是无产阶级世界观的基础,是马克思主义的思想路线”,是“马克思主义的根本观点”。② 邓小平不但恢复了毛泽东实事求是的思想路线,而且以超凡的政治智慧把解放思想和实事求是联系起来,要求在解放思想中达到实事求是,进一步丰富和发展了马克思主义中国化的认识路线。

1978 年十一届三中全会前夕,邓小平在中央工作会议上发表了《解放思想,实事求是,团结一致向前看》的著名讲话。邓小平指出:“解放思想,开动脑筋,实事求是,团结一致向前看,首先是解放思想。”③他认为,一方面,解放思想是实事求是的内在要求。依据马克思主义的唯物辩证法,实事求是不是静态的、凝固的、僵化的,也不是一次性认识的结果,因为客观事物随时随地都在不同的时空条件下运动着、变化着、发展着,发展是事物的本质属性,而人们的头脑往往容易受习惯势力、陈旧观念、原有经验和本本的影响,只有解放思想,才能解决这种主观落后于客观、认识落后于实践的问题,真正做到实事求是。另一方面,实事求是是解放思想的本质规定。解放思想就是要冲破习惯势力、陈旧观念和主观偏见的束缚,改变因循守旧、不接受新事物的精神状态,研究新情况,解决新问题,目的是要做到主观和客观相符

①邓小平思想年谱(1975—1997). 北京:中央文献出版社,1998:67.

②邓小平文选(第 2 卷). 北京:人民出版社,1994:143.

③邓小平文选(第 2 卷). 北京:人民出版社,1994:278.

合,思想和实际相符合,实事求是既是解放思想的出发点,也是解放思想的落脚点。马克思主义中国化,说到底就是解决马克思主义同中国革命和建设两者之间达到"主观和客观、理论和实践、知和行的具体的历史的统一"这样一个根本的问题。

邓小平正是遵循着解放思想、实事求是的认识路线,扫清"两个凡是"的思想障碍,坚持实践是检验真理的唯一标准,树立了正确对待毛泽东、毛泽东思想的科学态度,恢复了实事求是的思想路线,为马克思主义中国化注入了新鲜的血液,使中断了的马克思主义中国化进程得以继续,从而使马克思主义在中国得到了新的发展,实现了马克思主义中国化的第二次飞跃。

三、对邓小平理论的创立和发展作出了巨大贡献

邓小平理论是马克思主义中国化的第二大理论成果,是马克思主义与中国改革开放实践相结合的产物,是当代中国的马克思主义,是中国化的马克思主义。邓小平对邓小平理论的创立和发展作出了无人能够替代的历史贡献。

十一届三中全会以后,中国共产党形成了以邓小平为核心的第二代中央领导集体。这一代中央领导集体在恢复了实事求是的马克思主义认识路线之后,开始了新的探索,即在一个经济文化落后的社会主义国家,如何建设、巩固和发展社会主义。在探索的过程中,邓小平坚持把马克思主义基本原理同中国具体实际相结合,根据中国实际,运用马克思主义的基本立场、基本观点和基本方法,寻求自己的有中国特色的建设之路。邓小平反复强调:"我们多次重申,要坚持马克思主义,坚持走社会主义道路,但是,马克思主义必须是同中国实际相结合的马克思主义,社会主义必须是切合中国实际的有中国特色的社会主义。"①

正是在把马克思主义的基本原理同中国的具体实际相结合,走自己的路的过程中,邓小平同志找到了一条建设有中国特色的社会主义的道路,创立了马克思主义中国化的第二大理论成果——邓小平理论。1992 年,党的十四大正式确认"邓小平对建设有中国特色社会主义理论的创立作出了历史性的重大贡献",同时正式用邓小平的名字来命名这一理论,第一次提出了"邓小平建设有中国特色社会主义理论"。十五大报告把这一理论直接概

①邓小平文选(第3卷). 北京:人民出版社,1994:63.

括为“邓小平理论”。

邓小平理论是在和平与发展成为时代主题的历史条件下，在我国改革开放和社会主义现代化建设的实践过程中，在总结我们社会主义胜利和挫折的历史经验教训以及其他国家社会主义建设兴衰成败的历史经验的基础上，逐渐形成和发展起来的。在这一过程中，邓小平发挥了巨大的无人能够替代的历史作用，正基于此，这一理论直接用邓小平的名字来命名。邓小平理论是马克思主义同中国具体实践相结合的产物，是对毛泽东思想的继承和发展，是全党全国人民集体智慧的结晶，是当代中国的马克思主义，是中国化的马克思主义。邓小平理论初步回答了在一个经济文化落后的国家如何建设社会主义，如何巩固和发展社会主义的问题，用新的思想、观点，继承和发展了马克思主义。

在社会主义发展道路问题上，邓小平强调把马克思列宁主义同中国的实际相结合，走自己的路。邓小平指出：“把马克思主义的普遍真理同我国的具体实际结合起来，走自己的路，建设有中国特色的社会主义，这就是我们总结长期历史经验得出的基本结论。”①从照搬照抄社会主义建设模式到“走自己的路”，这是社会主义认识和实践的一个重大飞跃，是马克思主义中国化的实践成果，也是中国社会主义现代化建设沿着正确轨道胜利前进的保证。邓小平反复告诫全党：“改革开放必须从各国自己的条件出发，每个国家的基础不同，历史不同，所处的环境不同，左邻右舍不同，还有其他许多不同。别人的经验可以参考，但是不能照搬。过去我们中国照搬别人的，吃了很大苦头。中国只能搞中国的社会主义。”②

在社会主义发展阶段问题上，邓小平作出了我们还处在社会主义初级阶段的科学论断，并且强调这一阶段是一个很长的历史时期，至少有一百年。邓小平说：“中国社会主义处在一个什么阶段，就是处在初级阶段，是初级阶段的社会主义。社会主义本身是共产主义的初级阶段，而我们中国又处在社会主义的初级阶段，就是不发达的阶段，一切都要从这个实际出发，根据这个实际来制定规划。”③为此，邓小平还提出了到21世纪中叶达到中等发达国家水平的分三步走的奋斗目标，并且制定了一条党在社会主义初

①邓小平文选(第3卷). 北京:人民出版社,1994:3.
②邓小平文选(第3卷). 北京:人民出版社,1994:265.
③邓小平文选(第3卷). 北京:人民出版社,1994:252.

级阶段的基本路线，从而克服了过去在社会主义发展阶段问题上脱离实际、超越阶段的错误。社会主义初级阶段理论是邓小平理论的重要组成部分，是对马克思主义的丰富和发展。马克思主义中国化的第二次飞跃，就是以社会主义初级阶段的中国为基础的。

在社会主义发展动力问题上，邓小平强调改革也是一场革命，也是发展和解放生产力，是中国走向现代化的必由之路。邓小平认为，要大幅度地改变我国目前生产力落后的状况，就必须多方面地变革生产关系，变更上层建筑，改变管理方式，使之适应现代化大生产的需要。邓小平认为，在中国不实行改革，我们的现代化事业和社会主义事业就会被葬送，改革是中国现代化的必由之路，僵化停滞是没有出路的，“改革是中国的第二次革命”。

在社会主义根本任务问题上，邓小平指出社会主义的本质是解放生产力，发展生产力，消灭剥削，消除两极分化，最终达到共同富裕。这不仅深化了对社会主义本质的认识，而且第一次明确地从生产力和生产关系的辩证统一运动中阐述了社会主义本质，是对马克思主义的伟大贡献。基于此，邓小平认为：“社会主义时期的主要任务是发展生产力，使社会物质财富不断增长，人民生活一天一天好起来，为进入共产主义创造物质条件。”①正是在这一基础上，中国共产党制定了以经济建设为中心的基本路线，并强调坚持党的基本路线不动摇，关键是坚持以经济建设为中心不动摇。

在社会主义建设的政治保证问题上，邓小平强调，我们的社会主义建设必须要坚持四项基本原则，四项基本原则是我们的立国之本，是改革开放顺利进行并取得成功的保证。同时，邓小平认为，坚持四项基本原则的核心是坚持共产党的领导，我们的社会主义建设必须要坚持共产党的领导。他明确指出：“在中国这样一个大国，没有共产党的领导，必然四分五裂，一事无成。对于党内外任何企图削弱、摆脱、取消、反对党的领导的倾向，必须进行批评、教育以至必要的斗争。这是四个现代化能否实现的关键。”②

在社会主义市场经济问题上，邓小平认为，社会主义可以而且应当搞市场经济，计划和市场是调节资源配置的两种手段，没有制度属性。1992 年邓小平南巡时指出：“计划经济不等于社会主义，资本主义也有计划；市场经济

---

①邓小平文选（第 3 卷）. 北京：人民出版社，1994：172.

②邓小平文选（第 3 卷）. 北京：人民出版社，1994：164.

不等于资本主义,社会主义也有市场。计划和市场都是经济手段。”①邓小平的这些开创性的科学论断,是对马克思主义的重大发展,为在我国建立社会主义市场经济体制奠定了坚实的基础。

邓小平理论博大精深,内容丰富,这里只是粗线条地勾画出其主要方面。邓小平是伟大的马克思主义者,他对邓小平理论的创立和发展作出了巨大贡献,为马克思主义在中国实现第二次历史性飞跃奠定了坚实基础。

四、指明了马克思主义中国化的方向

马克思主义中国化是一个过程,在这一过程中,我们必须要坚持一些基本原则,只有这样,才能不重蹈20世纪50到70年代的覆辙。邓小平在如何坚持马克思主义中国化的正确方向方面作了一系列精辟的论述。他认为,马克思主义不是教条,而是行动的指南,我们要完整准确地理解马克思主义,要用发展的眼光看待马克思主义,同时要把马克思主义的理论同中国具体实际、传统文化和现实实践结合起来,要敢于和善于进行理论创新。

邓小平首先要求我们完整准确地理解马克思主义。所谓完整准确地理解马克思主义,就是要用联系的、具体的、历史的观点去理解它的每一个原理,不能割裂、肢解马克思主义,更不能从个别词句来理解马克思主义。马克思主义不是教条,而是我们行动的指南,是随着实践的发展而不断发展的理论。那种认为马克思主义是不需要发展的终极真理的观点是错误的,是伪马克思主义。其次,要求我们信仰马克思主义。邓小平毕生坚信马克思主义。马克思主义揭示的是人类社会发展的一般规律,是科学真理,它的科学性正是人们坚信它的原因所在。邓小平要求我们坚定地信仰马克思主义,他指出:“我坚信,世界上赞成马克思主义的人会多起来的,因为马克思主义是科学。它运用历史唯物主义揭示了人类社会发展的规律。”“不要惊慌失措,不要认为马克思主义消失了,没用了,失败了。哪有这回事!”②再次,要求我们用发展的眼光看待马克思主义。邓小平从不把马克思主义的科学性与发展的可能性对立起来,从不承认坚持马克思主义的科学性会束缚马克思主义的发展性,而是认为马克思主义必须坚持,必须发展,只有坚持马克思主义,才能发展马克思主义,只有发展马克思主义,才能真正坚持

---

①邓小平文选(第3卷). 北京:人民出版社,1994:373.

②邓小平文选(第3卷). 北京:人民出版社,1994:382.

马克思主义。他曾说过:“不以新的思想、观点去继承、发展马克思主义,不是真正的马克思主义者。”这就告诉我们,只有在这种互动和发展的过程中,才能真正实现马克思主义中国化,马克思主义中国化存在于运用马克思主义基本原理和方法对新的实践进行探索和思考的过程之中。

把马克思主义基本原理同中国具体实际紧密结合起来,实现马克思主义中国化,不仅是夺取中国革命伟大胜利的根本法宝,而且是在新的历史条件下坚持和发展马克思主义,探索社会主义建设道路的根本选择。邓小平指出:“我们坚信马克思主义,但马克思主义必须与中国实际相结合,只有结合中国实际的马克思主义,才是我们所需要的真正的马克思主义。”①邓小平正是把握了这一点,才开创了改革开放的新的历史时期,才实现了马克思主义在中国的第二次历史性飞跃。同时,邓小平认为,马克思主义与中国具体实际相结合是马克思主义实现中国化的关键,但在这一结合的过程当中,我们要敢于和善于进行理论创新,创造出中国化的马克思主义。邓小平反复强调要敢于创新、善于创新、勇于思考、勇于探索。党的十一届三中全会是邓小平进行马克思主义中国化的历史起点,对“什么是社会主义,怎样建设社会主义”的理性思考则是邓小平推进马克思主义中国化的逻辑起点。邓小平坚持解放思想、实事求是,从中国的国情出发,把马克思主义基本原理同中国社会主义建设的具体实践相结合,对“什么是社会主义,怎样建设社会主义”进行了深入的思考,在实践的基础上,把一些正确的方式方法和结论上升到理论高度,创造出了新的理论,他对邓小平理论的贡献正基于此。这种科学的马克思主义观,为马克思主义中国化指明了前进的方向。

第三节　江泽民对马克思主义中国化的贡献

党的十三届四中全会以来,以江泽民为主要代表的中国共产党人,高举毛泽东思想、邓小平理论伟大旗帜,结合当代中国社会主义现代化建设新的实际,对中国特色社会主义理论作了一系列新的发展,提出了一系列新思想、新观点、新论断,实现了马克思主义中国化的伟大创新。在这一过程中,

①邓小平文选(第3卷). 北京:人民出版社,1994:213.

江泽民对马克思主义中国化作出了多方面的贡献:实现了党在指导思想上的与时俱进;确立了党在社会主义初级阶段的基本纲领;明确了建立社会主义市场经济体制的战略目标;提出了建设有中国特色的社会主义政治文明与精神文明的重要思想。

一、实现了党在指导思想上的与时俱进

中国共产党是非常重视理论指导的党。党的七大把毛泽东思想确定为我们党的指导思想。改革开放以后,邓小平为我们找到了一条建设有中国特色的社会主义的道路。随着改革开放和现代化建设的不断深入,江泽民在总结改革开放以来实践经验的基础上,高度概括了邓小平理论的科学体系,阐明了邓小平理论是马克思主义基本原理同当代中国实际和时代特征相结合的产物,是马克思主义在中国发展的新阶段。中共十五大把邓小平理论确立为党的指导思想,明确规定:中国共产党以马克思列宁主义、毛泽东思想、邓小平理论作为自己的行动指南。进入21世纪,江泽民又集中全党全国人民的智慧,明确提出了"三个代表"重要思想,指出中国共产党"必须始终代表中国先进生产力的发展要求,代表中国先进文化的前进方向,代表中国最广大人民的根本利益"①。"三个代表"重要思想是对马克思列宁主义、毛泽东思想和邓小平理论的继承和发展,是马克思主义中国化发展的新阶段,是中国化的马克思主义。党的十六大把"三个代表"重要思想确立为党的指导思想,实现了党的指导思想的又一次与时俱进。

在"三个代表"重要思想中,"始终代表先进生产力的发展要求"被放在了首要位置。这一科学命题既是历史唯物主义关于生产力是人类社会发展的最终决定力量这一基本原理的体现,又是我们党从保持先锋队的性质出发,在总结建党数十年历史经验的基础上,结合国内外新形势得出的科学结论。

党章明确规定,中国共产党是中国工人阶级的先锋队,同时是中国人民和中华民族的先锋队。纵观中国共产党的发展历程,我们可以得出结论:中国共产党的历史地位和作用,始终是与党的先进性联系在一起的。党的先进性是党的本质体现,江泽民指出:"看一个政党是否先进,是不是工人阶级先锋队,主要应看它的理论和纲领是不是马克思主义的,是不是代表社会发

---

①江泽民. 论"三个代表". 北京:中央文献出版社,2001:2.

展的正确方向，是不是代表最广大人民的根本利益。”①中国共产党要永远保持先进性和生命力，就要紧紧把握时代的脉搏，代表社会发展的正确方向，始终走在时代的前列。要始终走在时代的前列，就要走在生产力发展的前列，这是马克思主义唯物论告诉我们的普世道理。这首先要求，我们党的一切活动，都要遵循生产关系要适应生产力发展要求这一历史发展的客观规律，都要通过革命或改革，解除旧的生产关系对于生产力发展的羁绊，尽最大努力推动和促进生产力的发展。其次，共产党人把建设和实现共产主义作为自己的历史使命，就在于生产力是推动社会由低级形态向高级形态发展的最终原因。社会主义的出现，是生产力发展的要求；社会主义的优越性，体现在它有利于生产力的发展；社会主义的巩固，也离不开生产力水平的不断提高。

代表先进生产力的发展要求包含两层含义：首先是要通过促进生产力要素的发展来不断推动社会生产力的发展；其次是要通过改革不适应生产力发展需要的生产关系和上层建筑，来不断地为生产力的解放和发展打开更广阔的通途。通过促进生产力要素的发展来推动社会生产力的发展，最主要的就是要求我们提高对科学技术的重视程度。邓小平多次在不同场合指出：“科学技术是第一生产力。”②“三个代表”重要思想在这一认识的基础之上，结合新世纪社会经济发展的新情况，强调科学技术还是“先进生产力的集中体现和主要标志”。通过改革不适应生产力发展需要的生产关系和上层建筑，来不断地为生产力的解放和发展打开更广阔的通途，这是推进生产力发展的核心和主要方式。邓小平指出：“社会主义基本制度确立以后，还要从根本上改变束缚生产力发展的经济体制。”③“三个代表”重要思想强调，要在继续坚持和完善公有制为主体、多种所有制经济共同发展的基本经济制度，坚持和完善社会主义市场经济体制的同时，通过不断地完善社会主义生产关系和上层建筑，不断为生产力的解放和发展打开更广阔的通途，这就发展了马克思主义的生产力理论。

“三个代表”重要思想提出党要始终代表先进文化的前进方向，就是说党要努力发展面向现代化、面向世界、面向未来的民族的科学的大众的有中

①江泽民．论“三个代表”．北京：中央文献出版社，2001：168．
②邓小平文选（第3卷）．北京：人民出版社，1993：247．
③邓小平文选（第3卷）．北京：人民出版社，1993：370．

国特色的社会主义文化，努力建设社会主义精神文明，以便为我国经济发展和社会进步提供精神动力和智力支持。江泽民指出：中国共产党要始终代表中国先进文化的前进方向，坚持以科学的理论武装人，以正确的舆论引导人，以高尚的精神塑造人，以优秀的作品鼓舞人；建设中国特色社会主义文化，就是以马克思主义为指导，以培养有理想、有道德、有文化、有纪律的公民为根本任务，发展面向现代化、面向世界、面向未来的民族的科学的大众的社会主义文化；要把弘扬主旋律和提倡多样化统一起来，把依法治国和以德治国紧密结合起来；等等。这些重要思想为我们指明了文化建设的方向。

马克思主义中国化的一个重要内容就是要求我们把马克思主义基本原理同中国的文化，特别是传统文化结合起来，只有与中国传统文化相结合的马克思主义才具有生命力。中国共产党成立以来，一直致力于把马克思主义同中国文化相结合，并形成了一系列重要理论成果。“三个代表”重要思想要求党始终代表先进文化的前进方向，是对这一系列重要理论成果的高度概括和集中体现，创造性地丰富和发展了马克思主义文化理论。

“三个代表”重要思想提出党要始终代表最广大人民的根本利益，就是说党要坚持以最广大人民的根本利益为出发点和归宿，充分发挥人民群众的积极性、主动性和创造性，在社会不断发展进步的基础上，使人民群众获得切实的经济、政治和文化利益。

马克思主义认为，人民群众是历史的主体，是历史的创造者。毛泽东强调：“人民，只有人民，才是创造世界历史的动力。”江泽民从我们党成为执政党以后发生的党情变化出发，根据取得执政地位使我们党获得了更好地为人民服务的条件，也增加了脱离群众乃至腐败变质的危险的情况，明确指出：“三个代表”重要思想的要求最终要落实到体现和维护最广大人民的根本利益上来。我们提出“三个代表”的要求，并强调按照“三个代表”的要求全面加强党的建设，根本的目的就在于保证我们党始终保持与人民群众的血肉联系。回顾中国共产党所走过的历程，我们不难发现：在革命和战争时期，我们党之所以能够在极其艰难的环境中克服困难，战胜敌人，取得中国革命的胜利，其根本原因就在于中国共产党代表了中国人民的利益，在为人民谋取利益；在社会主义建设和改革时期，我们取得的一切成绩也归功于我们坚持为人民谋取利益。进入新世纪以来，面对各种新情况和新问题，以江泽民为核心的党的第三代中央领导集体总结历史经验和教训，指出党要始终代表最广大人民的根本利益，这是对马克思主义的人民群众历史主体论的继承和发展,是对马克思主义中国化的新的贡献。

二、确立了党在社会主义初级阶段的基本纲领

邓小平对马克思主义中国化的一个主要贡献就是确立了党在社会主义初级阶段的基本路线。在新的历史条件下,以江泽民为核心的党的第三代中央领导集体在十五大报告中第一次明确地提出了党在社会主义初级阶段的基本纲领。江泽民指出:“建设有中国特色社会主义的经济、政治和文化的基本目标和基本政策,有机统一,不可分割,构成党在社会主义初级阶段的基本纲领。”①党在社会主义初级阶段的基本纲领是对党在社会主义初级阶段的基本路线的展开,是以江泽民为核心的党的第三代中央领导集体对马克思主义中国化的新贡献。

江泽民在十五大报告中指出:“建设有中国特色社会主义的经济,就是在社会主义条件下发展市场经济,不断解放和发展生产力。这就要坚持和完善社会主义公有制为主体、多种所有制经济共同发展的基本经济制度;坚持和完善社会主义市场经济体制,使市场在国家宏观调控下对资源配置起基础性作用;坚持和完善按劳分配为主体的多种分配方式,允许一部分地区一部分人先富起来,带动和帮助后富,逐步走向共同富裕;坚持和完善对外开放,积极参与国际经济合作和竞争。保证国民经济持续快速健康发展,人民共享经济繁荣成果。”江泽民对党在社会主义初级阶段的经济纲领的阐述更加清楚地表明了我们经济体制改革的方向和目标。

江泽民在十五大报告中指出:“建设有中国特色社会主义的政治,就是在中国共产党领导下,在人民当家做主的基础上,依法治国,发展社会主义民主政治。这就要坚持和完善工人阶级领导的、以工农联盟为基础的人民民主专政;坚持和完善人民代表大会制度和共产党领导的多党合作、政治协商制度以及民族区域自治制度;发展民主,健全法制,建设社会主义法治国家。实现社会安定,政府廉洁高效,全国各族人民团结和睦,生动活泼的政治局面。”

江泽民在十五大报告中指出:“建设有中国特色社会主义的文化,就是以马克思主义为指导,以培育有理想、有道德、有文化、有纪律的公民为目标,发展面向现代化、面向世界、面向未来的,民族的科学的大众的社会主义

①江泽民文选(第2卷).北京:人民出版社,2006:18.

文化。这就要坚持用邓小平理论武装全党,教育人民;努力提高全民族的思想道德素质和教育科学文化水平;坚持为人民服务、为社会主义服务的方向和百花齐放、百家争鸣的方针,重在建设,繁荣学术和文艺。建设立足中国现实、继承历史文化优秀传统、吸取外国文化有益成果的社会主义精神文明。"

三、明确了建立社会主义市场经济体制的战略目标

长期以来,我们受到传统思维的影响,认为社会主义不可以搞市场经济,只能搞计划经济,这一观念在很长的一段时间里成了一个定论。1992年邓小平南巡期间发表了一系列重要讲话,讲话传达了一种十分明确的思想:市场经济和计划经济没有制度属性,都是资源配置的方式。在这一背景之下,江泽民在中共十四大报告中把建立社会主义市场经济体制确定为我国经济体制改革的目标,实现了我国社会主义经济体制理论的重大突破。随着实践的深入,在建立社会主义市场经济体制的过程中对非公有制经济进一步作出正确的定位成为必要。在中共十五大上,江泽民明确透彻地阐述了公有制经济和公有制经济为主体的含义,第一次系统阐述了公有制实现形式多样化的理论。

"社会主义也可以搞市场经济"最早是由邓小平在1979年一次会见外宾时提出来的。邓小平指出:"说市场经济只存在于资本主义社会,只有资本主义的市场经济,这肯定是不正确的。"①中共十二大提出了"计划经济为主,市场调节为辅"。1984年十二届三中全会通过《关于经济体制改革的决定》,进一步提出了社会主义经济是在公有制基础上的有计划的商品经济的新概念。十三大进一步发展了这一思想,提出社会主义有计划的商品经济的体制应该是计划和市场内在统一的体制等。1992年邓小平南方谈话从根本上解除了把计划经济和市场经济看做属于社会基本制度范畴的思想束缚。在这一发展脉络的基础上,以江泽民为核心的党的第三代领导集体进一步解放思想,提出了建立社会主义市场经济体制的目标,明确了我们社会主义经济体制改革的目标就是建立市场经济体制。江泽民指出:"改革开放十多年来,市场范围逐步扩大,大多数商品的价格已经放开,计划直接管理的领域显著缩小,市场对经济活动调节的作用大大增强。实践表明,市场作

①邓小平文选(第2卷). 北京:人民出版社,1994:236.

用发挥比较充分的地方，经济活力就比较强，发展态势就也比较好。我国经济要优化结构，提高效益，加快发展，参与国际竞争，就必须继续强化市场机制的作用。实践的发展和认识的深化，要求我们明确提出，我国经济体制改革的目标是建立社会主义市场经济体制，以有利于进一步解放和发展生产力。”①明确提出建立社会主义市场经济体制，在社会主义国家建设史上是第一次，是史无前例的。这一方面反映了我们党对社会主义市场经济规律认识的深化，丰富和发展了中国特色社会主义市场经济理论；另一方面反映了我们党坚持解放思想、实事求是的马克思主义的思想路线，坚持把马克思主义的基本理论同中国发展的具体实践相结合，实现马克思主义的中国化。社会主义市场经济体制目标的确立是对马克思主义经济理论的发展，是马克思主义中国化的直接产物。

实践的向前发展，必然要求理论上的突破。马克思主义是我们行动的指南，而不是我们裁剪历史的剪刀。在十四大明确要求建立社会主义市场经济体制之后，经过五年的发展，对公有制经济与非公有制经济以及公有制经济占主体地位等含义必须作出明确的与时俱进的回答。江泽民在十五大报告中系统地回答了这些问题，对马克思主义中国化作出了历史性的贡献。

对于公有制经济的含义，江泽民特别指出，公有制经济不仅包括国有经济和集体经济，而且还包括混合所有制经济中的国有成分和集体成分。这就从理论上澄清了把股份制经济看成是私有制，把国有企业实行股份制改造看成是私有化的错误观点，对我们全面认识公有制经济有重大的现实意义。同时，江泽民进一步指出：“公有制的主体地位主要体现在：公有资产在社会总资产中占优势；国有经济控制国民经济命脉，对经济发展起主导作用。”②这就明确了以公有制经济为主体的含义，为进一步深化改革提供了理论指导。

在阐述这些问题的基础上，江泽民还提出了公有制的实现形式可以而且必须多样化的重大战略思想。江泽民明确指出：“公有制的实现形式可以而且必须多样化。一切反映社会化生产规律的经营方式和组织形式都可以大胆利用。要努力寻找能够极大促进生产力发展的公有制实现形式。”③对

①江泽民文选（第1卷）．北京：人民出版社，2006：226.

②江泽民文选（第2卷）．北京：人民出版社，2006：19.

③江泽民文选（第2卷）．北京：人民出版社，2006：20.

于公有制的实现形式,历来认为只有国家所有制和集体所有制两种,这是计划经济体制下形成的传统观念。江泽民的论述打破了传统的错误认识,对国有企业的改革和发展乃至整个经济体制的改革和发展具有重大的现实意义,是对社会主义理论的重大突破和对马克思主义的发展。

四、提出了建设有中国特色的社会主义政治文明与精神文明的重要思想

以江泽民为核心的党的第三代中央领导集体紧密结合我国社会主义现代化建设的实际,坚持和发展邓小平社会主义民主理论,在抓好物质文明和精神文明建设的同时,提出建设社会主义政治文明,并将它与建设社会主义物质文明和社会主义精神文明一起,确定为社会主义现代化建设的三大基本目标。这就深化了我们对人类社会发展规律和社会主义现代化建设规律的认识,是对马克思主义的社会主义民主理论的重大发展。同时,以江泽民为核心的党的第三代领导集体进一步加强精神文明建设,提出了建设社会主义思想道德体系,这是对邓小平社会主义精神文明建设思想的丰富和发展。

“政治文明”这一概念的提出,是社会主义民主政治建设发展的必然要求。这一概念是江泽民在2001年1月召开的全国宣传部长会议上首次使用的,他指出:“法治属于政治建设,属于政治文明,德治属于思想建设,属于精神文明。”①在20世纪80年代,邓小平就强调,没有民主就没有社会主义,就没有社会主义现代化。发展社会主义民主,是我们党坚定不移的基本方针。十三届四中全会之后,特别是十四大以后,以江泽民为核心的党的第三代中央领导集体坚持解放思想、实事求是、与时俱进,立足于本国的基本国情,进一步丰富和发展了邓小平的社会主义民主法制理论。在党的十五大上,江泽民指出:“建设有中国特色的社会主义政治,就是在中国共产党领导下,在人民当家做主的基础上,依法治国,发展社会主义民主政治。”②2002年,江泽民在中央党校省部级干部进修班毕业典礼上指出:“发展社会主义民主政治,建设社会主义政治文明,是社会主义现代化建设的重要目标。”③同年11

①江泽民文选(第2卷). 北京:人民出版社,2006:200.

②江泽民文选(第2卷). 北京:人民出版社,2006:17.

③江泽民论有中国特色社会主义. 北京:中央文献出版社,2002:304.

月，党的十六大正式把建设社会主义政治文明与建设社会主义物质文明和精神文明并列为我国社会主义现代化建设的三大战略任务。

社会主义政治文明的提出具有十分重要的理论意义和现实意义。这是我们党在社会主义政治发展问题上的一个崭新表述，它标志着党对全面建设社会主义现代化的理论认识的深化。社会主义现代化，包括经济、政治、文化的现代化，不仅要在物质上实现现代化，在文化上实现现代化，而且还要努力发展社会主义民主和法治，实现社会主义政治的现代化。社会主义政治文明是衡量社会主义政治现代化的一个重要指标。社会主义政治文明是人类文明的重要组成部分，是人类政治文明发展的更高阶段。江泽民提出建设社会主义政治文明，是对建设有中国特色社会主义的理论，特别是有中国特色的社会主义民主法制理论的丰富和发展，是对马克思主义中国化的一个重大贡献。

“社会主义精神文明建设”这个概念最早是由叶剑英提出来的。1979年，叶剑英在庆祝中华人民共和国成立30周年大会上发表讲话指出：“我们要在建设高度物质文明的同时，提高全民族的教育科学文化水平和健康水平，树立崇高的革命理想和革命道德风尚，发展高尚的丰富多彩的文化生活，建设高度的社会主义精神文明。”①这次讲话，吹响了我国社会主义精神文明建设的号角。1980年，邓小平在一次讲话中指出：“我们要建设社会主义国家，不但要有高度的物质文明，而且要有高度的精神文明。所谓精神文明，不但是指教育、科学、文化，而且是指共产主义的思想、理想、信念、道德、纪律，革命的立场和原则，人与人的同志式关系，等等。”②以邓小平为核心的党的第二代中央领导集体在精神文明建设方面取得了重大的阶段性成果。1989年，以江泽民为核心的党的第三代中央领导集体开始了建设社会主义精神文明的新阶段。江泽民在上任之初就强调精神文明建设的重要性，他在建国40周年大会上发表讲话强调，社会主义不仅要实现经济繁荣，而且要实现社会的全面进步，坚持社会主义物质文明和精神文明一起抓，是我们的基本方针。十四大以后，针对我国精神文明建设方面出现的新情况、新问题，党在1996年10月召开十四届六中全会专门讨论精神文明建设的问题，并通过《中共中央关于加强社会主义精神文明建设若干重要问题的决议》，

①三中全会以来重要文献选编（上）．北京：人民出版社，1982：218.

②邓小平文选（第2卷）．北京：人民出版社，1994：367.

对在新的历史条件下如何加强精神文明建设作出了全面部署，表明我们对精神文明建设规律的认识又前进了一步。实践的向前发展要求理论上的突破。在党的十六大上，江泽民对加强社会主义精神文明建设的认识又有了新的拓展，他指出，要建立与社会主义市场经济相适应、与社会主义法律规范相协调、与中华民族传统美德相承接的社会主义思想道德体系。建立社会主义思想道德体系是切实加强精神文明建设的客观需要，是以江泽民为代表的党的第三代中央领导集体对社会主义精神文明建设思想的丰富和发展。

第四节 胡锦涛对马克思主义中国化的贡献

十六大以来，以胡锦涛为核心的新一届中央领导集体在国际国内局势发生深刻变化的背景下，继续坚持把马克思主义基本原理同中国改革开放的实际相结合，坚持推进马克思主义中国化，在多方面丰富和发展了马克思主义，把马克思主义中国化推向了新阶段。在这个过程中，胡锦涛同志作出了独特的贡献。

一、提出了马克思主义中国化的最新理论成果——科学发展观

2003年8月至9月，胡锦涛在江西省考察时第一次明确使用了“科学发展观”这一概念，指出：要牢固树立协调发展、全面发展、可持续发展的科学发展观，积极探索符合实际的发展新路子，进一步完善社会主义市场经济体制。同年10月，胡锦涛在党的十六届三中全会上第一次正式提出了“科学发展观”这一命题，在此次全会《关于完善社会主义市场经济体制若干问题的决定》中，提出要“坚持以人为本，树立全面、协调、可持续的发展观，促进经济社会和人的全面发展”。“以人为本，全面、协调、可持续的发展观”，是我们以邓小平理论和“三个代表”重要思想为指导，从新世纪新阶段党和国家事业发展全局出发提出的重大战略思想，要牢牢把握科学发展观的深刻内涵和基本要求。全会还对其深刻内涵作出了阐释：“全面发展，就是要以经济建设为中心，全面推进经济、政治、文化建设，实现经济发展和社会全面进步；协调发展，就是要统筹城乡发展、统筹区域发展、统筹经济社会发展、

统筹人与自然和谐发展、统筹国内发展和对外开放，推进生产力和生产关系、经济基础和上层建筑相协调，推进经济、政治、文化建设的各个环节、各个方面相协调。”2007 年 6 月 25 日，胡锦涛在中央党校省部级干部进修班上发表重要讲话，他指出，“党的十六大以来，党中央继承和发展党的三代中央领导集体关于发展的重要思想，提出了科学发展观”，从具体方面阐释了科学发展观的内涵：第一要义是发展，核心是以人为本，基本要求是全面协调可持续，根本方法是统筹兼顾。

树立和落实科学发展观必须以经济建设为中心，这是科学发展观的第一要义。以经济建设为中心，就要牢牢把握发展的时代脉搏。坚持以人为本，是科学发展观的本质和核心，是“全心全意为人民服务”和“一切为了群众，一切依靠群众”的集中体现。全面、协调、可持续发展是科学发展观的基本要求。坚持全面发展是科学发展观的目的，要促进社会物质文明、政治文明和精神文明的全面发展，推动社会全面进步和人的全面发展；坚持协调发展是科学发展观的基本原则，要统筹城乡发展，统筹区域发展，统筹经济社会发展，统筹人与自然和谐发展，统筹国内发展和对外开放；坚持可持续发展是科学发展观的重要体现，要解决发展过程中的一系列矛盾，实现可持续发展战略的新发展。统筹兼顾是科学发展观的根本方法，要求我们正确认识和妥善处理中国特色社会主义事业中的重大关系，善于统筹国内外两大局势，在国际形势发展变化中把握发展机遇，总揽全局，统筹规划。

二、发展了马克思主义社会建设理论——构建社会主义和谐社会理论

首次完整提出“社会主义和谐社会”概念的，是 2004 年 9 月党的十六届四中全会通过的《中共中央关于加强党的执政能力建设的决定》，这一文件将“构建社会主义和谐社会的能力”正式列为中国共产党的五大执政能力之一。2005 年 2 月 19 日至 25 日，胡锦涛同志在中共中央举办的省部级主要领导干部专题研讨班上发表重要讲话，阐述了构建社会主义和谐社会的历史背景、重大意义、科学内涵、重要原则和主要任务。讲话还指出了社会主义和谐社会的基本特征——民主法治、公平正义、诚信友爱、充满活力、安定有序、人与自然和谐相处，为我们正确认识积极构建社会主义和谐社会的方法指明了方向。民主法治，就是社会主义民主得到充分发扬，依法治国基本方略得到切实落实，各方面积极因素得到广泛调动；公平正义，就是社会各

方面的利益关系得到妥善协调，人民内部矛盾和其他社会矛盾得到正确处理，社会公平和正义得到切实维护和实现；诚信友爱，就是全社会互帮互助、诚实守信，全体人民平等友爱、融洽相处；充满活力，就是能够使一切有利于社会进步的创造愿望得到尊重，创造活动得到支持，创造才能得到发挥，创造成果得到肯定；安定有序，就是社会组织机制健全，社会管理完善，社会秩序良好，人民群众安居乐业，社会保持安定团结；人与自然和谐相处，就是生产发展，生活富裕，生态良好。社会主义和谐社会的这些基本特征是相互联系、相互作用的，为社会主义和谐社会建设提出了具体要求，要在全面建设小康社会进程中切实贯彻和体现。

此后党的历次重要会议都提出要构建社会主义和谐社会，把构建社会主义和谐社会提到了全民认识的高度。2006 年 10 月，党的十六届六中全会通过《中共中央关于构建社会主义和谐社会若干重大问题的决定》，进一步深化了对构建社会主义和谐社会的认识，明确地阐述了社会主义和谐社会建设的指导思想、目标任务和原则等基本主张，形成了构建社会主义和谐社会的思想理论体系。

在党的十七大报告中，胡锦涛进一步论述了构建社会主义和谐社会的若干理论和实践问题，第一次将改善民生作为构建社会主义和谐社会的重要措施。十七大报告的相关论述进一步深化了社会主义和谐社会理论。

三、丰富了马克思主义意识形态理论——社会主义核心价值体系建设理论

2006 年 10 月，党的十六届六中全会在北京召开，通过了《中共中央关于构建社会主义和谐社会若干重大问题的决定》，首次提出了“建设社会主义核心价值体系”这个重大命题，指出“社会主义核心价值体系是建设和谐文化的根本”。这是马克思主义中国化理论创新的又一重要成果。

社会主义核心价值体系的基本内容包括马克思主义指导思想、中国特色社会主义共同理想、以爱国主义为核心的民族精神和以改革创新为核心的时代精神、社会主义荣辱观这四个方面。这四个方面的基本内容相互贯通，相互统一，构成了社会主义核心价值体系的有机整体，体现了社会主义价值体系的本质要求。马克思主义指导思想是社会主义核心价值体系的灵魂，是我们立党立国的根本指导思想，是科学的世界观和方法论，揭示了人类社会发展的普遍规律，决定着社会主义核心价值体系的性质和方向。中

国特色社会主义共同理想是社会主义核心价值体系的主题。在中国共产党领导下,走中国特色社会主义道路,实现中华民族的伟大复兴,是中国人民一直追求的梦想。中国特色社会主义共同理想是当代中国发展的风帆,是激励13亿中华儿女前进的动力,它代表着最广大人民的根本利益。民族精神和时代精神是社会主义核心价值体系的精髓。它是一个民族赖以生存的精神食粮,团结统一、爱好和平、勤劳勇敢、自强不息的爱国主义精神更是我们千百年来形成的优良传统,这种优良传统与经过改革开放熔炉铸造而成的时代精神相得益彰,相互交融,成为推动中华民族伟大复兴的强大精神支撑。社会主义荣辱观是社会主义核心价值体系的基础。以"八荣八耻"为主要内容的社会主义荣辱观,是社会主义道德的新发展和新要求,是与社会主义市场经济体制相适应、与社会主义法律规范相协调、与中华民族传统美德相承接的社会主义思想道德体系。

2007年10月,党的十七大报告中提出要推动社会主义文化大发展大繁荣,其中首要论述了要建设社会主义核心价值体系,增强社会主义意识形态的吸引力和凝聚力,强调社会主义核心价值体系是社会主义意识形态的本质体现。报告指出,要巩固马克思主义指导地位,坚持不懈地用马克思主义中国化的最新成果武装全党、教育人民,用中国特色社会主义共同理想凝聚力量,用以爱国主义为核心的民族精神和以改革创新为核心的时代精神鼓舞斗志,用社会主义荣辱观引领风尚,巩固全党全国各族人民团结奋斗的共同思想基础。

四、创新了马克思主义国家关系理论——构建和谐世界理论

党的十六大以来,以胡锦涛为总书记的党中央在继承中国传统优秀文化和新中国外交理念的基础上,审视国际形势新的发展趋势,提出了建设和谐世界的国际战略构想。2005年4月,胡锦涛在亚非峰会上发表演讲,倡导开放包容精神,尊重文明、宗教、价值观的多样性,尊重各国选择社会制度和发展模式的自主权,推动不同文明友好相处、平等对话、发展繁荣,共同构建一个和谐世界。2005年5月,胡锦涛在莫斯科会见俄罗斯老战士代表时说,中俄两国人民在同世界各国人民一道努力,共同建立一个持久和平、普遍繁荣的和谐世界。随后,"和谐世界"被写入《中俄关于21世纪国际秩序的联合声明》,第一次被确认为处 理国与国之间关系的一个指导思想。2005年9月,胡锦涛在联合国成立60周年首脑会议全体会议上发表题为《努力建设

持久和平、共同繁荣的和谐世界》的重要讲话，全面阐述了中国对当前国际形势及重大国际问题的看法、立场和主张，对和谐世界理念进行了精辟的论述。2005 年 12 月，国务院新闻办公室发表《中国的和平发展道路》白皮书，以官方文件的形式系统地阐述了和谐世界的思想。在党的十七大报告中，胡锦涛在强调“中国将始终不渝走和平发展道路”的同时，再次呼吁“各国人民携手努力，推动建设持久和平、共同繁荣的和谐世界”。

和谐世界理念是新中国外交思想的延伸和发展，是中国传统文化的积淀和凝结。它是以胡锦涛为总书记的党中央对新时期我国外交政策目标的新概括，是指导我国对外工作和处理国际关系的战略思想。它顺应了世界谋和平、求发展、促合作的大潮流，事关世界各国的根本利益，符合世界人民的共同心愿。建设和谐世界就是要建设一个能够持久和平、稳定安宁的世界，一个能够促进普遍发展、实现共同繁荣的世界，一个能够互利合作、求同存异的世界。因此，和谐世界应该是民主的世界、公正的世界、包容的世界。

和谐世界理念的提出，具有重大的理论和实践意义。

第一，和谐世界新理念继承并发展了我国已有的外交思想，丰富了马克思主义的国际关系理论。早在建国之初，中国就确立了建立在和平共处五项原则基础之上的独立自主的外交政策。改革开放以来，党的第二代、第三代领导人基于对时代主题的准确把握，坚持了独立自主的外交政策，进一步提出了以和平共处五项原则为准则，建立公正合理的国际新秩序，表达了广大发展中国家共同的心声。新世纪新阶段，胡锦涛继承了党的三代领导集体的外交思想，进一步提出了坚持走和平发展道路和构建和谐世界的主张，他把中国传统文化中“以和为贵”的和谐思想引入外交领域和国际关系理论中，开拓了马克思主义国际关系理论发展的新境界。

第二，和谐世界新理念阐明了中国未来的发展走向、发展目标，有利于在国际上树立中国的良好形象。和谐世界理念的提出向世人昭示：中国的发展将为世界提供新的机遇，中国愿与各国开展合作，共享繁荣；中国将尽其所能给予发展中国家以真诚的援助，与中国的合作也会给各国包括发展中国家带来丰厚的回报和切实的利益；中国不会走大国对抗之路，也不会像历史上的殖民主义者、帝国主义者那样恃强凌弱，而是在和平相处、平等互利的基础上，互相扶持，共同前进，最终达到世界各国和谐相处的美好境界。这代表了中国人民对国际社会的建设性构想，是对形形色色的“中国威胁论”的积极回应。

第三，和谐世界新理念的提出有利于消除人们对中国发展的疑虑，改善我国社会主 义建设的国际环境。建设和谐世界表达了中国人民对国际关系民主化的期望。更重要的是，和谐世界理念是针对当前世界的不和谐而提出的崭新命题，体现了中国人民对人类社会未来发展的深刻思考，表明了我们不仅从自己的利益出发，而且站在全人类发展和整个世界的高度，关切世界整体的、长远的发展，彰显了中国作为一个大国在世界未来发展中应该担负的责任。因此，和谐世界理念的提出必将有利于进一步巩固中国在国际上负责任、建设性的良好形象，有利于消除世界上其他国家对于中国发展的种种担忧，为我们全面建设小康社会，加快推进社会主义现代化提供一个良好的国际环境。

第四，和谐世界新理念的提出有助于推进国际关系民主化，建立国际政治经济新秩序。和谐世界理念与《联合国宪章》等国际公约的基本精神相一致，它尊重世界文化的多样性和发展模式的多样性，追求世界多种文明的和谐共存。它既代表了世界上绝大多数发展中国家渴望和平、期盼公正平等、消除贫穷落后的愿望，也体现了发达国家人民厌恶战争、争取和谐幸福生活的追求。和谐世界思想表明了中国为推进国际关系民主化和重塑国际新秩序而提供的全新理念和制度标准，强调民主平等、和睦互信，注重公正互利、包容协调。因此，和谐世界理念的提出将对推进国际关系民主化、建立国际政治经济新秩序起到里程碑的作用。

五、完善了马克思主义党建理论——加强党的执政能力建设和先进性建设

以胡锦涛为总书记的党中央在新的形势下，强调要坚持毛泽东提出的“两个务必”，提出新时期推进党的建设新的伟大工程的重点，是加强党的执政能力建设和先进性建设，从而使党的建设的努力方向和检验标准更加鲜明，使我们党能够更好、更全面、更有成效地推进党的建设新的伟大工程。

新时期，把党的建设作为一个系统工程全面来抓，就是要以先进性建设为主线，以执政能力建设为重点，全面推进党的思想、组织和作风建设，把制度建设贯穿其中，从整体上提高党的建设水平，不断提高党的创造力、凝聚力和战斗力。加强党的思想建设，最根本的是坚持用马克思列宁主义、毛泽东思想、邓小平理论和“三个代表”重要思想武装全党，贯彻落实科学发展观，不断提高全党的马克思主义理论水平。加强组织建设，根本的是把党建

设成为坚强的领导核心。要坚持和健全民主集中制,增强党的团结和活力,深化干部人事制度改革,建设一支善于治国理政的高素质干部队伍;按照政治坚定、求真务实、开拓创新、勤政廉洁、团结协调的要求,把各级领导班子建设成为坚强的领导集体;加强和改进党的基层组织建设,使党的基层组织真正成为贯彻"三个代表"重要思想、落实科学发展观的组织者、推动者、实践者。加强党的作风建设要大力进行以完善惩治和预防腐败体系为重点的反腐倡廉建设,加强制度建设,努力探索新形势下保持共产党员先进性的长效机制;改革和完善党的领导方式和执政方式、领导体制和工作制度,结合中国实际不断探索和遵循共产党执政规律、社会主义建设规律和人类社会发展规律;以科学的思想、科学的制度、科学的方法领导中国特色社会主义事业。

(一)加强党的执政能力建设

党的执政能力,就是党提出和运用正确的理论、路线、方针、政策和策略,领导制定和实施宪法和法律,采取科学的领导制度和领导方式,动员和组织人民依法管理国家和社会事务、经济和文化事业,有效治党治国治军,建设社会主义现代化国家的本领。

执政能力建设是党执政后的一项根本建设,是我们党执政后始终面临和不断探索的一个重大课题。2004 年 9 月,党的十六届四中全会通过的《中共中央关于加强党的执政能力建设的决定》,全面总结了半个多世纪以来党执政的主要经验,明确提出了加强党的执政能力建设的指导思想、总体目标和主要任务,是加强党的执政能力建设的纲领性文献。

在半个多世纪的执政实践中,中国共产党积累了执政的成功经验,主要是:必须坚持党在指导思想上的与时俱进,用发展着的马克思主义指导新的实践;必须坚持推进社会主义的自我完善,增强社会主义的生机和活力;必须坚持抓好发展这个党执政兴国的第一要务,把发展作为解决中国一切问题的关键;必须坚持立党为公、执政为民,始终保持党同人民群众的血肉联系;必须坚持科学执政、民主执政、依法执政,不断完善党的领导方式和执政方式;必须坚持以改革的精神加强党的建设,不断增强党的创造力、凝聚力、战斗力。上述这些经验,也是加强党的执政能力建设的重要指导原则,必须在实践中长期坚持并继续丰富和发展。

当前和今后一个时期加强党的执政能力建设的主要任务是:按照推动

社会主义物质文明、政治文明、精神文明协调发展的要求,坚持把发展作为党执政兴国的第一要务,不断提高驾驭社会主义市场经济的能力;坚持党的领导、人民当家做主和依法治国的有机统一,不断提高发展社会主义民主政治的能力;坚持马克思主义在意识形态领域的指导地位,不断提高建设社会主义先进文化的能力;坚持最广泛最充分地调动一切积极因素,不断提高构建社会主义和谐社会的能力;坚持独立自主的和平外交政策,不断提高应对国际局势和处理国际事务的能力。要紧紧围绕上述任务,立足现实、着眼长远,抓住重点、整体推进,不断研究新情况、解决新问题、创建新机制、增长新本领,全面加强和改进党的建设,使党的执政方略更加完善,执政体制更加健全,执政方式更加科学,执政基础更加巩固。

(二)加强党的先进性建设

加强党的先进性建设,就是要通过推进党的思想建设、组织建设、作风建设和制度建设,使党的理论和路线、方针、政策顺应时代发展的潮流和我国社会发展进步的要求,反映全国各族人民的利益和愿望,使各级党组织不断提高创造力、凝聚力、战斗力,始终发挥领导核心和战斗堡垒作用,使广大党员不断提高自身素质,始终发挥先锋模范作用,使我们党永葆与时俱进的品质,始终走在时代前列,不断提高执政能力,巩固执政地位,完成执政使命。

以胡锦涛为总书记的新一届中央领导集体,把党的先进性建设作为新时期加强党的建设的一项重要内容。2004 年 11 月 7 日,中央下发了《关于在全党开展以实践“三个代表”重要思想为主要内容的保持共产党员先进性教育活动的意见》,提出从 2005 年 1 月起,大约用一年半时间,在全国范围内分三批集中开展以“保持党员先进性”为主题的教育活动。

2005 年 1 月 14 日,胡锦涛同志在中南海怀仁堂作了新时期保持共产党员先进性专题报告,详细阐述了“保持党员先进性”教育活动的性质和意义,把这一活动上升到“党的先进性建设”的高度,并作了深刻阐述。

2005 年 1 月 24 日,胡锦涛同志又在主持中央政治局第十九次集体学习时发表重要讲话,全面深刻阐述了加强党的先进性建设的重大战略思想。胡锦涛同志在讲话中强调,加强党的先进性建设,根本目的就是要使我们党始终代表中国先进生产力的发展要求,代表中国先进文化的前进方向,代表中国最广大人民的根本利益,不断提高执政能力,巩固执政地位,完成执政使命。要把先进性建设的要求贯穿于党的建设新的伟大工程的各个方面，从党的思想建设、组织建设、作风建设和制度建设上全面加以推进。要坚持用马克思列宁主义、毛泽东思想、邓小平理论和“三个代表”重要思想武装全党，引导全体党员坚定共产主义理想和中国特色社会主义信念。要坚持和健全民主集中制，着力把各级领导班子建设成为坚强团结的领导集体，切实把党的基层组织建设成为贯彻“三个代表”重要思想的组织者、推动者和实践者。要坚持立党为公、执政为民，牢记“两个务必”，大兴求真务实之风，始终保持同人民群众的血肉联系。要建立健全充分反映党员和党组织意愿的党内民主制度，充分发挥广大党员和基层党组织参与党内事务的积极性和主动性，不断从制度上落实严格要求、严格教育、严格管理、严格监督的要求。加强党的先进性建设要同加强党的执政能力建设紧密结合起来，落实到提高治党治国治军的水平上来。要牢固树立和全面落实科学发展观，切实抓好发展这个党执政兴国的第一要务，发展社会主义民主政治，发展社会主义文化，不断推进经济社会协调发展和人的全面进步。要坚持把立党为公、执政为民具体、深入地落实到各项工作中去，时刻把群众的安危冷暖挂在心上，切实帮助群众解决生产生活中的困难，坚决反对和纠正各种损害群众利益的行为。

2006 年 6 月 30 日，胡锦涛同志在庆祝中国共产党成立 85 周年暨总结保持共产党员先进性教育活动大会上发表重要讲话，精辟分析了我们党加强先进性建设的历史经验，系统总结了全党开展保持共产党员先进性教育活动的成功经验，深刻阐述了新的历史条件下加强党的先进性建设需要解决的一系列重大问题，进一步指明了加强党的先进性建设的主要任务和奋斗目标。

新时期提出加强党的先进性建设的重要思想，既是对马克思主义关于党的先进性重要思想的继承和发展，又是对新形势新任务下我们党加强自身建设的新的更高要求。

六、制定了新时期促进经济社会又好又快发展的若干指导方针

十六大以来，国际国内局势继续发生着深刻变化，以胡锦涛为核心的新一代党中央立足于我国经济社会建设的国情，对新时期促进经济社会又好又快发展提出了若干指导方针。

（一）走新型工业化的道路

实现工业化，是我国经济发展过程中不可逾越的历史阶段。党的十六大报告强调指出，我国要坚持以信息化带动工业化，以工业化促进信息化，走出一条科技含量高、经济效益好、资源消耗低、环境污染少、人力资源优势得到充分发挥的新型工业化路子。

新型工业化道路是相对于传统工业化道路而言的。所谓新，就在于它同信息化等现代高科技发展紧密结合，注重经济发展同资源环境相协调，坚持城乡协调发展，实现资金技术密集型产业同劳动密集型产业相结合。

走新型工业化道路是从中国国情和世界经济发展情况出发，既遵循工业化客观规律，又体现时代特点的工业化道路。它是在对我国经济发展阶段作出准确定位的基础上，加快实现工业化和现代化的必然选择。新中国成立以后，我国的工业化建设取得了很大的成就，工业产出在整个经济中的比重提升很快，使我国在较短的时间内建成了一个初具规模、门类齐全的工业体系。改革开放30多年来，我国经济快速增长，工业化又取得了显著的进展，但工业化的任务还远远没有完成。随着经济的发展和对外开放的扩大，我国经济已经融入世界经济，成为国际分工体系中的一个重要组成部分。在经济全球化的条件下，我们已不可能关起门来先搞工业化，再搞信息化，而是必须走新型工业化道路。

注重依靠科技进步和提高劳动者素质，提高经济效益和国民经济的整体素质，是我国走新型工业化道路和未来经济增长的核心。走新型工业化道路，要紧紧抓住加快经济结构战略性调整这条主线，着力推进产业结构优化升级。产业结构的优化升级，是实现我国经济结构战略性调整的关键。我国产业结构优化升级的目标是：坚持以市场为导向，形成以高新技术产业为先导，基础产业和制造业为支撑，服务业全面发展的产业格局。高新技术产业是以信息产业为代表的依托高新技术发展起来的新兴产业，其特点是科技含量高，发展速度快，对国民经济和社会生活的渗透及带动作用强，是经济增长的重要驱动力。基础产业是国民经济的命脉产业，是现代社会生产力发展的基本物质条件；制造业处于工业的中心地位，是加快实现国家工业化和现代化的基础和前提，它的发展可以带动和促进国民经济其他产业的发展，提高国民经济的集约化程度。服务业的兴旺发达是经济现代化的主要特征，服务业在国民经济中的比重，是衡量一个国家经济社会发达程度和现代化水平的主要标志。我国的现代服务业发展滞后，第三产业在我国国民经济中的比重偏低，必须加快第三产业的发展。

（二）建设社会主义新农村

统筹城乡经济社会发展，逐步改变城乡二元经济结构，建设社会主义新农村，是我们党从全面建设小康社会全局出发作出的重大决策。它集中体现了我们党在新阶段“三农”工作的新理念、新思路，是对我们党长期以来特别是改革开放以来关于农业、农村、农民问题战略思想的继承和发展，是统筹城乡发展的根本措施，是新世纪新阶段解决“三农”问题的重大战略部署，为我国农村的发展展现了美好蓝图，开辟了广阔道路。

农业、农村、农民问题，是全面建设小康社会进程中的关键问题。农业丰则基础强，农民富则国家盛，农村稳则社会安。全面建设小康社会，最艰巨最繁重的任务在农村。没有农民的小康就没有全国人民的小康，没有农村的现代化就没有国家的现代化。只有发展好农村经济，建设好农民的家园，让农民过上宽裕的生活，才能保证全体人民共享经济社会发展成果，才能不断扩大内需和促进国民经济持续快速协调健康发展。

改革开放以后，特别是十六大以来，我们党先后制定了许多具体政策解决“三农”问题，使农业得到加强，农村得到发展，农民得到实惠，为推动经济社会发展、保持社会稳定创造了重要条件；但必须看到，制约农业和农村发展的深层次矛盾尚未消除，促进农民持续稳定增收的长效机制尚未形成，农村经济社会发展滞后的局面尚未根本改变，解决好“三农”问题依然是一项长期的任务。

十六大以来，我们党强调要把解决好“三农”问题作为全党工作的重中之重，统筹城乡发展。胡锦涛在党的十六届四中全会上明确提出了“两个趋向”的重要论断：在工业化初始阶段，农业支持工业，为工业提供积累是带有普遍性的趋向；但在工业化达到相当程度后，工业反哺农业，城市支持农村，实现工业与农业、城市与农村协调发展，也是带有普遍性的趋向。当前，我国总体上已进入以工促农、以城带乡的发展阶段。

党的十六届五中全会进一步提出，建设社会主义新农村是我国现代化进程中的重大历史任务。2006 年，中共中央、国务院颁发了《关于推进社会主义新农村建设的若干意见》，对统筹城乡经济社会发展，扎实推进社会主义新农村建设作了全面部署。

中央提出的建设社会主义新农村的总要求是:生产发展、生活宽裕、乡风文明、村容整洁、管理民主。生产发展,是新农村建设的中心环节,是实现其他目标的物质基础。生活宽裕,是新农村建设的目的,也是衡量我们工作的基本尺度。乡风文明,是农民素质的反映,体现农村精神文明建设的要求。村容整洁,是展现农村新貌的窗口,是实现人与环境和谐发展的必然要求。管理民主,是新农村建设的政治保证,显示了对农民群众政治权利的尊重和维护。这五句话二十个字,内涵丰富,要求明确,全面体现了当前和今后一个时期"三农"工作的主要方面,不仅勾画出了现代化农村的美好图景,而且提出了解决"三农"问题的系统思路。

建设社会主义新农村是一项系统工程,要按照工业反哺农业、城市支持农村和"多予少取放活"的方针,有计划有步骤有重点地推进。要通过坚持农村基本经营制度,强化支农惠农政策,加快农业科技进步,调整优化农村经济结构,加大扶贫力度,促进农业不断增效、农村加快发展、农民持续增收。为此,各级政府要把基础设施建设和社会事业发展的重点转向农村,逐步加大政府土地出让金用于农村的比重,探索确保农民现实利益和长期稳定收益的有效办法,解决好被征地农民的就业和社会保障问题。要加快培养新型农民,充分发挥广大农民在新农村建设中的主体作用。

建设社会主义新农村又是一项长期、艰巨、复杂的重大历史任务,要动员全党全社会关心农业、关注农村、关爱农民,积极支持和参与新农村建设,使建设社会主义新农村成为全党全国人民的共同行动。

(三)建设资源节约型、环境友好型社会

党的十六届五中全会从贯彻落实科学发展观、构建社会主义和谐社会的高度,提出了建设资源节约型、环境友好型社会的奋斗目标。这是继新世纪提出实施可持续发展的重大决策以来党对社会主义现代化建设规律认识的新飞跃,是统筹人与自然和谐发展和促进可持续发展的重大举措,是实现节约发展、清洁发展、安全发展的重要任务。

建设资源节约型、环境友好型社会,是根据我国国情和可持续发展要求作出的正确选择。中国是世界上人口最多的发展中国家,资源的人均占有量少。我国水资源的人均占有量仅相当于世界平均水平的1/4;人均耕地面积不1.5亩,不足世界平均水平的1/2;大多数矿产资源的人均拥有量不足世界平均水平的一半。我国正处在工业化、城镇化、市场化、国际化程度不断提高的发展阶段,面临很大的资源环境压力。随着经济的发展,人民群众对生产生活环境质量的要求也不断提高。改革开放以来,我国经济社会发展取得了举世瞩目的成就,环境保护工作不断得到加强;但由于经济增长基本建立在高消耗、高污染的传统发展模式上,出现了比较严重的环境污染和生态破坏,发达国家上百年工业化过程中分阶段出现的环境问题在我国集中出现,环境与发展的矛盾日益突出,资源相对短缺、生态环境脆弱、环境容量不足,逐渐成为我国发展中的重大问题。因此,必须加快建设资源节约型、环境友好型社会。

资源节约型社会,是指以能源资源高效率利用的方式进行生产,以节约的方式进行消费为根本特征的社会。它不仅体现了经济增长方式的转变,更是一种全新的社会发展模式。它要求在生产、流通、消费的各个领域,在经济社会发展的各个方面,以节约使用能源资源和提高能源资源利用效率为核心,以节能、节水、节材、节地、资源综合利用为重点,以尽可能小的资源消耗,获得尽可能大的经济和社会效益,从而保障经济社会的可持续发展。

环境友好型社会,是人与自然和谐发展的社会,通过人与自然的和谐来促进人与人、人与社会的和谐。具体说来,它是一种以人与自然和谐相处为目标,以环境承载能力为基础,以遵循自然规律为核心,以绿色科技为动力,坚持保护优先、开发有序,合理进行功能区划分,倡导环境文化和生态文明,追求经济、社会、环境协调发展的社会体系。

建设资源节约型、环境友好型社会,必须处理好经济建设、人口增长与资源利用、生态环境保护的关系,要充分考虑人口承载力、资源支撑力、生态环境承受力,正确处理经济发展与人口、资源、环境的关系,统筹考虑当前发展和长远发展的需要,不断提高发展的质量和效益,走生产发展、生活富裕、生态良好的文明发展道路。为此,必须转变关于发展的传统观念,从重经济增长轻环境保护转变为环境保护与经济增长并重,在保护环境中求发展;从环境保护滞后于经济发展转变为环境保护和经济发展同步,努力做到不欠新账,多还旧账,改变先污染后治理、边治理边破坏的状况;从主要用行政办法保护环境转变为综合运用法律、经济、技术和必要的行政办法解决环境问题,自觉遵循经济规律和自然规律,提高环境保护工作水平。

发展循环经济,是建设资源节约型、环境友好型社会和实现可持续发展的重要途径。循环经济以减量化、再利用和资源化为原则,以提高资源利用率为核心,以资源节约、资源综合利用、清洁生产为重点,通过结构调整、技术进步和加强管理等措施,大幅度减少资源消耗,降低废物排放,提高劳动生产率。要努力促进资源循环式利用,鼓励企业循环式生产,推动产业循环式组合,形成能源资源节约型的经济增长方式。

保护生态环境,关系广大人民的切身利益,关系中华民族的长远发展。必须充分认识保护生态环境的重要性、艰巨性、长期性,坚持保护环境的基本国策,加大保护生态环境的力度,更加科学地利用自然为人们的生活和经济社会发展服务,坚决禁止掠夺自然、破坏自然的做法,坚决摒弃先污染后治理、先破坏后恢复的做法,在全社会营造建设资源节约型、环境友好型社会的良好氛围,形成爱护生态环境、保护生态环境的良好风尚。

(四)加快推进以改善民生为重点的社会建设

党的十七大报告明确指出:“社会建设与人民幸福安康息息相关。必须在经济发展的基础上,更加注重社会建设,着力保障和改善民生,推进社会体制改革,扩大公共服务,完善社会管理,促进社会公平正义,努力使全体人民学有所教、劳有所得、病有所医、老有所养、住有所居,推动建设和谐社会。”“加快推进以改善民生为重点的社会建设”涉及面广,内涵丰富,基本要求是:积极解决好教育、就业、收入分配、社会保障、医疗卫生和社会管理等直接关系人民群众根本利益和现实利益的问题。

1.优先发展教育,建设人力资源强国。

教育是民族振兴的基石,教育公平是社会公平的重要基础,发展教育也是把我国巨大的人口压力转换为人力资源优势的根本途径,必须坚持把教育放在优先发展的战略位置,办好人民满意的教育。

第一,全面贯彻党的教育方针。要坚持育人为本、德育为先,培养德智体美全面发展的社会主义建设者和接班人,提高全体国民的思想道德素质、科学文化素质、身体素质、心理素质和劳动技能素质。特别要切实加强德育工作,把思想道德素质放在首要位置,促进学生养成良好的思想品德和行为习惯,做一个全面发展的人。

第二,优化教育结构。要坚持按照教育发展规律和经济社会发展需要,优化教育资源配置,促进义务教育均衡发展,加快普及高中阶段教育,大力发展职业教育,提高高等教育质量,重视学前教育,关心特殊教育,形成各级各类教育全面协调可持续发展的良好格局。

第三,促进教育改革创新。要着眼于构建现代国民教育体系,提高学生综合素质,大力实施素质教育。关键是更新教育观念,改进人才培养模式,深化教学内容方式、考试招生制度、质量评价制度等改革,减轻中小学生课业负担,全面提高教育质量和水平。特别要推进教育教学与生产劳动和社会实践紧密结合,使学生得到主动的、生动活泼的发展,注重培养学生的独立思考能力、创造能力和就业能力、创业能力。

第四,坚持教育公益性质。教育是关系社会公共利益,对全体国民以及国家和民族的现在和未来具有重大影响的公共事业。政府对此负有义不容辞的重要责任,必须加大财政对教育的投入,规范教育收费,健全公共财政投入和保障机制,为全体国民提供接受良好教育的机会和条件。要扶持贫困地区、民族地区教育,健全学生资助制度,保障经济困难家庭、进城务工人员子女平等接受义务教育。鼓励和规范社会力量兴办教育。全面提高教师特别是农村教师的素质,把广大教师的积极性、主动性、创造性更好地发挥出来。教师应当为人师表,忠诚于人民的教育事业。

2. 深化收入分配制度改革,增加城市居民收入。

合理的收入分配制度是社会公平的重要表现,要调整国民收入分配结构,整顿和规范分配秩序,加快形成合理有序的收入分配格局。

第一,坚持和完善按劳分配为主体,多种分配方式并存的分配制度,健全劳动、资本、技术、管理等生产要素按贡献参与分配的制度,放手让一切劳动、知识、技术、管理和资本的活力竞相迸发,让一切创造社会财富的源泉充分涌流,以造福于人民。初次分配和再次分配都要处理好效率和公平的关系,再分配更加注重公平。

第二,加大个人收入分配调节力度,合理调整收入分配格局。一是要着力提高低收入者的收入,逐步提高扶贫标准和最低工资标准。二是要努力扩大中等收入者的比重。要通过采取多种措施,创造条件让更多群众拥有财产性收入,使更多低收入者进入中等收入者的行列。三是要切实对过高收入进行有力调节。要正确运用税收手段,使过高收入者的一部分收入通过税收形式由国家集中用于再分配。四是要取缔非法收入。要严格执法,对偷税漏税、侵吞公有财产、权钱交易等各种非法收入依法取缔。五是要规范垄断行业的收入,引入竞争机制,打破经营垄断,合理分配利润。

3. 加快建立覆盖城乡居民的社会保障体系,保障人民基本生活。

健全的社会保障体系,是国家的一项重要社会制度,是维护社会稳定和国家长治久安的重要保障。在新的形势下,必须加快完善社会保障体系。

第一,完善基本养老保险制度。要促进城镇职工基本养老保险制度规范化,完善社会统筹与个人账户相结合的企业职工基本养老保险制度,促进企业、机关、事业单位基本养老保险制度改革,探索建立农村养老保险制度。

第二,完善基本医疗保险制度。要全面推进城镇职工基本医疗保险、城镇居民基本医疗保险、新型农村合作医疗制度建设,使基本医疗保险制度覆盖城乡全体居民。

第三,完善最低生活保障制度。在城市要继续健全最低生活保障制度,做到应保尽保。在农村要将符合条件的贫困人口全部纳入最低生活保障范围,切实解决他们的基本生活问题。

第四,发展社会救助与慈善事业。社会救助与慈善事业是中国特色社会主义保障体系的重要组成部分,具有不可替代的促进社会和谐的重要功能,应当支持其加快发展。

第五,积极发挥商业保险的补充作用。商业保险能够满足人们更高层次和多样化的社会保障需要,应支持其加快发展。

第六,要采取多种方式充实社会保障基金,搞好基金投资运营,实现保值增值,加强基金监管,杜绝非法侵占挪用,确保社保基金安全。要逐步提高社会保障统筹层次,制定全国统一的社会保险关系转续办法,这有利于发挥社会保障制度的功能,也有利于促进劳动人口在全国范围的流动就业。

第七,把解决住房问题放在首要位置。住房是重要的民生问题,也是当前人民群众十分关注的问题,要加快建立适应全体居民需要的多层次住房保障体系,特别要健全廉租房制度。

4. 建立基本医疗卫生制度,提高全民健康水平。

健康是国民素质的重要体现,是人的全面发展的基础,关系千家万户的幸福。加快建立基本医疗卫生制度,总的要求是:坚持公共医疗卫生的公益性质,坚持预防为主、以农村为重点、中西医并重,实行政事分开、医药分开、营利性与非营利性分开,强化政府责任和投入,完善国民健康政策,鼓励社会参与,建设覆盖城乡居民的公共卫生服务体系、医疗服务体系、医疗保障体系、药品供应保障体系,为群众提供安全、有效、便捷、价廉的医疗卫生服务。

第一,要加快推进医疗卫生事业改革和发展。同时,要完善重大疾病防控体系,提高突发公共卫生事件应急处置能力,加强农村三级卫生服务网络和城市社区卫生服务体系建设。

第二,要以深化公立医院改革为突破口,深化医疗卫生管理体制、医疗机构运行机制、卫生投入体制、医疗服务和药品价格形成机制改革。

第三,建立国家基本药物制度,保证群众基本用药。扶持中医药和民族医药事业发展。

第四,要坚持计划生育的基本国策,稳定低生育水平,提高出生人口素质。开展爱国卫生运动,发展妇幼卫生事业。

5. 完善社会管理,维护社会安定团结。

社会稳定是人民群众的共同心愿,是改革发展的重要前提。随着改革开放的不断深入和社会主义市场经济的不断发展,我国的经济体制、社会结构、利益格局和人们的思想意识观念发生了深刻变化。这种空前的社会变革,给我国经济社会的发展带来了巨大活力,同时也必然带来这样那样的矛盾和问题,增加了社会管理的难度和复杂性,因此必须把完善社会管理作为改善民生和促进社会和谐的重要任务。

第一,推进社会管理体制改革创新。要健全党委领导、政府负责、社会协同、公众参与的社会管理格局,健全基层社会管理体制。坚持以人为本,创新社会管理理念和管理方式,在服务中实施管理,在管理中实施服务,最大限度地激发社会创造活力,最大限度地增加和谐因素,最大限度地减少不和谐因素。

第二,妥善处理人民内部矛盾。要完善信访制度,健全党和政府主导的维护群众权益机制,统筹协调各方面利益关系,有效预防和化解各类社会矛盾。

第三,重视社会组织建设和管理。社会组织具有提供服务、反映诉求、规范行为的积极作用,把它们的作用利用好、保护好、发挥好,有利于降低政府社会管理成本,有利于增强公民的社会认同感。要支持各类社会组织承担社会事务,参与社会管理和服务。

第四,强化安全生产管理和监督。要坚持安全第一、预防为主、综合治理的方针,完善安全生产体制机制,健全安全生产责任制度,维护安全生产秩序,有效遏制重特大安全事故,维护人民生命财产安全。要完善突发事件应急管理机制,提高保障公共安全和处置突发事件的能力;全面加强综合减灾能力建设,提高防范和应对自然灾害的能力。

第五,健全社会治安防控体系。要加强社会治安综合治理,深入开展平安创建活动,改革和加强城乡社区警务工作,依法防范和打击违法犯罪活动。要完善国家安全战略，高度警惕和坚决防范各种分裂、渗透、颠覆活动，切实维护国家安全。

和谐凝聚力量，和谐成就伟业。构建社会主义和谐社会，是一项艰巨复杂的系统工程，需要全党全社会长期坚持不懈的努力。党和政府应加强和改善对构建社会主义和谐社会各项工作的领导，把构建社会主义和谐社会摆在全局工作的重要位置，建立有效的领导机制和工作机制，把构建社会主义和谐社会的要求落到实处。广大人民群众应以积极的热情，自觉投身于社会主义和谐社会的建设之中，为使我们的社会更加和谐作出贡献。

第七章　马克思主义中国化的基本经验

从马克思主义传入中国开始，马克思主义中国化的过程就在不断进行着。中国共产党人无论是在革命时期、建设时期，还是在改革时期，都坚持把马克思主义的基本原理与中国的具体实际和时代特征相结合，把马克思主义理论与中华民族的优秀文化相结合，把中国共产党领导革命、建设和改革的实践经验加以总结和提炼并上升为理论。马克思主义中国化是一个永无止境、不断创新的过程，中国共产党在这一艰辛探索的过程中取得了重大的理论成果，积累了不断实现马克思主义中国化的基本经验。

第一节　思想基础：坚持马克思主义，发展马克思主义

中国人民在历史的进程中选择了马克思主义，在实践中坚持和发展了马克思主义。马克思主义中国化的过程，就是马克思主义在中国革命、建设和改革过程中得到不断运用和发展的过程。历史的发展证明并将继续证明，中华民族的独立和复兴离不开马克思主义，中国的繁荣和富强离不开马克思主义。因此，在实践中坚持和发展马克思主义，是马克思主义中国化的思想基础，是马克思主义中国化的一条基本经验。

一、中国共产党人始终坚持以马克思主义理论为指导

马克思主义是马克思、恩格斯在广泛研究德国古典哲学、英国古典政治经济学、法国社会主义特别是空想社会主义的学说，批判地吸取其理论成果的合理内核，深入研究资本主义上升时期的新形势，分析资本主义社会的矛盾运动，总结这个时期工人运动的经验教训的基础上创立的超越前人的学说，是以科学的世界观和方法论为基础，从实践当中得来的科学的理论体系。马克思主义不仅有理有据地向人类讲解了资本主义制度的优势和弊

端，构建了社会主义制度的基本框架，而且逻辑严密地揭示了人类历史发展的规律，教给了人们认识和改变世界的基本方法。一个多世纪以来的历史实践证明，马克思主义的立场、观点、方法以及基本原理是完全正确的。

中国人民选择接受马克思主义，把马克思主义当做理论指导，最终选择走社会主义道路，是历史发展的必然选择。鸦片战争以后，由于西方列强的入侵，中国逐步沦为半殖民地半封建社会，民族危机和社会危机空前加剧。为了救亡图存，无数仁人志士纷纷探索中国社会发展的目标和改造中国社会的道路。各种社会思潮，如改良主义、社会达尔文主义、唯意志论、无政府主义、实用主义、民粹主义等，都先后在我国流行；但是，历史证明，它们都无法把中国引向独立和富强，并不适合中国社会历史的发展，因此，它们最终都被历史所淘汰。要从根本上改造中国，实现中华民族的独立和国家的繁荣富强，必须重新寻找新的理论武器。

十月革命一声炮响，给中国送来了马克思主义，中国人民找到了真正适合中国历史发展的理论武器。中国共产党是马克思列宁主义与中国工人运动相结合的产物，它从诞生之日起就是以马克思主义为指南、以共产主义为奋斗目标的无产阶级政党。中国共产党始终坚持马克思主义理论在领导中国革命和社会主义建设事业中的指导地位。1941 年，毛泽东在延安干部会上指出：“灾难深重的中华民族，一百年来，其优秀人物奋斗牺牲，前仆后继，摸索救国救民的真理，是可歌可泣的。但是直到第一次世界大战和俄国十月革命之后，才找到马克思列宁主义这个最好的真理，作为解放我们民族的最好的武器，而中国共产党则是拿起这个武器的倡导者、宣传者和组织者。”①正是中国共产党拿起了马克思主义这个认识世界和改造世界的锐利武器，才使得中国人民在其指导下，取得了民主革命的伟大胜利。建国以来的成就，特别是改革开放 30 年来的伟大成就，离开了马克思列宁主义、毛泽东思想，特别是当代中国的马克思主义——中国特色社会主义理论的指导，是不可能取得的。历史证明，只有把马克思主义作为指导思想，才能救中国；也只有把马克思主义作为指导思想，才能使中国走上繁荣富强的道路。

①毛泽东选集（第 3 卷）．北京：人民出版社，1991：796.

二、中国共产党人始终坚持用发展的眼光看待马克思主义，坚持用把马克思主义中国化的方式发展马克思主义，旗帜鲜明地反对教条主义

马克思主义是发展的科学，要求我们用科学的态度去对待。马克思、恩格斯说过，我们的学说不是教条，而是行动的指南。列宁也说过，马克思主义不是一成不变的教条，而是随着社会生活条件的变迁而不断变化的学说。对于马克思主义，不仅要坚持，而且要发展，要用发展的眼光看待马克思主义。只有在实践中不断发展马克思主义，才能使其保持旺盛的生命力和持久的科学性，才能持续发挥它的理论指导作用，才能不断推动马克思主义中国化。

十月革命后传入中国的马克思主义，是帝国主义和无产阶级革命时代的马克思主义，是俄国化的马克思主义。这种马克思主义，并不能完全与中国的实践相统一，如果一味地坚持它，就会产生教条主义的错误。对于传入中国的马克思主义，需要中国人民自己根据实践的需要，把它同中国的具体实际相结合，把它中国化，形成中国化的马克思主义理论。

在中国革命和建设的历史中，我们党曾经多次和教条主义倾向作斗争，坚持在实践中发展马克思主义，不仅保证了马克思主义理论的科学性和指导地位，而且不断丰富和充实马克思主义理论，推动了马克思主义的中国化。

在20世纪20年代末30年代初，我们党内盛行着把马克思主义教条化和把苏联经验神圣化的错误倾向。例如，在革命策略问题上，以王明为首的党内教条主义者照抄照搬俄国十月革命的斗争经验，坚持走城市起义的道路，不仅没有领导中国革命走向胜利，反而使中国革命经历了失败，遭受了严重的损失。在挫折面前，以毛泽东为代表的党内一些领导同志在正确分析当时革命环境和条件的基础上，把马克思主义的基本原理与中国的具体实际相结合，建立了农村革命根据地，开创了“农村包围城市，武装夺取政权”的革命道路，最终带领全国人民取得了新民主主义革命的胜利，创立了毛泽东思想，实现了马克思主义中国化的第一次历史性飞跃。

20世纪六七十年代，我们党在领导社会主义现代化建设的过程中，又出现了“左”倾错误思想和教条地对待毛泽东思想的错误倾向，发动了“大跃进”、“人民公社化”运动和“文化大革命”，提出了“两个凡是”的错误思想，

导致了党内思想的混乱。这些“左”倾思想的蔓延和错误指导，使我国的社会主义现代化建设遭受了巨大挫折。20世纪70年代末，以邓小平为主要代表的中国共产党人坚持与党内的教条主义作斗争，果断地停止了不符合马克思主义的方针政策，进行了拨乱反正，把党的工作重心转移到经济建设上来，拨正了马克思主义中国化的方向，围绕“什么是社会主义，怎样建设社会主义”这一根本问题，创立了邓小平理论，又一次实现了马克思主义中国化。

以江泽民为核心的党的第三代中央领导集体，沉着应对20世纪90年代国际国内形势的严重动荡，继续坚持和发展马克思主义和中国化的马克思主义，围绕“建设什么样的党，怎样建设党”的问题，创立了“三个代表”重要思想，发展了马克思主义关于党的建设与社会主义关系的理论，全面体现了社会主义的本质和党的先进性的辩证统一，体现了时代发展和社会主义进程对保持党的先进性的深刻要求。

十六大以来，以胡锦涛为核心的党的新一代中央领导集体，坚持用马克思主义的世界观和方法论去认识当今国际国内形势发生的巨大变化，去分析这些变化给我国的社会主义现代化建设带来的机遇和挑战，坚持用马克思主义基本原理和中国化的马克思主义指导我国的社会主义现代化建设，形成了科学发展观、构建社会主义和谐社会、建设社会主义新农村、建设创新型国家等一系列重大战略思想，进一步推进了马克思主义中国化。

马克思主义中国化的第一要义，是信仰马克思主义，坚持马克思主义，用马克思主义指导行动。如果根本就不相信马克思主义，不坚持马克思主义，那么就不存在马克思主义中国化这个概念。马克思主义中国化的第二要义，是把马克思主义基本原理同中国具体实际相结合，实现马克思主义的中国化。如果把马克思主义神圣化，静止地去对待马克思主义，把它看做千古不变的教条，生搬硬套地运用于具体的实践中，那就是马克思主义教条化，也谈不上马克思主义中国化。因此，在坚持马克思主义的基础上实现马克思主义中国化，在把马克思主义中国化的过程中发展马克思主义，这一双向互动的过程，是马克思主义中国化得以实现的思想基础。

第二节　实践基础:客观地认识中国国情，科学地把握中国实际

马克思主义理论指导意义的发挥,是以各个国家和民族革命和建设的实践为依据的。马克思主义基本原理只有与各国的具体国情相结合,在理论与实践相联系的基础上进行运用和创新,才能保持它的科学性,才能对实践产生巨大的指导和推动力量。马克思主义之所以能够实现中国化,就是因为中国共产党人在不同的历史时期都始终坚持客观地认识中国国情,科学地把握中国实际,将马克思主义基本理论与中国的具体实际相结合,在与中国社会历史发展实际相联系的基础上,不断推动理论创新。因此,客观地认识中国国情,科学地把握中国实际,是马克思主义中国化的实践依据。

一、立足本国国情,一切从实际出发,是坚持和运用马克思主义理论的基本要求

国情,是指一个国家的社会性质以及政治、经济、文化等方面的基本情况和特点,也特指一个国家某一时期的基本情况和特点。一般来说,国情的内涵主要包括五个方面:第一,国情是社会情况和自然情况的统一。它既包括一个国家的地理位置、自然条件、资源状况以及人口状况等自然方面的因素,也包括其政治制度、经济发展、文化传统、民族状况、宗教信仰、教育和科技水平等社会因素。第二,国情是历史情况和现实情况的统一。无论自然情况,还是社会情况,都是历史发展的产物,都是历史与现实的统一。第三,国情是动态与静态的统一。总体来说,国情是一个处于不断发展变化过程中的动态过程,但在一定的时期内,它又具有相对稳定性,具有可认知性。第四,国情是一个各个要素辩证统一的整体。国情所包含的各个要素之间具有十分复杂和密切的联系,某一个或几个因素的变化,就会使得国情的基本情况发生变化。第五,国情是国内因素与国外因素的统一。在当今经济全球化的背景之下,任何一个国家的发展都会受到来自国外和国内的双重因素的影响。

马克思主义唯物辩证法告诉我们,世界是客观存在的物质世界,在本质上是物质的,物质决定意识。人类要想正确地认识世界和改造世界,就必须处理好主观与客观的关系,努力实现主观认识与客观存在相符合、相统一,

否则就会导致唯心主义，就会犯错误，就会遭受失败。因此，一切从实际出发，是马克思主义的一个重要原则。

马克思主义理论是从人类社会历史发展的客观实际中抽象出来的最基本的原理和最一般的规律，在本质上具有普遍性，反映了各国革命和建设的共性问题，为无产阶级及其政党领导革命和建设提供了科学的理论指导。但是，各个民族、各个国家的情况是有差别的，具有普遍指导意义的马克思主义基本理论，只有同各国革命和建设的具体实际相结合，只有符合各国的国情，才能充分发挥其科学的指导意义。列宁曾经生动地指出："我们认为，对于俄国社会党人来说，尤其需要独立地探讨马克思的理论，因为它所提供的只是总的指导原理，而这些原理的应用具体来说，在英国不同于法国，在法国不同于德国，在德国又不同于俄国。"①如果将马克思主义基本理论与自身国情和实际割裂开来，生搬硬套，使之"强行"作用于一国的革命和建设实践，那么不仅无法推动革命和建设事业取得成功，反而会使这一理论失去科学的指导作用，阻碍实践的顺利进行，使革命和建设遭受挫折。因此，立足本国国情，一切从实际出发，是坚持马克思主义基本理论的科学指导，实现马克思主义具体化和本土化的前提条件。

马克思主义经典作家十分重视不同国家的国情，反复强调要把马克思主义的基本原理同各国的具体国情相结合。马克思、恩格斯在《共产党宣言》1872 年德文版序言中就明确指出："这些基本原理(《共产党宣言》中阐述的基本原理)的实际运用，正如《宣言》中所说，随时随地都要以当时的历史条件为转移。"②1875 年，马克思在《哥达纲领批判》一文中特别指出："为了能够进行斗争，工人阶级必须在国内组成为一个阶级，而且它的直接的斗争舞台就是本国，这是不言而喻的。所以，它的阶级斗争不是就内容来说，而是像《共产党宣言》所指出'就形式来说'是本国范围内的斗争。"③马克思所说的"斗争舞台就是本国"，就是要说明各国无产阶级要想取得革命斗争的胜利，就必须首先认识和把握本国的国情。列宁也十分重视把马克思主义基本原理与各民族、各国家的具体实际相结合。他曾经指出："只要各个民族之间、各个国家之间的民族差别和国家差别还存在，各国共产主义工人

①列宁选集(第 1 卷). 北京:人民出版社,1995:274 - 275.

②马克思恩格斯选集(第 1 卷). 北京:人民出版社,1995:248.

③马克思恩格斯选集(第 3 卷). 北京:人民出版社,1995:308.

运动国际策略的统一,就不是要求消除多样性,消灭民族差别,而是要求运用共产党人的基本原则时,把这些原则在某些细节上正确地加以改变,使之正确地适应于民族的和民族国家的差别,针对这些差别正确地加以运用。"①

二、客观地认识和把握中国国情,一切从实际出发,是实现马克思主义中国化的重要前提

马克思主义自传入中国以来,就存在一个如何与中国的国情相结合,如何指导中国的革命,如何实现"中国化"的问题。中国共产党作为马克思主义在中国的主要传播者,从成立之初就提出了在客观地认识和把握中国具体国情的基础上坚持和运用马克思主义的思想。1922 年 1 月,《先驱》发刊词就指出:必须把"努力研究中国的客观的实际情况,而求得一最合宜的实际的解决中国问题的方案"作为"第一任务",反对做"一定公式的奴隶"。在中国革命和建设的历史进程中,我们党在各个不同的历史时期始终坚持客观地认识和把握我国的基本国情,以此作为制定路线、方针、政策的依据,使马克思主义被赋予了中国革命和建设实践的特点,实现了马克思主义中国化。

(一)正确认识和把握中国近代处于半殖民地半封建社会的国情,是我国民主革命取得胜利和毛泽东思想形成的重要基础

1840 年鸦片战争以后,西方列强纷纷入侵中国,同中国签订了一系列不平等条约,中国的社会性质发生了巨大变化。一方面,西方列强侵略中国的目的,是要把它变成自己的殖民地。但是,中国长期以来一直是一个统一的大国,特别是中国人民进行了顽强、持久的反抗,同时,帝国主义列强间争夺中国的矛盾无法协调,这使得它们中的任何一个国家都无法单独征服中国,也使得它们不可能共同瓜分中国。这样,它们才没有能够如英国在印度那样,对中国实行直接的殖民统治。因此,近代中国虽然失去了独立性,但是它与由殖民主义宗主国直接统治的殖民地又有区别,所以被称做半殖民地。另一方面,西方列强并不愿意中国成为独立的资本主义国家。它们利用获取的政治、经济特权,在中国倾销商品,经营轻工业和重工业,对中国的民族工业进行直接的经济压迫。在中国的资本主义经济中,外国资本及依附于

---

①列宁选集(第 4 卷). 北京:人民出版社,1995:200.

它的官僚资本居于主导地位。在中国农村,地主剥削农民的封建生产关系在社会经济生活中依然占有明显的优势。这样,中国的经济既不再是完全的封建经济,也不是完全的资本主义经济,而成为半殖民地半封建的经济了。中国半殖民地半封建的社会性质逐渐形成,成为当时中国最基本的国情。

中国共产党从成立之日起,就着眼于对中国近代国情的认识和把握;然而,中国人民真正实现对这一基本国情的深刻认识,却经历了一个曲折的过程。

早期的中国共产党人参考马克思、恩格斯和列宁等人对中国社会性质的分析,指出了中国社会半殖民地半封建的性质,进而制定了彻底反帝反封建的民主革命的纲领,阐明了中国革命的对象是"帝国主义及其工具官僚、军阀、买办、地主阶级"①,这一正确的认识,也成为第一次国共合作的基础。但是,早期的中国共产党人对于近代中国基本国情的认识并不是全面和深刻的,特别是在农民问题上,没有认识到农民阶级在中国的地位和作用,没有看到农民阶级的悲惨处境和遭受的严重压迫,所以没有认识到农民阶级的斗争力量,没有认识到农民阶级是无产阶级最可靠的同盟军这一重要的阶级作用,没有把农民阶级吸收到革命斗争的队伍中来。因此,在第一次大革命期间,我们党在指导思想上犯了右倾错误,没有支持当时轰轰烈烈的工农运动,"给正在热火朝天地发展着的工农革命运动泼了冷水,打击了群众的积极性,压制了群众运动"②。

大革命失败后,中国共产党分析和总结了失败的教训,纠正了陈独秀的右倾错误,确立了开展土地革命和武装反抗国民党反动统治的总方针。但是,此时由于受到共产国际的影响,党内又出现了"左"倾错误思想,党内的一些领导人不顾中国的具体国情,照搬"城市中心论",坚持以夺取和占领中心城市为武装斗争的目标,先后发动了南昌起义、秋收起义、广州起义等多次武装起义,但均告失败,中国革命又一次遭受了严重挫折。

在失败面前,中国共产党人没有气馁和绝望。以毛泽东为代表的中国共产党人重新展开了对中国国情的认识,更加深刻和全面地分析了当时的国情,并据此改变了斗争策略,将目光转向广大的农村地区,创建了农村革

---

①毛泽东文集(第1卷). 北京:人民出版社,1993:24.

②中国共产党史(第1卷上册). 北京:中共党史出版社,2002:255.

命根据地，开创了农村包围城市的革命道路理论，使得中国革命进入了一个新阶段。农村包围城市理论能被提出并正确地指导中国革命取得胜利，从根本上讲，就是我们党对于中国近代处于半殖民地半封建社会这一基本国情正确而深刻认识的产物。毛泽东从中国近代处于半殖民地半封建社会的基本国情出发，概括出了中国近代社会的特点，并以此为依据，提出了中国走"农村包围城市，武装夺取政权"道路的必要性和可能性，实现了马克思主义基本原理与中国革命实践相结合。之后，我们党又进一步制定了无产阶级领导的，人民大众的，反对帝国主义、封建主义和官僚资本主义的新民主主义革命总路线，提出了新民主主义革命的政治、经济、文化纲领。这些指导思想的提出，也和我们党对于中国近代国情的正确分析分不开，这一系列科学的概括构成了毛泽东思想的主要内容。因此，中国近代处于半殖民地半封建社会的国情，是中国民主革命理论和实践的重要基础。

（二）正确认识和把握我国进入社会主义建设阶段所面临的基本国情，总结社会主义建设的经验教训，是我国社会主义建设事业顺利进行和邓小平理论形成的重要基础

新中国成立后的前三年，党中央面对错综复杂的国际国内形势，在面临许多严重困难和紧迫问题的情况下，进行了抗美援朝、土地改革和镇压反革命三大运动，全国人民集中力量完成民主革命的遗留任务，并进行恢复国民经济、争取国家财政经济状况基本好转的工作。经过三年的恢复时期，我国的经济和社会状况得到了根本性的好转。1953 年，党中央提出了过渡时期总路线，开始对农业、手工业和资本主义工商业进行社会主义改造；制定了第一个五年计划，开始进行有计划的经济建设。到 1956 年，全国基本完成了"三大改造"，社会主义基本制度在中国确立，中国社会进入了社会主义发展阶段。

进入社会主义建设时期后，毛泽东同志就主张在认真研究、分析国情的基础上，走中国式的社会主义建设道路。在《论十大关系》和《关于正确处理人民内部矛盾》等著作中，毛泽东提出了一系列关于中国国情的重要论断，他认为，所有这些中国国情的基本特点，综合形成了我国社会主义建设的基本出发点。在正确分析国情的基础上，1956 年 9 月 15 日至 27 日召开的中国共产党第八次全国代表大会正确分析了社会主义改造完成后中国社会的主要矛盾和主要任务，为中国的社会主义建设指明了方向。

但是,这些正确的指导思想却在社会主义建设的实践中发生了偏离。随着我国社会主义建设的不断深入,“左”倾错误思想开始在党内出现和蔓延。“左”倾错误思想的根源,就是脱离了当时中国的国情,面对中国当时“一穷二白”的现状,只看到了人民群众希望改变贫穷、落后状态的迫切性和积极性,而忽视了这种落后的国情对我国社会主义建设的约束。党内对于中国的政治、经济、文化、人口、资源、社会结构、历史方位、国际地位等基本情况以及中国进入社会主义的历史条件、特点等,缺乏多层次、全方位的调查研究,失去了对客观形势的正确判断和对社会主义建设规律的清醒把握,超越国情地制定了社会主义建设方针,最终导致了“大跃进”、“人民公社化”运动和“文化大革命”,使我国的社会主义建设事业遭受了巨大挫折,阻碍了马克思主义中国化的历史进程。

“文化大革命”结束后,以邓小平为核心的党中央深刻总结了我们党在过去社会主义建设过程中,由于对国情把握得不深刻、不全面,致使理论与实践在一定程度上相脱节而造成的失误,客观地分析了“文化大革命”后在国际形势发生重大变化的背景下我国的基本国情,恢复了实事求是的思想路线,逐步形成了社会主义初级阶段理论。社会主义初级阶段理论的提出,为深入了解和研究我国现阶段经济、政治、文化等具体领域的客观规律提供了科学的理论前提和认识方法,是对我国国情的最基本和最本质的认识,标志着我们党对我国国情认识的深入和升华。认清我国社会性质,认清我国仍处于并将长期处于社会主义初级阶段这个最基本的国情,就为我们党提出并发展建设有中国特色社会主义理论,明确其任务、动力、前途和目标提供了依据。在此基础上,逐渐形成了我们党在社会主义初级阶段的基本路线和基本纲领,形成了邓小平理论,实现了马克思主义中国化在理论和实践方面的又一次创新。

(三)正确认识和把握20世纪90年代以来我国社会发展所出现的新形势,是我国社会主义现代化建设顺利进行和“三个代表”重要思想形成的重要基础

20世纪90年代以后国际国内局势发生的深刻变化,使得我国的国情也发生了巨大改变。

就国际来说,首先,新科技革命的到来使得科技进步日新月异,科学技术在促进社会生产力发展方面发挥着越来越重要的作用;而对于我国来说,

科学技术的发展依然不够充分,社会生产力依然没有得到充分发展。其次,经济全球化趋势使得世界各国在经济、文化等各个方面的交流和融合日益紧密,综合国力的竞争日趋激烈;而对于我国来说,一方面,经济全球化给我国的发展带来了巨大的机遇,为我国的社会主义现代化建设提供了良好的发展环境和发展条件,但另一方面,由于改革开放的时间还不长,与世界各国的交流与合作还不充分,在与发达国家的竞争中还处于劣势。再次,东欧剧变,苏联解体,世界社会主义出现严重曲折,资本主义意识形态不断向社会主义国家渗透的历史事实,给我们党领导中国发展社会主义带来了严峻的挑战。

就国内来说,一方面,改革开放以后,我国的社会主义现代化建设取得了巨大的成就,生产力水平大幅度跃升,综合国力显著增强,国际地位不断提高,社会主义市场经济体制初步建立,政治稳定,民族团结,社会进步,人民生活水平显著提高;但另一方面,我国的改革进入了攻坚阶段,发展处于关键时期,加之处于世界社会主义低潮期,加强党的建设,提高党的领导水平和执政能力也呈现出巨大的紧迫性和困难性,我国社会主义事业的发展面临新的巨大困难和压力。

以江泽民为核心的党的第三代中央领导集体站在世纪之交的历史制高点上,为了能够继续坚持中国共产党的领导,继续坚定不移地走社会主义道路,实现中华民族的伟大复兴,在总结世界社会主义运动经验教训和科学分析中国国情的基础上,在深刻思考"建设一个什么样的党,怎样建设党"这一时代课题的过程中,提出了"三个代表"重要思想,并发展了社会主义初级阶段理论。2001 年,在庆祝中国共产党成立 80 周年大会上的讲话中,江泽民对社会主义初级阶段理论进行了更加深刻的解读,他指出:"我国现在处于并将长期处于社会主义初级阶段。社会主义初级阶段,是整个建设有中国特色社会主义的很长历史过程中的初始阶段。"①他要求全党既要坚持共产主义的远大理想,又要一切从现阶段的国情出发,扎扎实实地做好各项工作,以"三个代表"重要思想为工作的目标和宗旨,不断推进党的建设和我国社会主义现代化建设的顺利进行。"三个代表"重要思想的提出和社会主义初级阶段理论的发展,不仅科学地回应了国内外新形势提出的新要求,而且把马克思主义中国化推进到了一个新的历史阶段。

---

①江泽民论有中国特色社会主义(专题摘编). 北京:中央文献出版社,2002:30.

（四）正确认识和把握新的历史时期国际国内形势的新变化，是我国现阶段经济社会飞速发展和科学发展观等一系列重大战略思想形成的重要基础

党的十六大以来，我国的社会主义现代化建设进入了一个新的历史时期。经过三十多年的改革开放，我国的社会主义现代化建设取得了巨大的成就；但随着改革的不断深入和开放的不断扩大，我国在发展的过程中开始出现许多必须深切关注的新问题。在这个新的历史发展阶段，我国的经济社会发展呈现出了一系列新特征，我国的国情发生了许多新变化。如何认识和把握我国社会主义现代化建设新的国情，成为继续推进改革开放，继续推动社会主义现代化建设又好又快发展的出发点。

我们党首先深刻地分析了新时期我国国情的新变化，提出了新时期国情的十个基本点：第一，我国的社会主义市场经济体制已初步建立；但同时，这一体制还不完善，生产力发展仍然面临诸多体制和机制性障碍，改革进入攻坚阶段，深层次矛盾和问题逐渐显现。第二，我国的经济总体保持平稳较快增长，经济结构加速调整；但同时，长期形成的结构性矛盾和粗放型经济增长方式没有改变，能源、资源、环境、技术等制约因素日益凸显，可持续发展压力增大。第三，农业和农村经济发展进入新阶段，城镇化加速发展；但同时，农业基础薄弱的现状并没有得到根本改变，解决"三农"问题的任务依然艰巨。第四，我国科技事业发展较快；但自主创新能力不强，缺乏核心技术，科技竞争力不强。第五，城乡贫困人口和低收入人口尚有相当数量，就业、收入分配、社会保障、医疗、教育、生态保护、安全生产、社会治安等一些关系群众切身利益的问题亟待解决。第六，我国的区域、城乡、经济社会发展有了很大改善；但依然存在发展不平衡的现象。第七，我国同国际社会的联系更加紧密；但同时，面临的国际竞争压力不断加大。第八，我国的社会主义民主政治不断发展，社会主义文化日益繁荣，人民群众政治参与的积极性空前提高；但同时，人们的思想逐渐呈现独立性、选择性、多样性的特点，这给社会主义民主政治和文化的发展提出了更高要求。第九，我国的社会结构和社会组织发生了深刻变化，人民内部矛盾出现了许多新的表现形式。第十，我国社会总体较为安定；但同时，各种犯罪活动和敌对势力的渗透破坏活动依然存在，给社会带来了诸多不稳定因素。

以胡锦涛为总书记的新一代中央领导集体，在清醒地认识新时期我国

发展面临的新的国情的基础上,结合人类社会发展的经验和教训,对我国当前和未来的发展进行了深入的思考,提出了树立科学发展观、构建社会主义和谐社会、进行社会主义新农村建设、建设创新型国家等一系列重大的战略方针。这些发展战略的提出,与我国的基本国情相适应,成为马克思主义中国化新的理论成果,成为中国特色社会主义理论体系的重要组成部分。

第三节　阶级基础:坚持群众观点和群众路线

人民群众是历史的创造者,是推动社会向前发展的实践主体。一切科学理论的形成,都来源于人民群众伟大的社会实践。一切无产阶级政党工作的出发点和落脚点,都实现人民群众的解放,代表人民群众的根本利益。因此,得到最广大人民群众的拥护和支持,是无产阶级政党执政地位的保证和先进性的体现。

中国共产党人推动马克思主义中国化的最终目标,就是要通过实现马克思主义基本原理与中国的具体实际相结合的方式,发展中国的马克思主义,更好地推动中国特色社会主义事业的发展,从而代表和实现最广大人民群众的根本利益,最终实现中华民族的伟大复兴。离开了人民群众,一切实践就失去了意义,一切理论就变为了空谈。因此,马克思主义中国化的理论过程,归根到底要以人民群众的社会实践为源泉;马克思主义中国化的实践过程,归根到底要与人民群众的社会实践相结合。

一、群众观点和群众路线是我们党执政兴国的根本观点和工作路线

群众观点是历史唯物主义的基本观点之一,其主要内容包括:第一,相信群众自己解放自己的观点。人民群众是历史的创造者,社会主义、共产主义事业就是要实现人民的根本解放,是广大人民群众自己的事业。无产阶级政党的历史任务不是充当"救世主",更不是成为"统治者",而是发动和领导人民群众自己解放自己。因此,要坚定地相信人民群众,尊重人民群众的历史主动性和革命首创精神。第二,一切为了群众,全心全意为人民服务的观点。无产阶级政党是人民利益和意志的代表者和执行者。一切共产党员,包括党的领袖在内,都是人民的公仆,决不能凌驾于群众之上,以权谋

私,假公济私。第三,一切向人民群众负责的观点。一切共产党员都要把是否符合人民的利益和是否对人民负责作为自己一切思想和行动的最高准则,把向党负责和向人民负责统一起来。第四,虚心向人民群众学习的观点。要发动和领导群众,首先要甘当群众的"学生",自觉主动地向群众学习,善于从群众中吸取智慧和力量。群众观点是我们党制定路线、方针、政策的出发点。

群众路线是群众观点的具体运用,是建立在群众观点基础之上的无产阶级政党在一切工作中的根本路线,它包括两个方面:一是党的政治路线和组织路线,即一切为了群众,一切依靠群众。党首先要在政治上代表人民群众的利益,制定符合群众利益的路线、方针和政策,并依靠人民群众的智慧和力量加以实现。二是党的基本领导方法,即从群众中集中起来又到群众中坚持下去,以形成正确的领导决策。这两方面的内容是相互联系、相互制约的:坚持群众路线的政治路线和组织路线是实行正确的领导方法的前提,而群众路线的领导方法又是制定和执行正确的政治路线和组织路线的保证。

坚持群众观点和群众路线,与最广大的人民群众保持最密切的联系,是无产阶级政党区别于其他任何政党的显著标志之一。人民群众是我们党的力量源泉,群众观点是我们党的基本政治观点,群众路线是我们党的根本工作路线。党的十七大报告指出:"必须坚持以人为本。全心全意为人民服务是党的根本宗旨,党的一切奋斗和工作都是为了造福人民。要始终把实现好、维护好、发展好最广大人民的根本利益作为党和国家一切工作的出发点和落脚点,尊重人民主体地位,发挥人民首创精神,保障人民各项权益,走共同富裕道路,促进人的全面发展,做到发展为了人民,发展依靠人民,发展成果由人民共享。"[①]我们党之所以能够领导人民取得革命、建设和改革的伟大成就,一个根本原因,就在于我们党始终深深地扎根于人民群众之中,人民群众为我们党提供了不竭的智慧和力量。

①高举中国特色社会主义伟大旗帜,为夺取全面建设小康社会新胜利而奋斗.北京:人民出版社,2007:14.

（一）群众观点和群众路线是实现党的思想路线、政治路线和组织路线的根本保证

群众路线是党的优良传统和政治优势，是实现党的思想路线、政治路线和组织路线的根本工作路线。

党的群众观点和群众路线是坚持党的思想路线的重要保证。党的思想路线的核心内容是“实事求是，一切从实际出发”。而要实现实事求是，一切从实际出发，不仅要从国内外客观条件出发，更要从人民群众的切身需要和利益出发，把一切思想都集中在满足人民群众的需求上。

党的政治路线的贯彻和执行，必须坚持群众观点和群众路线。党的政治路线是党在一定历史时期的总路线，其实质是对该时期人民群众整体利益和根本利益的反映。因此，它的形成、完善和贯彻执行，都必须坚持群众观点和群众路线，都必须以人民群众的接受和满意的程度为评价标准。

坚持贯彻党的组织路线，要以坚持群众观点和群众路线为基础。党的组织路线，就是通过先进分子和领导骨干将广大人民群众团结和组织起来，是党的群众观点和群众路线在组织工作方面的实施和体现。只有坚持群众观点和群众路线，不断满足人民群众的利益和需求，才能使我们党真正成为人民群众的代表，才能实现对广大人民群众的团结和领导。

（二）群众观点和群众路线是党的生命线

中国共产党作为执政党，要保持自己的执政地位，关键是要防止脱离群众。党的群众路线是防止党脱离群众的法宝，是党永葆生机和活力的生命线。

坚持党的群众路线是对中国共产党建党80多年历史经验的总结。中国共产党走过了80多年的风雨历程，其基本经验之一，就是党的群众路线是党永远立于不败之地的根本保证。中国共产党作为全国各族人民利益的忠实代表，从“人民群众是历史的创造者”这一基本观点出发，从一开始就把自己的根深深地扎在人民群众的沃土之中。我们党区别于其他政党的一个显著标志，就是和最广大的人民群众保持最密切的联系，全心全意为人民服务，一刻也不脱离群众，一切从人民的利益出发，而不是从个人和小集团的利益出发。80多年来，我们党之所以能够由小到大，由弱到强，不断发展壮大，战胜许多比自己强大的敌人，克服许多世人难以想象的困难，取得革命、建设和改革的辉煌成就，一个根本的原因就是党始终很好地坚持了群众路

线，始终保持了同人民群众的血肉联系。对此，江泽民在庆祝中国共产党成立80周年大会上指出："八十年的实践启示我们，必须始终坚持依靠人民群众，诚心诚意为人民谋利益，从人民群众中汲取前进的不竭力量。"

新时期坚持党的群众路线是党经受住各种风险考验的力量之源。新中国成立以后，特别是改革开放以来，我们党作为执政党面对极为复杂的国内外形势，经受了种种风险与考验。国际上西方敌对势力利用我国实行改革开放的机会，采取渗透、颠覆与"和平演变"的战略，企图达到"不战而胜"的目的；国内极少数顽固坚持资产阶级自由化立场的人同国际反动势力遥相呼应，企图离间党与人民群众的血肉联系，妄图推翻共产党的领导，改变我国的社会主义制度。国内的政治经济形势总体来说发展势头迅猛，但由于改革正处于攻坚阶段，收入差距拉大，经济利益方面的矛盾日益突出，加之近几年自然灾害频繁出现，给社会主义建设带来了一些困难和新的不稳定因素。在这种严峻的形势下，我们党更要坚信人民群众是历史创造者，是战胜各种困难和风险的力量之源，必须紧密地团结和依靠广大人民群众，与人民群众一起来战胜风险，克服困难。

新时期坚持党的群众路线是建设中国特色社会主义的根本保证。列宁曾经指出："对我们来说，重要的就是普遍吸收所有的劳动者来管理国家。这是十分艰巨的任务，社会主义不是少数人——一个党所能实现的。只有千百万人学会亲自做这件事的时候，社会主义才能实现。"建设中国特色社会主义的伟大事业是中国人民自己的事业，人民群众是承担和推进中国特色社会主义事业的主力军。建设中国特色社会主义，不能只靠少数共产党人，而是要通过共产党人紧密团结和领导广大人民群众一起奋斗，只有亿万群众共同积极投身这一事业，才能推进它的发展，确保它的成功。因此，在新的历史时期，共产党人必须继续保持和发扬党的密切联系群众的优良作风，紧紧依靠千百万劳动群众，充分调动广大人民群众建设社会主义的积极性和创造性，只有这样，才能把中国特色社会主义事业不断推向前进。

二、我们党在实现马克思主义中国化的过程中始终坚持和发展群众路线和群众观点

坚持马克思主义的群众观点和群众路线，是中国共产党人在长期革命和建设的实践中坚持和发展马克思主义的根本出发点，是不断推进马克思主义中国化的根本保证。党的历届中央领导集体都始终自觉地把群众观点

和群众路线看做是治党治国的优良传统和政治优势，并结合不同时期的不同历史条件和历史任务，在坚持群众路线和群众观点的同时，不断完善和发展群众路线和群众观点。

在民主革命时期，以毛泽东为主要代表的中国共产党人把马克思列宁主义关于人民群众是历史创造者的原理系统地运用于党的全部理论和全部活动，形成了“一切为了群众，一切依靠群众，从群众中来，到群众中去”的群众路线和群众观点。群众路线是毛泽东思想活的灵魂的重要组成部分，毛泽东把对于群众路线和群众观点的坚持，运用于我们党的实践发展和理论创新的各个方面。在革命和建设的实践中，毛泽东指出：“应该使每个同志明了，共产党人的一切言论行动，必须以合乎最广大人民群众的最大利益，为最广大人民群众所拥护为最高标准。应该使每一个同志懂得，只要我们依靠人民，坚决地相信人民群众的创造力是无穷无尽的，因而信任人民，和人民打成一片，那就任何困难也能克服，任何敌人也不能压倒我们，而只会被我们所压倒。”[①]“要联系群众，就要按照群众的需要和自愿。一切工作都要从群众的需要出发，而不是从任何良好的个人愿望出发。”[②]在进行马克思主义理论宣传的过程中，毛泽东指出：“善于把党的政策变为群众的行动，善于使我们的每一个运动，每一个斗争，不但领导干部懂得，而且广大的群众都能懂得，都能掌握，这是一项马克思列宁主义的领导艺术。我们的工作犯不犯错误，其界限也在这里。当群众还不觉悟的时候，我们要进攻，那是冒险主义。群众不愿干的事，我们硬要领导他们去干，其结果必然失败。当着群众要求前进的时候，我们不前进，那是右倾机会主义。”[③]“什么叫做大众化呢？就是我们的文艺工作者的思想感情和工农兵大众的思想感情打成一片。”[④]“如果连群众的语言都有许多不懂，还讲什么文艺创造呢？英雄无用武之地，也就是说，你的一套大道理，群众不赏识。在群众面前把你的资格摆得越老，越像个‘英雄’，越要出卖这一套，群众就越不买你的账。”[⑤]民主革命时期群众路线和群众观点的提出，是对我们党长期在敌我力量悬殊的艰难环境中进行革命活动并夺取革命胜利的无比宝贵的历史经验的总结，

---

①毛泽东选集（第3卷）．北京：人民出版社，1991：1096.

②毛泽东选集（第3卷）．北京：人民出版社，1991：1012.

③毛泽东选集（第4卷）．北京：人民出版社，1991：1319－1320.

④毛泽东选集（第3卷）．北京：人民出版社，1991：851.

⑤毛泽东选集（第3卷）．北京：人民出版社，1991：851.

是毛泽东思想的最伟大创造,是毛泽东对马克思主义辩证唯物主义和历史唯物主义的创造性的坚持和发展。正是毛泽东大力倡导并身体力行的群众观点和群众路线,确保了中国革命的成功和社会主义制度的建立。

党的十一届三中全会以后,以邓小平同志为核心的党的第二代中央领导集体继承和发展了毛泽东思想的群众路线和群众观点,指出要尊重群众、热爱人民,时刻关注最广大人民的利益和愿望,把"人民拥护不拥护"、"人民赞成不赞成"、"人民高兴不高兴"、"人民答应不答应"作为制定各项政策的出发点和落脚点。邓小平十分强调坚持和发展群众路线和群众观点的重要性,他指出:"群众是我们力量的源泉,群众路线和群众观点是我们的传家宝。党的组织、党员和党的干部,必须同群众打成一片,绝对不能同群众相对立。如果哪个党组织严重脱离群众而不能坚决改正,那就丧失了力量的源泉,就一定要失败,就会被人民抛弃。"①关于我们党如何坚持和发展群众路线和群众观点的问题,邓小平于1979年11月2日在中央党、政、军机关副部级以上干部会上指出:"现在需要全国的干部,首先是高级干部起模范带头作用,把我们党的艰苦朴素、密切联系群众的传统作风很好地恢复起来,坚持下去。""密切联系群众,不要'做官当老爷',要反对'衙门作风',这是毛泽东同志的一些根本的思想观点,现在我们还是应该按照这些思想观点去办事。"②在领导我国改革开放和社会主义现代化建设的伟大实践中,他提出,社会主义的根本任务是解放和发展生产力,不断改善人民生活,因此,应该把"是否有利于提高人民的生活水平"作为判断改革开放和社会主义建设事业是非成败的一条最终标准,强调我们党的各项事业必须得到人民群众的拥护和支持,充分调动人民群众的积极性,满足人民日益增长的物质文化需要。

十三届四中全会以后,以江泽民为核心的党的第三代中央领导集体继续坚持和发展群众路线和群众观点,在总结我国社会历史的发展和世界社会主义运动发展历史的基础上,提出了"党同人民群众的关系如何,是关系到党的事业兴衰成败和党的生死存亡的一个根本政治问题"这一重要观点。1998年12月18日,在纪念改革开放20周年大会上,江泽民指出:"必须把实现和维护最广大人民群众的利益作为改革和建设的根本出发点。人民是

①邓小平文选(第2卷). 北京:人民出版社,1994:368.

②邓小平文选(第2卷). 北京:人民出版社,1994:229-230.

我们国家的主人,是决定我国前途和命运的根本力量。党的全部任务和责任,就是为人民谋利益,团结和带领人民群众为实现自己的根本利益而奋斗。在任何时候任何情况下,党的一切工作和方针政策,都要以是否符合最广大人民群众的利益为最高衡量标准。这是我们观察和处理问题的一个根本原则……建设有中国特色社会主义事业,是亿万人民群众广泛参与的创造性事业。必须始终坚持党的一切相信群众,一切依靠群众,从群众中来,到群众中去的群众路线,尊重人民群众的创造,倾听人民群众的呼声,反映人民群众的意愿,集中人民群众的智慧和力量去发展我们的各项事业。在整个改革开放和现代化建设的过程中,都要努力使工人、农民、知识分子和其他群众共同享受到经济社会发展的成果。改革越深化,越要正确认识和处理各种利益关系,把个人利益与集体利益、局部利益与整体利益、当前利益与长远利益正确地统一和结合起来,把最广大人民群众的切身利益实现好、维护好、发展好,把他们的积极性引导好、保护好、发挥好。只有这样,我们的改革和建设才能始终获得最广泛最可靠的群众基础和力量源泉。"①进入新世纪,江泽民提出了"三个代表"重要思想,把"代表最广大人民的根本利益"作为我们党各项工作的出发点和归宿,把它看做是我们党的立党之本和执政之基。

党的十六大结束不久,胡锦涛总书记在西柏坡学习考察时重新强调了"两个务必"的重要性,要求各级领导干部做到"权为民所用,情为民所系,利为民所谋",充分体现我们党立党为公、执政为民的根本宗旨和时代特征。2003 年 10 月,党的十六届三中全会通过的《中共中央关于完善社会主义市场经济体制若干问题的决定》正式提出了科学发展观这一重要理论,指出"以人为本"是科学发展观的核心。在党的十七大上,胡锦涛同志指出:"必须坚持以人为本。全心全意为人民服务是党的根本宗旨,党的一切奋斗和工作都是为了造福人民。要始终把实现好、维护好、发展好最广大人民的根本利益作为党和国家一切工作的出发点和落脚点,尊重人民主体地位,发挥人民首创精神,保障人民各项权益,走共同富裕道路,促进人的全面发展,做到发展为了人民,发展依靠人民,发展成果由人民共享。"②这些重要思想的

①江泽民文选(第 2 卷). 北京:人民出版社,2006:261 - 262.

②高举中国特色社会主义伟大旗帜,为夺取全面建设小康社会新胜利而奋斗. 北京:人民出版社,2007:15.

提出,是对我们党的群众路线和群众观点的继承和发展。

我们党是以无产阶级和广大劳苦群众代表的身份登上中国历史舞台的,无论是在革命年代还是在建设时期,我们党一切工作的出发点都是为了人民群众,而我们党一切工作的顺利进行都必须依靠人民群众。坚持群众路线和群众观点,是社会主义理论的根本来源,是社会主义实践的有力保证,是我们党的立党之本,是马克思主义中国化得以实现的阶级基础和宝贵经验。

第四节 文化基础:与传统文化实现有机结合

马克思主义中国化的过程包含着一个重要的内容,即马克思主义与中国传统文化的有机结合。马克思主义之所以能够实现中国化,能够在中国为广大群众所接受,能够在中国发挥巨大的指导作用,一个重要原因就是中国共产党人始终坚持把马克思主义先进文化与中国的传统文化有机地结合起来。在批判地继承中华民族传统文化中的优秀成分不断完善和发展马克思主义的同时,坚持用马克思主义改造中国的传统文化,形成马克思主义与中国传统文化的双向互动,不断推动中国化的马克思主义文化创新,建立民族的、科学的、人众的中国特色社会主义文化,这是中国化的马克思主义的独特之处,是马克思主义中国化的基本经验之一。

一、推进马克思主义中国化,必须实现马克思主义与中国传统文化的耦合

马克思主义虽然是关于人类社会历史发展的理论,但它毕竟形成于西方文化背景下,是对西方传统文化的继承和发扬。马克思主义不仅是作为一种先进的政治和经济理论形态,更是作为一种文化形态传入中国的。马克思主义若要成为指导中国人民实现自身解放的先进理论,被中国人民所接受和运用,必须在中国文化这块土壤上扎根生长,实现中国化。中国的优秀传统文化包含着可供马克思主义吸取的现代性理念,蕴含着推动马克思主义实现中国化和现代化的思想资源;但是,要将这些潜能和动力全面激发出来,必须找到具体的、切实可行的转化形式和实现形式。因此,要发挥马克思主义在中国的理论价值,推动马克思主义实现中国化,首要就要实现马

克思主义与中国传统文化的耦合。

中国传统文化是“前现代”的,而马克思主义则是现代催生出的理论形态。马克思主义与中国传统文化的耦合过程,一方面以一种具有强烈批判性的新型现代文化对中国传统文化进行强力冲击,使其改变在漫漫历史中所形成的惰性而向现代和当代延伸,另一方面又把中国传统文化中仍有生命力的内容吸纳到新型现代文化中,使其通过这种转型而获得新的生存方式及生命活力。

马克思主义被中国人所接受并在中国发挥其历史性价值,是建立在“改造世界,改造中国”这一基础上的,改造中国的主体则是中国人民。因此,马克思主义必须通过影响中国人才能在改造中国现实的过程中凸现自己的理论价值。被中国文化传统长期熏染的中国人已形成了自身固有的思维方式和理论认知方式,马克思主义如果不能实现与中国传统文化的耦合,就会被中国人的意识框架所排斥,也就难以在中国历史中发挥作用。马克思主义与中国传统文化的耦合,是马克思主义中国化的首要前提。

马克思主义与中国传统文化实现耦合,经历了一个长期的历史过程,分为五个阶段。

(一)第一阶段:从19世纪末20世纪初起至1919年五四运动

这是以中国传统文化去认同、比较、解释马克思主义的阶段。19世纪末,中国的先进分子在向西方寻找救国救民真理的过程中,开始接触到工人运动和马克思主义,零零星星地谈到过马克思主义(主要是社会主义)。1895年,严复在《原强》中说到,在西方社会,科学技术的进步导致了经济上的不平等,产生了种种社会弊病,由此促进了“均贫富党之兴”。很显然,严复是用中国传统的“均贫富”去指称西方的社会主义。20世纪初,资产阶级改良主义者、资产阶级革命民主主义者和小资产阶级无政府主义者都站在各自的立场上向国人介绍过马克思主义。那时不少人把社会主义比附于《礼运》中的大同思想。但是,20世纪初的中国还不存在传播马克思主义的社会条件,当时的中国人还不可能理解和把握马克思主义的本义,而只能从中国固有的传统文化出发去理解和解释它,并把它的某些方面比附于中国传统文化的某些方面。因此,它与那时中国社会的制度、思想、文化无正面的直接冲突。

(二)第二阶段:从1919年五四运动起至1937年抗日战争爆发

这是马克思主义与中国传统文化互相冲突、互相简单否定的阶段。

1919 年以前,马克思主义在中国只有零星的介绍;正式传播是在俄国十月社会主义革命的影响和鼓舞下,在 1919 年五四爱国运动的推动下开始的,它引起了中国思想界空前的大革命。马克思主义与中国工人运动相结合,产生了中国共产党,将中国革命引入了一个新的时期。而马克思主义与中国传统文化在当时的社会背景下,发生了尖锐的冲突,开始呈现出对立。一方面,无论是北洋军阀政府,还是 1927 年以后叛变革命的国民党政府,都把马克思主义及共产党视为洪水猛兽,妄图竭尽全力消灭之,都提倡尊孔读经,搞复古主义。另一方面,在这一阶段,由于当时激烈的阶级斗争和思想文化斗争,加之新文化运动中存在的对于中国传统文化简单否定的倾向,革命文化工作者对尊孔读经不得不采取毫不妥协的批判态度,绝大多数马克思主义者对以儒家为主要代表的中国传统文化持简单否定的态度,只见马克思主义与中国传统文化的根本对立,不见两者有结合的必要和可能。更为重要的是,在 20 世纪 20 年代末 30 年代初,国际共产主义运动中教条主义盛行,中国共产党内的教条主义者没有正确地认识马克思主义,没有深入研究中国社会和中国革命的现实,当然也就更谈不到对中国历史文化的研究,更不可能把马克思主义与中国传统文化结合起来。

(三)第三阶段:从 1937 年抗日战争爆发起至 1957 年春

这是马克思主义与中国传统文化逐渐开始融合的阶段。毛泽东成为努力促进马克思主义与中国传统文化相融合的代表。在五四时期,青年毛泽东虽然推崇陈独秀,但在对待东西文化的态度上却与陈不同,他认为中西文化互有长短,应互相结合,取长补短。在转变成马克思主义者之后,他在把马克思主义与中国现实的革命运动相结合的同时,还注意与中国的历史文化相结合,从历史中汲取智慧。他精通旧学,深知外国学说中国化的重要性。他的《实践论》、《矛盾论》将马克思主义哲学、中国传统哲学和中国革命的实践经验的精华熔于一炉,丰富和发展了马克思主义哲学。1938 年,在中共六届六中全会上,他明确提出了马克思主义中国化的问题,号召全党在研究理论、研究现状的同时还要研究历史。他说:“我们这个民族有数千年的历史,有它的特点,有它的许多珍贵品……从孔夫子到孙中山,我们应当给予总结,承继这一份珍贵的遗产。”①1940 年,毛泽东发表《新民主主义

①毛泽东选集(第 2 卷).北京:人民出版社,1991:533-534.

论》，总结了五四新文化运动以来的历史，系统阐述了建设民族的、科学的、大众的新民主主义文化的方针。在如何对待中国古代文化的问题上，他一方面批评尊孔复古主义，另一方面又指出，中国长期的封建社会创造了灿烂的古代文化，清理古代文化，剔除其封建性糟粕，吸收其民族性精华，是发展民族新文化、提高民族自信心的必要条件，但是决不能无批判地兼收并蓄。毛泽东对待中国传统文化的态度和方针是正确的，他本人身体力行，努力实践，不断推动马克思主义实现中国化。

中华人民共和国成立后，哲学界以至整个理论界受苏联影响，教条主义严重，对中国传统文化偏重于批判，忽视了吸取、继承和创新。1956 年，毛泽东提出了“双百”方针。中共八大决议提出：“对于我国过去和外国一切有益的文化知识，必须加以继承和吸收，并且必须利用现代的科学文化来整理我国的优秀的文化遗产，努力创造社会主义的民族的新文化。”

在从 1937 年至 1957 年的 20 年间，中国马克思主义者对待传统文化的态度和方针总体来看是正确的。明确提出要用中国的优秀传统文化丰富和发展马克思主义，这是在马克思主义与中国传统文化关系上的一种新认识，冲破了所谓其他民族的思想只能为马克思主义作注解的教条。

（四）第四阶段：从 1957 年反右斗争起至 1976 年“文化大革命”结束

这一阶段马克思主义与中国传统文化之间的对立再一次凸显，甚至出现了全盘否定中国传统文化的极“左”错误。“左”的思潮发展到极端，导致了“文化大革命”。“破四旧”，全民批孔，全盘否定以孔子为代表的儒家文化，成为这一阶段对待传统文化的主流态度。这一时期对中国传统文化的大批判是同对国际国内形势的错误估计密切相连的，主要是政治批判，以政治的批判代替了学术的批判，不仅没有消除封建思想对当代中国社会生活产生的消极影响，反而使得个人崇拜、平均主义、人治等旧的思想、旧的传统以新的形式得到某种程度的泛滥。这次大批判不仅影响了中国传统文化的发展，而且影响了马克思主义在中国的发展，阻碍了马克思主义中国化的进程。

（五）第五阶段：从 1976 年“文化大革命”结束起至今

这是马克思主义与中国传统文化之间既对立又统一的辩证关系在更高基础上重新确立的阶段。“文化大革命”结束后，中国共产党人痛定思痛，在总结历史经验教训的基础上，开始重新审视马克思主义与中国传统文化的关系。随着中国特色社会主义建设事业的全面展开，建设中国特色社会主义文化成了一项重要内容。在中国化的马克思主义不断发展的同时，“中国传统文化热”也开始成为社会的新趋势，马克思主义与中国传统文化逐步实现了有机的结合。

二、实现马克思主义与中国传统文化的耦合，必须不断赋予马克思主义鲜明的民族特色

马克思主义是对世界历史发展规律和趋势的科学把握，具有普遍指导意义；但这一理论只有同各个民族、各个国家的具体实际相结合，才能发挥应有的指导作用。马克思主义要在中国大地上生根发芽、开花结果，就必须充分考虑中国的现实国情需要与文化的特殊性，体现中国气派和中国风格。要坚持从实际出发，把马克思主义基本原理同中国国情结合起来，着眼于解决中国建设和改革中面临的具体问题，通过总结中国人民在实践中积累的独创性经验，为现代化建设提供科学理论指导。要把马克思主义理论与中华民族的文化特质、思维模式、价值取向、行为方式结合起来，使之与中国文化融为一体，创造出既体现时代要求又具民族特色的理论形式和价值追求。

马克思主义民族观的理论前提就是尊重各民族的差异性，认为“每个民族都会有自己的特点”，“在分析任何社会的问题时”，都“要估计到在同一历史时代这个国家不同于其他各国的具体特点”。① 马克思指出：“理论在一个国家实现的程度，总是决定于理论满足这个国家的需要的程度。”②民族性作为马克思主义的现实需要，决定了在实现马克思主义中国化的过程中，要不断赋予当代中国马克思主义鲜明的民族特色，奠定马克思主义在中国社会广泛的民族情感和价值认知基础。一方面，在传播马克思主义的过程中要充分尊重中华民族的民族感情，从话语表述到理论内容都是中国化的，体现中国气派、中国作风和中国风格；另一方面，马克思主义的大众化的价值目标是为着中国人民的根本利益，是实现中华民族的伟大复兴。唯有如此，马克思主义作为一种科学理论才能为中华民族所接受，才能被这个民族的大众所认同。只有不断赋予马克思主义鲜明的民族特色，凸显中华民族的独特气质，立足中国人民的根本利益，才能保证马克思主义真理为中国人民

---

①列宁选集(第2卷). 北京：人民出版社，1995：375.

②马克思恩格斯选集(第1卷). 北京：人民出版社，1995：11.

所认可和需要，进而信仰，最终实现马克思主义中国化。

推动马克思主义中国化，实现马克思主义与中国传统文化的耦合，要充分考虑现实国情与文化特点。我国是一个多民族国家，各民族在语言、心理、行为习惯等方面存在差异，同一民族人民因所处的地域不同，在经济、政治、文化和社会发展等方面也存在差异。要实现马克思主义的中国化，必须考虑这些差异，体现民族特色，展示地方风情，使之符合不同民族、不同地方群众的情感需求、心理需求、认知方式、价值认同，为不同民族、不同地方的群众所理解和掌握，并转化为他们的信仰、价值准则、行为方式。毛泽东同志曾经指出："使马克思主义在中国具体化，使之在其每一表现中带着必须有的中国的特性，即是说，按照中国的特点去应用它，成为全党亟待了解并亟须解决的问题。洋八股必须废止，空洞抽象的调头必须少唱，教条主义必须休息，而代之以新鲜活泼的、为中国老百姓所喜闻乐见的中国作风和中国气派。"①因此，推动马克思主义中国化，必须坚持民族性原则。对马克思主义理论的研究和对中国传统文化的研究必须同时进行，将两者结合起来，从马克思主义与中国传统文化的关系入手，立足中国传统文化的独特性，赋予马克思主义鲜明的民族性，在进行马克思主义理论研究和理论创新的过程中，体现中华民族的文化特质、思维模式、价值取向、行为方式，运用中国民众习惯的语言、乐于接受的形式，使马克思主义理论的研究更具现实价值，使马克思主义理论的宣传普及更具感召力和亲和力，培育人民大众的理论兴趣、理论思维、理论素养、理论信仰，使广大人民群众学习自觉、信仰自觉、应用自觉。

三、实现马克思主义与中国传统文化的耦合，必须批判地继承中国传统文化中的优秀成果

实现马克思主义与中国传统文化的耦合，要反对两种错误倾向：一种是民粹主义倾向，固守封闭和僵化的思想，盲目地崇尚传统文化，不加选择地坚持传统文化，抵制马克思主义先进文化；另一种是教条主义倾向，把马克思主义神圣化，对传统文化全盘否定，妄图用马克思主义取代中国传统文化。实现马克思主义与中国传统文化的有机结合，既要用马克思主义批判和破除传统文化中的糟粕，又要继承和发扬传统文化中的优秀成果，使优秀

①毛泽东选集(第2卷).北京:人民出版社,1991:534.

的民族文化传统继续发扬光大,使马克思主义具有民族特色,从而不断推进马克思主义中国化。

(一)实现马克思主义与中国传统文化的有机结合,主要是吸收中国文化中的优秀传统

民族文化既是民族精神和智慧长期积淀的结果,又是民族精神继续创新升华的基础,这种继承和发展的统一就是民族文化发展的内在规律。中华文化源远流长,在五千多年的历史长河中,中华民族创造出了具有深厚积淀和丰富内涵的优秀传统文化,它是中华民族的生长根基。继承和维护中华民族的传统文化,是中华民族得以延续的基础。中国共产党很早就对中国传统文化的价值及其在马克思主义中国化过程中的地位作出了充分的肯定。毛泽东在《中国革命和中国共产党》一文中指出:"在中华民族的开化史上,有素称发达的农业和手工业,有许多伟大的思想家、科学家、发明家、政治家、军事家、文学家和艺术家,有丰富的文化典籍。在很早的时候,中国就有了指南针的发明。还在一千八百年前,已经发明了造纸法。在一千三百年前,已经发明了刻板印刷。在八百年前,更发明了活字印刷。火药的应用,也在欧洲人之前。所以,中国是世界文明发达最早的国家之一,中国已有了将近四千年的有文字可考的历史……所以,中华民族又是一个有光荣的革命传统和优秀的历史遗产的民族。"①

中华民族发展的历史证明,中国传统文化中具有丰富的优秀思想精华,为实现马克思主义中国化提供了宝贵的思想资源。马克思主义与中国传统文化有机结合,就是要与传统文化中的优秀成分相结合,就是要吸收传统文化中的精华,继承和发扬中华民族的优秀传统文化,只有这样,才能使马克思主义为中国人民所接受,才能创造出中国化的马克思主义理论,才能不断推进马克思主义中国化的历史进程。江泽民在庆祝中国共产党成立80周年大会上的讲话中指出:"发展社会主义文化,必须继承和发扬一切优秀的文化……中华民族的优秀文化传统,党和人民从五四运动以来的革命文化传统,人类社会创造的一切先进文明成果,我们都要积极继承和发扬……做到古为今用。"②

①毛泽东选集(第2卷). 北京:人民出版社,1991:622-623.

②江泽民文选(第3卷). 北京:人民出版社,2006:278.

（二）实现马克思主义与中国传统文化的有机结合，必须坚持对中国传统文化"批判地继承"

传统文化是一个民族在文明演化的过程中形成的一种反映民族特质和风貌的民族文化，是该民族历史上各种思想文化、观念形态的总体表征。任何民族的传统文化，都具有两重性，中国传统文化也不例外。在中国的传统文化中，既包含着勤劳勇敢、艰苦奋斗、尊师重道、崇尚和谐等有益成分，也包含着因循守旧、小农思想、封建迷信等消极思想。传统文化中的优秀部分可以激励我们的国家和民族去生存、奋斗和发展，而其糟粕部分则是历史的惰性，是消极的思想，会阻碍历史的进程，对民族的发展起负面作用。因此，要实现马克思主义与中国传统文化的耦合，就要坚持"批判地继承"中国传统文化的指导思想，不仅要吸收中国传统文化中的优秀成分，更要不断剔除其中阻碍社会历史发展的陈旧落后成分。

毛泽东在1940年发表的《新民主主义论》中指出："清理古代文化的发展过程，剔除其封建性的糟粕，吸收其民族性的精华，是发展民族新文化提高民族自信心的必要条件；但是绝不能无批判地兼收并蓄。必须将古代封建统治阶级的一切腐朽的东西和古代优秀的人民文化即多少带有民主性和革命性的东西区别开来。中国现时的新文化也是从古代的旧文化发展而来，因此，我们必须尊重自己的历史，绝不能割断历史。但是这种尊重，是给历史以一定的科学的地位，是尊重历史的辩证法的发展，而不是颂古非今，不是赞扬任何封建的毒素。"①他在《应当充分地批判地利用文化遗产》中指出："对中国的文化遗产，应当充分地利用，批判地利用。中国几千年的文化，主要是封建时代的文化，但并不全是封建的东西，有人民的东西，有反封建的东西。要把封建主义的东西和非封建主义的东西区别开来。封建主义的东西也不全是坏的。我们要注意区别封建主义发生、发展和灭亡不同时期的东西。当封建主义还处在发生和发展的时候，它有很多东西还是不错的。反封建主义的文化也不是全部可以无批判地利用的。封建时代的民间作品，也多少都还带有封建统治阶级的影响。我们应当善于进行分析，应当批判地利用封建主义的文化，而不能不批判地加以利用。"②可见，对待中国传统文化要坚持"批判性"，坚持批判地继承，将批判和继承统一起来。十七

①毛泽东选集（第2卷）．北京：人民出版社，1991：707－708.

②毛泽东文集（第8卷）．北京：人民出版社，1999：225.

大报告指出:“中华文化是中华民族生生不息、团结奋进的不竭动力。要全面认识祖国传统文化,取其精华,去其糟粕,使之与当代社会相适应,与现代文明相协调,保持民族性,体现时代性。”①要认真研究中国传统文化,找到传统文化中能促进社会发展的有益成分,在批判过程中加以继承和发扬,使马克思主义与中国传统文化实现有机结合。

坚持把马克思主义与中华民族优秀文化有机地结合起来,使马克思主义与中国传统文化实现双向互动、共同发展,使中国化的马克思主义具有中国作风和中国气派,符合中华民族的文化传统和民族心理,是马克思主义中国化得以实现和不断推进的文化基础。在中国特色社会主义发展的新的历史时期,要继续推进马克思主义中国化的进程,就必须不断坚持马克思主义与中国传统文化的有机结合,在认真研究传统文化的基础上,继续挖掘中华文化中的精华,建构中国特色社会主义文化的科学体系,坚持文化创新,通过马克思主义与中华民族优秀文化的有机结合,吸收、借鉴人类文明的共同成果,实现中国文化的历史性超越。

①高举中国特色社会主义伟大旗帜,为夺取全面建设小康社会新胜利而奋斗.北京:人民出版社,2007:33.

第八章 马克思主义中国化的意义

在中国近现代史上,马克思主义中国化的理论和实践是最为辉煌璀璨的乐章,没有哪一种学说和理论能像马克思主义这样,从根本上影响和决定着中国人民的命运并由此影响着中华民族伟大复兴的历史进程。马克思主义传入中国,与中国实践和民族文化相结合,发展形成了两大既闪耀着马克思主义真理光辉又具有鲜明中国作风和中国气派的现代思想理论——毛泽东思想和中国特色社会主义理论体系。马克思主义中国化既是一个动态实践进程,又是一个理论成果不断形成的过程,同时也是一种辩证的思想方法。在马克思主义中国化这一伟大历程中形成的中国化的马克思主义,是中国人民上下求索、百年梦寻的革命理论之大成和精神归宿,它为东西方文化融合提供了中介,使马克思主义这一产生于西方文化背景中的理论融入了东方文化的精神智慧,开辟了马克思主义中国化的道路。马克思主义中国化所形成的中国化的马克思主义,不仅丰富和发展了马克思主义的科学理论体系,而且对中国革命、建设和改革的伟大实践具有重大的理论指导意义,为科学社会主义运动作出了巨大贡献。同时,马克思主义中国化的发展历程,是发展马克思主义的光辉典范,具有重要的方法论意义。

第一节 马克思主义中国化的理论意义

一、形成了中国化的马克思主义,丰富和发展了马克思主义理论体系

马克思主义中国化具有重大的理论意义,最根本的就是形成了中国化的马克思主义,即毛泽东思想和中国特色社会主义理论体系。在马克思主义中国化的伟大历程中所形成的这两大中国化的马克思主义理论成果,大大丰富和发展了马克思主义的基本理论。

在马克思主义中国化的历史进程中，毛泽东不仅是第一个提出马克思主义中国化命题的人，同时也是马克思主义中国化较早的探索者之一。以毛泽东为主要代表的中国共产党人，根据马克思列宁主义的基本原理，对中国长期革命和社会主义初步建设实践中的一系列独创性经验进行了理论概括，形成了适合中国情况的科学的指导思想，这就是马克思列宁主义普遍原理和中国革命、建设具体实践相结合的产物——毛泽东思想。20世纪30年代，我们党内存在着一种把共产国际指示教条化和把苏联经验神圣化的错误倾向，这种错误倾向还曾在一段时间里占据党内主导地位，给中国革命带来了巨大危害。包括毛泽东在内的中国共产党人在总结实践经验和教训的基础上，认识到马克思主义必须要同中国的实际特点结合起来，马克思主义必须要中国化。毛泽东思想正是在这一背景之下逐渐形成和发展起来的。在经历了三次"左"的错误之后，中国共产党人在土地革命战争后期和抗日战争时期对马克思主义中国化的要求落实得比较彻底，毛泽东思想也在此基础上达到成熟，并在解放战争时期和中华人民共和国成立以后得到进一步的发展。毛泽东思想是马克思列宁主义在中国的运用和发展，是被实践证明了的关于中国革命和建设的正确的理论原则和经验总结，是马克思主义中国化的理论成果。

马克思主义中国化第二次历史性飞跃的理论成果是中国特色社会主义理论体系。新中国成立以后，毛泽东针对照抄照搬苏联模式产生的弊端，明确提出要以苏为鉴，走自己的路，开启了将马克思列宁主义的基本原理与中国具体实际第二次相结合的新航程。《论十大关系》、《关于正确处理人民内部矛盾的问题》等理论成果，表明我们党在探索适合中国自己的社会主义建设道路上有一个良好的开端。但由于国际国内环境的变化和社会主义建设经验的不足，社会主义建设后来发生了严重失误，特别是"文化大革命"那样全局性的严重错误，使得一些正确的方针政策没有得到贯彻落实。党的十一届三中全会以后，以邓小平、江泽民、胡锦涛为主要代表的中国共产党人，在和平与发展成为时代主题的历史条件下，在我国改革开放和社会主义现代化建设的伟大实践中，在总结我国社会主义建设正反两方面历史经验和改革开放以来新鲜经验，并借鉴其他社会主义国家兴衰成败经验教训的基础上，创立和不断发展着中国特色社会主义理论体系。中国特色社会主义理论体系是马克思主义中国化的最新成果。

马克思主义中国化第二次历史性飞跃形成的中国特色社会主义理论体

系，包括邓小平理论、“三个代表”重要思想和科学发展观等重大战略思想。以邓小平为核心的党的第二代中央领导集体，坚持解放思想、实事求是，带领全党全国人民开启了改革开放的伟大历史进程，第一次提出了“建设有中国特色的社会主义”的重大命题，创立了邓小平理论。这一理论是中国特色社会主义理论体系的最基础的组成部分，以回答“什么是社会主义，怎样建设社会主义”这个历史课题为出发点，以社会主义本质论、社会主义初级阶段论、社会主义市场经济理论等理论成果支撑起中国特色社会主义理论体系的基本框架，以“一个中心，两个基本点”的基本路线为中国特色社会主义的实践纲领，从而为中国特色社会主义理论体系的形成作出了开创性的贡献。以江泽民为核心的第三代中央领导集体，在深化对“什么是社会主义，怎样建设社会主义”这一课题的认识的同时，提出了“三个代表”重要思想。这一重要思想作为中国特色社会主义理论体系承上启下的组成部分，提出党要始终代表中国先进生产力的发展要求，始终代表中国先进文化的前进方向，始终代表中国最广大人民的根本利益，并将其作为加强党的建设和发展中国特色社会主义的本质要求和根本原则，引导我们开创了中国特色社会主义事业的新局面。党的十六大以来，以胡锦涛同志为总书记的党中央，坚持以邓小平理论和“三个代表”重要思想为指导，对“实现什么样的发展，怎样发展”这一重大现实课题进行了集中探索，提出了科学发展观等一系列重大战略思想。这是中国特色社会主义理论体系的重要创新成果，对中国特色社会主义发展规律作出了新的科学揭示，是对马克思主义的重大贡献。

马克思主义中国化的理论意义在于，不仅形成了中国化的马克思主义，更重要的是发展了马克思主义，为马克思主义的理论宝库增添了新的内容，使马克思主义始终保持着旺盛的理论活力。从 1938 年毛泽东在六届六中全会上提出“马克思主义中国化”的概念开始，中国共产党人就不断地把马克思主义基本原理同中国革命、建设和改革的实践相结合，不断总结实践经验，形成了既一脉相承又具有中国特色的理论体系，丰富和发展了马克思主义。

（一）毛泽东思想对马克思主义的丰富和发展

以毛泽东为代表的党的第一代中央领导集体在以下几个方面实现了马克思主义中国化，丰富和发展了马克思主义：

第一,创立了新民主主义革命理论,确定并实现了中国无产阶级对民主革命的领导权,把彻底反帝反封建的民主革命同社会主义前途紧密地联系起来,实现了中国近代以来几代人所渴望达到而没有达到的和平、独立和统一的理想。

第二,比较成功地解决了落后的东方大国通过和平途径从新民主主义向社会主义过渡的历史性课题,开创了中国式的社会主义改造道路,确立了社会主义根本制度,为进一步开展大规模工业化建设创造了比较有利的社会条件。

第三,开拓了对适合中国情况的社会主义建设道路的探索,初步形成了比较完整的工业体系和国民经济体系。

(二)邓小平理论对马克思主义的丰富和发展

以邓小平为核心的党的第二代中央领导集体在以下四个方面实现了马克思主义中国化,丰富和发展了马克思主义:

第一,以世界格局和时代特征的新变化为转移,确立了当代中国社会主义发展的中心和基点,这就是党在社会主义初级阶段的基本路线。

第二,以中国社会主义社会矛盾运动的新变化为转移,依靠改革的理论推动社会主义制度不断完善和发展。以邓小平为核心的第二代中央领导集体在总结历史经验教训的基础上,结合新的实践,找到了通过社会主义制度自身的力量解决社会矛盾的正确道路,这就是改革之路。改革之路的鲜明特色是始终把生产力作为生产关系乃至上层建筑变革的根本依据,作为通过改革解决社会基本矛盾的中心环节。

第三,以现代科技革命的新变化为转移,把社会主义制度的发展与科学技术的发展有机结合起来。以科学技术的新发展为转移,实现自我突破和超越,这是邓小平理论的重要内容。从现代科学技术发展的角度阐述对马克思主义的继承和发展,这生动地表现了邓小平理论内在具有的科学性和时代性。

第四,以当代世界两种社会形态关系的新变化为转移,在积极吸纳资本主义文明成果中增加社会主义制度的优势。面对社会主义运动中的曲折和资本主义世界的新变化,各种社会政治思潮竞相表演,一些人莫衷一是。在众说纷纭中,邓小平以无产阶级革命家的坚定立场和远见卓识,为我们指明了正确方向。一方面,他强调必须坚信马克思主义所揭示的社会发展规律;

另一方面,他强调必须以实事求是的态度和宽广的眼光对待当代资本主义的新变化。

(三)"三个代表"重要思想对马克思主义的丰富和发展

以江泽民为核心的党的第三代中央领导集体在以下几个方面实现了马克思主义中国化,丰富和发展了马克思主义:

制定了社会主义初级阶段建设有中国特色社会主义的基本纲领;提出了建立社会主义市场经济体制是我们经济体制改革的目标,构建了社会主义市场经济体制的基本框架;实施了科教兴国战略、可持续发展战略以及西部大开发战略;对公有制经济的含义、主体地位和实现形式作出了新的解释,明确了非公有制经济是我国社会主义市场经济的重要组成部分;强调把社会主义精神文明建设放在突出位置;提出依法治国,建设社会主义法治国家;提出"三个代表"是立党之本、执政之基、力量之源,是新时期党的纲领和全党的行动指南。

(四)以胡锦涛为代表的新一代中央领导集体对马克思主义的丰富和发展

以胡锦涛为代表的新一代中央领导集体在以下几个方面实现了马克思主义中国化,丰富和发展了马克思主义:

第一次提出了中国特色社会主义理论体系的重大命题。这是马克思主义中国化的最新成果,是对理论创新的最精辟概括,在马克思主义发展史上具有划时代的意义。

第一次系统、深刻地阐述了科学发展观的科学内涵和根本要求,在新的历史起点上开辟了中国特色社会主义的新篇章,为我们自觉地把握和践行科学发展观指明了方向,是我们党对共产党执政规律、社会主义建设规律和人类社会发展规律的认识深化的基本标志。

牢牢把握国内、国际发展大趋势和当前我国发展的阶段性特征,与时俱进地提出了构建社会主义和谐社会的重大战略思想,为实现全面建设小康社会奋斗目标的新要求,全面部署了社会主义经济建设、政治建设、文化建设和社会建设的任务,充分体现了理论创新与实践创新的有机统一。

二、马克思主义中国化的理论成果丰富了科学社会主义理论，推动了世界社会主义运动的发展

20 世纪初列宁领导的十月革命的胜利，标志着科学社会主义从理论形态向实践形态转变的开始。在资本主义仍然占据世界历史主导地位的条件下，如何在经济文化相对落后的国家建设、巩固和发展社会主义，成为 20 世纪以来社会主义国家面对的重大历史课题。

艰辛而曲折的探索在 20 世纪社会主义的历史长河中留下过深深的印迹，其间既有凯歌行进，也有严重的挫折。列宁领导的探索具有特殊的意义，这不仅是因为经济文化相对落后的国家在建设社会主义的过程中遭遇了种种马克思和恩格斯所预想不到的问题，更是因为列宁在探索过程中提出的一系列观点、措施和方法具有特别重要的理论意义和现实意义，甚至在我们建设中国特色社会主义的今天，仍然具有重大的现实意义。以毛泽东为代表的中国共产党人坚持把马克思列宁主义的基本原理同中国的实际和文化相结合，创造性地提出了新民主主义革命理论，制定了新民主主义革命的政治、经济、文化纲领，形成了中国化的马克思主义——毛泽东思想。在毛泽东思想的指导下，中国共产党人成功地取得了新民主主义革命的胜利，带领全党全国各族人民建立了新中国，完成了社会主义改造，进入了社会主义社会。

三大改造完成之后，特别是改革开放以来，中国人民在探索中国特色社会主义发展道路的过程中，把马克思主义的普遍真理和本国的国情结合起来，坚定不移地走中国特色社会主义道路，实现了马克思主义中国化的第二次历史性飞跃，形成了中国特色社会主义理论体系这一中国化的马克思主义理论成果。中国特色社会主义理论体系丰富和发展了科学社会主义理论，为世界社会主义运动的发展作出了重大贡献。

纵观当代世界社会主义运动，没有一个社会主义国家像中国这样，能够从理论、路线到实践全面系统地解决社会主义发展的前途和命运问题。中国特色社会主义探索的成功，从理论和实践相统一的高度，比较科学地回答了建设和发展社会主义的一系列基本问题。中国特色社会主义建设和发展的实践，正是在不断解决社会主义建设和发展的基本问题中前进的。这些基本问题的解决，克服了传统社会主义模式的种种弊端，使社会主义具有生机和活力，能够发挥出社会主义制度的优越性，从各个方面创造出比资本主

义更高更好的发展水平,赢得相比较的优势,从而回答社会主义如何发展及其前途命运的问题。

中国特色社会主义坚持理论与实践相结合,在中国特色社会主义理论体系的指导下,中国社会主义的发展取得了举世瞩目的成就,为社会主义国家赢得了声誉,同时为社会主义国家如何发展提供了借鉴,对加快当代世界社会主义进程发生着重大的影响,赋予了世界社会主义运动新的活力。

第二节　马克思主义中国化的实践意义

一、马克思主义中国化是发展马克思主义的光辉典范

发展是马克思主义的理论品质。“我们的理论是发展的理论,而不是必须背得烂熟并机械地加以重复的教条。”①这是马克思主义创始人对待马克思主义的态度。马克思和恩格斯创立马克思主义的过程,也是发展马克思主义的过程。从“两个必然”到“两个绝不会”,从设想在发达资本主义国家同时发生革命到提出落后国家有可能跨越资本主义“卡夫丁峡谷”等等,都体现着发展马克思主义的理论追求。应当说,马克思主义从诞生的那一天起,就面临着如何发展从而保持旺盛生命力的问题。中国共产党人坚持马克思主义中国化的基本方向,为丰富和发展马克思主义树立了光辉典范。

首先,马克思主义中国化的发展历程为马克思主义的发展树立了光辉典范。马克思主义不是一成不变的理论教条,它从诞生的那一天起,就处在一个不断发展的历史进程中。从马克思主义的创立到列宁主义的创立,是马克思主义由理论到实践的飞跃;从马克思主义的俄国化到马克思主义的中国化,则使马克思主义实现了由一国实践到多国实践的飞跃。前苏联等社会主义国家遭遇的挫折使马克思主义的发展遇到了前所未有的挑战,仿佛其社会主义模式的所有弊端都是马克思主义理论本身的问题;但马克思主义中国化的不断发展以及中国社会主义建设所取得的成就表明,马克思主义只有不断与时俱进才能获得生机和活力。

其次,中国化的马克思主义的形成和发展为马克思主义的发展树立了

①马克思恩格斯选集(第4卷).北京:人民出版社,1995:681.

光辉典范。伴随着马克思主义中国化的不断发展,中国化的马克思主义逐步形成。这种具有中国作风和中国气派的中国化的马克思主义,既是马克思主义的,又是中国的。它是马克思主义在中国的发展,同时又为马克思主义的发展作出了重大贡献,为如何发展马克思主义树立了榜样。中国化的马克思主义是属于马克思主义理论体系的,因为它与马克思主义一脉相承。无论是毛泽东思想、邓小平理论还是"三个代表"重要思想、科学发展观,都是对马克思主义的运用和发展。中国共产党人运用马克思主义的立场、观点和方法,分析和解决中国革命和建设的实际问题,揭示中国革命和建设发展的客观规律,同时把中国人民在长期的革命和建设中所积累的宝贵经验上升到理论的高度,形成了中国化的马克思主义。它们有共同的哲学基础,那就是辩证唯物主义和历史唯物主义;它们有共同的政治立场,那就是代表最广大人民群众的利益;它们有共同的价值追求,那就是为"人的自由全面发展"而奋斗,为共产主义事业而奋斗。纵观中国化的马克思主义的发展历程,无论时代怎样变迁,坚持马克思主义基本原理的精神始终没有变。中国化的马克思主义又是属于中国的马克思主义理论,因为它具有中国作风和中国气派。毛泽东思想、邓小平理论、"三个代表"重要思想和科学发展观,都将马克思主义从欧洲形式转变为中国的民族形式,也就是根据中国的民族特点、思维方式,用中国人所喜闻乐见的民族语言来表达马克思主义的基本原理,阐明党的各项方针政策,使老百姓听得懂、记得牢、掌握得好,真正做到用马克思主义的理论武装群众。

二、马克思主义中国化是坚持和发展马克思主义的根本途径

马克思主义中国化这一概念最早是毛泽东在1938年10月中共六届六中全会上提出来的。这一概念的提出,标志着以毛泽东为代表的中国共产党人在对中国革命进行艰辛探索后达到的一种理论自觉。这种理论自觉实现了对马克思主义特殊理论品质的深刻把握,适应了坚持和发展马克思主义的根本要求。马克思和恩格斯一贯主张,要以科学的态度对待他们所创立的思想体系。他们在《共产党宣言》中强调:"不管最近25年来的情况发生了多大的变化,这个《宣言》中所阐述的一般原理整个说来直到现在还是完全正确的。"但这些原理的实际运用,"随时随地都要以当时的历史条件为

转移"[①]。他们还声明,马克思主义是发展的理论,而不是必须背得烂熟并机械地加以重复的教条;马克思主义不是现成的公式,而是研究历史和行动的指南;认为可以"到马克思的著作中去找一些不变的、现成的、永远适应的定义"是一种"误解"。马克思主义经典作家反复强调这一点,绝非出于谦虚或者其他类似的原因。马克思主义是科学性、实践性和革命性的统一,这就决定了发展是它的内在品质和根本要求。马克思主义者必须根据历史自身发展的法则发现历史自己提出并可能解决的问题,按照历史辩证法的逻辑寻求解决问题的方案。

"正确的理论必须结合具体情况并根据现成条件加以阐明和发挥",马克思主义以自身特有的理论品质粉碎了任何教条主义者所有的懒汉般的幻想和企图。这对马克思之后的马克思主义而言,事实上指出了只有将马克思主义民族化才能谈得上真正坚持马克思主义,也才能谈得上真正解决各国革命的实际问题。列宁深谙这一原则,他说:"对于俄国社会党人来说,尤其需要独立地探讨马克思的理论,因为它所提供的只是总的指导原理,而这些原理的实际运用具体来说,在英国不同于法国,在法国不同于德国,在德国又不同于俄国。"[②]从一定意义上说,列宁是将马克思主义民族化并成功实践的第一人,他提出了"变帝国主义战争为国内战争"的口号,取得了十月社会主义革命的胜利,开辟了世界历史的新纪元。在1923年的《论俄国革命》一文中,列宁不仅论述了俄国能够表现出而且势必表现出某些特殊性,使俄国革命有别于以前西欧各国的革命,而且预见到这些特殊性到了东方国家又会产生某些局部的新东西,"在东方那些人口无比众多,社会情况无比复杂的国家里,今后的革命无疑会比俄国革命带有更多的特殊性"[③]。

当中国共产党人提出马克思主义中国化这一重大命题的时候,必然涉及如何对待马克思主义特殊性和普遍性的关系,即如何认识和处理民族化的马克思主义与马克思主义基本原理的关系的问题。在这个问题上,以毛泽东为主要代表的中国共产党人主要防止的是将马克思主义普遍性和特殊性相脱离的倾向。

一方面,反对片面强调普遍性而忽视特殊性的倾向。事实上,当我们党

①马克思恩格斯选集(第1卷). 北京:人民出版社,1995:248.

②列宁全集(第4卷). 北京:人民出版社,1984:161.

③列宁选集(第4卷). 北京:人民出版社,1995:776.

第一次提出马克思主义中国化的命题时，对特殊性的重视和强调是不言自明的，主要反对无视中国国情的特殊性而机械照搬马克思主义一般原则的教条主义倾向。毛泽东提出："我们要把马、恩、列、斯的方法用到中国来，在中国创造出一些新的东西。只有一般的理论，不用于中国的实际，打不得敌人。但如果把理论用到实际上去，用马克思主义的立场、方法来解决中国问题，创造些新的东西，这样就用得了。"[①]在读苏联《政治经济学教科书》时，毛泽东进一步指出："国家的共产党，任何国家的思想界，都要创造新的理论，写出新的著作，产生自己的理论家，来为当前的政治服务，单靠老祖宗是不行的。"[②]中国共产党人只有将马克思主义基本原理与本国具体实际结合起来，运用马克思主义的立场、观点和方法指导实践，才能有效地解决中国革命和建设的实际问题。

另一方面，反对片面强调特殊性而忽视普遍性的倾向。马克思主义的民族化是以马克思主义立场、观点和方法在一定时空条件下的运用和马克思主义基本原理在一定时空条件下的具体展开为实现途径的，而不是特殊性对普遍性的替代。著名马克思主义哲学家艾思奇在20世纪40年代曾说过："在中国应用马克思主义，或使马克思主义中国化，就是要坚决地站在马克思主义的观点上，在马克思主义基本原则和基本精神上，用马克思、恩格斯所奠定了的，辩证唯物论的和政治经济学的科学方法，来具体地客观地研究中国社会经济关系，来决定中国无产阶级在中国民族革命斗争中的具体任务及战略策略。"[③]中国化绝不是丢开马克思主义的立场的意思，相反地，愈能中国化，就是愈能正确坚决地实践马克思主义的立场的意思，愈能创造，就是愈能开展真正的马克思主义的意思。毛泽东在读苏联《政治经济学教科书》时强调："马克思这些老祖宗的书，必须读，他们的基本原理必须遵守。"讲的就是这个道理。

中国共产党人一认识到将马克思主义基本原理的普遍性和民族国家具体国情的特殊性相结合这一科学的方法论，党和国家事业就进入了一个自觉主动的新阶段。善于创造性地将马克思主义普遍原理同我国革命、建设和改革的具体实践相结合，走自己的路，成为中国共产党人的一大特点和优

①毛泽东文集(第2卷). 北京:人民出版社,1993:408.
②毛泽东文集(第8卷). 北京:人民出版社,1999:109.
③艾思奇文集(第1卷). 北京:人民出版社,1981:481.

势,成为中国共产党的首要经验。

第三节 马克思主义中国化的方法论意义

一、立足中国国情,一切从实际出发

马克思主义是一个代表无产阶级和广大人民的利益,能够正确说明历史发展规律的科学思想体系,是中国人民百年来摸索、奋斗,进行革命和建设实践的指导理论。马克思主义是一种崭新的世界观和“伟大的认识工具”,它使人们学会了认识自我和改造世界,用科学代替了幻想。马克思主义给中国人民提供了一种观察人类历史命运的工具,一种具体地历史地拯救和发展中国的战略和策略,一种决不同任何迷信、任何权威、任何反动势力相妥协的完整世界观——用科学的态度对待马克思主义,反对教条主义,坚持解放思想、实事求是,坚持独立思考,不迷信,不盲从,一切从实际出发,理论联系实际,与时俱进,求真务实,独立自主地开辟中国革命、建设、改革的道路。恩格斯说:“马克思的整个世界观不是教义,而是方法,它提供的不是现成的教条,而是进一步研究的出发点和供这种研究使用的方法。”毛泽东说:“不如马克思,不是马克思主义者;等于马克思,也不是马克思主义者;只有超过了马克思,才是马克思主义者。”这都体现了马克思主义的自我超越的思想方法论。毛泽东思想和中国特色社会主义理论体系都坚持解放思想、实事求是、与时俱进,坚持党的群众路线,坚持独立自主地走自己的路。从早期启蒙思想的勃兴到接受马克思主义,从进化论到历史唯物论和辩证唯物论,这是中国近代矛盾发展的必然选择,集中体现了历史与逻辑统一的革命辩证法。马克思主义中国化完成了从进化思想到辩证思维、从直觉顿悟到实践第一的飞跃。

马克思主义中国化的历史,就是中国人民运用马克思主义基本立场、观点和方法认识、解决中国实际问题的历史。在推进马克思主义中国化的过程中,中国人民寻求革命道路的巨大勇气、探索社会主义建设规律的独特思路、开辟改革开放事业的理论气魄、实现中华民族伟大复兴的宽广视野、驾驭国际局势的战略思维具有方法论意义。中国共产党人推进马克思主义中国化的历史特点和启示是:第一,立足中国国情,从改造中国的目的出发去

寻找马克思主义。马克思主义是人类最先进最科学的理论体系，而“问题在于改造世界”，只有将马克思主义与中国的民族特点以及不断发展变化的革命和建设的实际结合起来，才能建立中国形态的马克思主义，发挥其改造世界的功能。第二，现实联系未来，在改造中国的实践中发展马克思主义。马克思主义中国化就是以马克思主义为理论基石，以研究中国的实际问题为目标，以我国改革开放和现代化建设的实际问题为中心，着眼于马克思主义理论的运用，着眼于对实际问题的理论思考，着眼于实践及其新的发展。第三，中国联系世界，在马克思主义中国化的进程中体现全球视野和地域特色。列宁曾经这样论述：在马克思主义里绝没有与“宗派主义”相似的东西，它绝不是离开世界文明发展大道而产生的褊狭顽固的学说；恰恰相反，马克思学说的产生，是对人类哲学、社会科学的“极伟大的代表人物的学说的直接继续”。中共第二代、第三代中央领导集体在“面向现代化、面向世界、面向未来”的宽广视域中思考中国道路、发展模式，使历史、现代和未来相统一。第四，在对传统文化和“左”倾思想的批判反思中推进马克思主义中国化。毛泽东思想的形成伴随着对“左”倾教条主义的批判，对共产国际经验神圣化和苏联经验模式化的突围；邓小平理论也在对毛泽东晚年错误的反思中逐渐孕育成熟，在“姓社姓资”的交锋和争论中提出了家庭联产承包责任制、发展是硬道理、建立经济特区、防“左”反右、三步走、市场经济、小康社会等一系列改革开放的路线方针政策，从而继续推动了马克思主义中国化的航程。总之，马克思主义中国化的基本品格——唯物性、实践性、辩证性、人道性、革命性、批判性、创新性，对于马克思主义在当代的新发展富有方法论的启迪意义。我们在建设中国特色社会主义的实践中正确处理自上而下与自下而上、循序渐进与重点突破、动力机制与平衡机制、全球化与民族化、发展与稳定、政治与经济、激进与渐进、效率与公平、先富与共富、“左”与右、破与立的辩证关系，充分显示了辩证法作为“伟大的认识工具”的巨大威力。

二、理论联系实际，勇于和敢于理论创新

理论联系实际是马克思主义的根本原则，是马克思主义中国化的历史经验和成功的要素之一，对于坚持和发展马克思主义中国化具有重要的现实指导意义。

马克思主义中国化的历史，就是将马克思主义的基本原理同中国具体实际相结合的历史。中国共产党的历代领导人都非常重视将马克思主义基

本原理同中国实际相结合的问题。早在土地革命战争时期，毛泽东就指出："马克思主义的'本本'是要学习的，但是必须同我国的实际情况相结合。"①正是遵循这一原则，以毛泽东为代表的中国共产党人才成功地走出了一条"农村包围城市，武装夺取政权"的革命新道路，从而实现了马克思主义同中国实际相结合的第一次历史性飞跃，创立了毛泽东思想。历史的接力棒传到了邓小平的手中，面对中国社会主义建设的历史性难题，邓小平发出了同样的声音："我们的现代化建设，必须从中国的实际出发。无论是革命还是建设，都要注意学习和借鉴外国经验。但是，照抄照搬别国经验、别国模式，从来不能得到成功。这方面我们有过不少教训。把马克思主义的普遍真理同我国的具体实际结合起来，走自己的路，建设有中国特色的社会主义，这就是我们总结长期历史经验得出的基本结论。"②这样，以邓小平为核心的第二代中国共产党人沿着前辈的足迹继续前进，开辟了一条有中国特色的社会主义建设道路，实现了马克思主义同中国实际相结合的第二次飞跃。

党的十三届四中全会以来，以江泽民为核心的党的第三代领导集体同样非常重视马克思主义同中国实际相结合的问题。江泽民指出："马克思主义是从实际中来并被实践证明了的科学理论，只有联系实际，才能真正学懂，也只有联系实际才能真正用好。"③在这一思想指导下，中国共产党人在探索社会主义建设规律与执政党建设规律方面取得了丰硕的成果，形成了"三个代表"重要思想。进入新世纪以来，以胡锦涛为总书记的党中央与时俱进，将马克思主义社会建设思想同中国具体实际相结合，提出了科学发展观和构建社会主义和谐社会的思想。

马克思主义中国化的历史实践证明，理论联系实际是寻找解决中国革命、建设和改革历史课题答案的重要方法；同时，马克思主义中国化的历史实践还为我们做到理论联系实际提供了历史借鉴。首先，要掌握马克思主义基本理论。要对马克思主义基本理论完整、准确、全面和科学地理解和把握，要掌握马克思主义的科学体系、基本内容、方法和观点；反对断章取义，只从马克思主义经典作家的个别词句来理解马克思主义的基本理论，特别是反对任意附加或者演绎。要努力了解马克思主义经典作家提出问题和解

①毛泽东选集(第1卷). 北京:人民出版社,1991:111.

②邓小平文选(第3卷). 北京:人民出版社,1993:2.

③江泽民. 论党的建设. 北京:中央文献出版社,2001:223.

决问题的社会环境和历史条件，学习他们如何从自己所处的时代特点出发，继承和发展既有的思想理论，在总结历史经验的基础上不断创新和发展理论；反对僵化式地理解马克思主义基本原理，只注重背诵已有的历史结论，不注重思想方法的学习。其次，要掌握中国的实际。要认清国情，对国情有一个全面、深入、透彻的认识和理解，不仅要了解当代中国的情况，还要了解中国的过去、中国的历史。再次，要运用马克思主义的基本理论去分析中国革命和建设的具体实际，回答中国革命和建设所遇到的问题，探寻中国革命和建设的规律。

在马克思主义中国化的伟大历程中，中国共产党人不仅坚持理论联系实际，而且勇于和敢于进行理论创新，不断赋予马克思主义新鲜活力。马克思主义中国化为我们坚持马克思主义与时俱进的理论品质，勇于和敢于进行理论创新提供了重要的行动方法。具体地说，包括以下四个方面：

第一，紧跟时代步伐，抓住时代特征，是与时俱进地进行理论创新的必然要求。马克思主义具有鲜明的时代性，这就决定了只有坚持紧跟时代前进步伐，把握时代特征，将马克思主义基本原理同时代特征相结合，才能发展马克思主义。马克思指出："一切划时代体系的真正内容，都是由产生这些体系的那个时期的需要构成的。"①马克思主义理论本身之所以在人类思想史上实现了划时代的变革，就是因为马克思和恩格斯抓住了资本主义发展早期的时代特征。他们从资本主义的产生所引起的深刻社会变革中看到了资本主义产生的历史必然性，同样也从资本主义制度本身固有的矛盾中看到了资本主义被社会主义代替的历史必然性。列宁抓住了20世纪初战争与革命的时代主题，突破了马克思和恩格斯提出的社会主义革命首先在资本主义高度发达的国家同时取得胜利的设想，提出了社会主义将在一国或数国取得胜利的论断，从而将马克思主义推进到了列宁主义阶段。

第二，坚持马克思主义的基本理论，坚持马克思主义的立场、观点和方法，是与时俱进地进行理论创新的前提。所谓坚持马克思主义的基本理论，坚持马克思主义的立场、观点和方法，就是坚持辩证唯物主义和历史唯物主义的思想基础。马克思主义是关于无产阶级解放的学说，是被实践证明了的科学的理论体系。中国革命和建设的实践也一再证明，只有马克思主义而没有其他任何理论能够解决中国的问题。正是一代又一代的中国共产党

---

①马克思恩格斯全集（第3卷）．北京：人民出版社，1960：544.

人坚持马克思主义的科学理论知识,将马克思主义的基本理论同中国实际相结合,实现了马克思主义中国化,才使我们找到了实现民族独立和人民解放的道路,找到了实现国家富强和人民共同富裕的道路。

第三,坚持从中国国情出发,是与时俱进地进行理论创新的客观根据。毛泽东指出:“认清中国的国情,乃是认清一切革命问题的基本的根据。”[①]在民主革命时期,以毛泽东为代表的中国共产党人在全面深刻把握和认清我国半殖民地半封建社会性质的基础上,科学地提示了中国革命的特殊规律和中国社会发展的特殊规律,创立了新民主主义理论,从而实现了马克思主义中国化的第一次历史性飞跃。十一届三中全会后,以邓小平为代表的中国共产党人作出了改革开放的伟大抉择,提出要坚持以经济建设为中心,坚持改革开放,从而实现了马克思主义中国化的第二次飞跃,创立了中国特色社会主义理论体系。

第四,提高全党的马克思主义理论水平,是与时俱进地进行理论创新的根本保证。马克思主义中国化的关键是学会运用马克思主义的基本理论来解决中国革命和建设的难题。马克思主义中国化的历史实践表明,全党的马克思主义理论水平如何直接关系到我们能否高举马克思主义的理论旗帜,关系到我们能否坚持正确的政治方向,关系到我们的事业能否取得成功。

①毛泽东选集(第2卷).北京:人民出版社,1991:633.

第九章　加强马克思主义中国化研究需要注意的问题

国内学术界近几年对于马克思主义中国化的研究不断深入，取得了很多有益成果；但在当前的马克思主义中国化研究中，依然存在一些问题，这些问题严重制约了马克思主义中国化研究的发展。正确认识这些问题，找到其根源，正确把握马克思主义中国化的研究视角，通过研究思路的创新来纠正这些问题，是当前推动马克思主义中国化研究的一项重要任务。

第一节　马克思主义中国化研究存在的问题

近年来，随着马克思主义理论研究与建设工程的实施，马克思主义中国化研究兴起了一个前所未有的热潮。短短几年中，国内学术界在马克思主义中国化研究方面出版著作几百种，发表论文数千篇，取得了令人瞩目的大量成果。但是也应该看到，这种研究热潮中尚存在着种种需要澄清或克服的问题。相对于其成就而言，近年来马克思主义中国化研究中存在的问题更加值得我们关注和重视，因为它们关系到马克思主义中国化研究的未来发展，甚至关系到马克思主义中国化的前途和命运。

一、马克思主义中国化研究中存在错误认识

虽然随着马克思主义中国化研究的不断深入，学术界对马克思主义中国化的一些基本问题达成了共识，但是在对个别问题的认识上依然存在一些错误的观点，这些观点的存在，是推进马克思主义中国化研究的巨大隐患。

（一）对马克思主义中国化性质的解读存在错误

关于马克思主义中国化的性质问题，学术界存在一些误解或歪曲。例

如,有人把马克思主义中国化归结为儒家化甚至封建化,认为它实际上是把马克思主义化为乌有,其结果充其量也只能是变形走样的马克思主义。在近年来的马克思主义中国化研究中,有些人又对马克思主义中国化的性质作了另类误读,即把马克思主义中国化归为20世纪西学东渐史的一个组成部分,这是对马克思主义中国化的严重曲解。

第一,这种观点把20世纪初在中国广泛传播的马克思主义视为19世纪中叶以后随着西方列强的入侵而潮水般地涌入中国的西方文化的一部分,歪曲了马克思主义中国化的性质。实际上,虽然西方列强的入侵在客观上强化了马克思主义在中国传播的必要性和可能性,但马克思主义在中国的传播绝不是西方列强入侵的伴生物,马克思主义也不是自动"涌入"中国的。20世纪初马克思主义在中国的广泛传播,是当时先进的中国人苦苦寻找救国救民真理的结果,是在十月革命的感召下出现的中华民族救亡图存运动的一部分。十月革命帮助了中国的先进分子,让他们用无产阶级的宇宙观作为观察国家命运的工具,重新思考中国的前途问题。因此,这种错误的观点是对马克思主义中国化研究不深入的表现,不纠正这一错误,会阻碍马克思主义中国化研究的进程。

第二,这种观点用"马克思主义在中国"的命题来替代"马克思主义中国化"的命题,曲解了马克思主义中国化的基本内涵,从根本上否认了马克思主义与中国实际相结合的事实。马克思主义中国化,用毛泽东的话说,就是"把马克思列宁主义的理论应用于中国的具体的环境",就是"使马克思主义在中国具体化,使之在其每一表现中带着必须有的中国的特性,即是说,按照中国的特点去应用它"。[①] 概言之,马克思主义中国化就是把马克思主义与中国的具体实际相结合,它包括两方面的内容:一方面,运用马克思主义来分析中国的具体实际,包括用马克思主义改铸中国的传统文化,推动和促进中国先进文化的形成和发展,也包括用马克思主义研究中国的现实,特别是中国革命和建设所面临的各种问题;另一方面,通过研究中国的具体实际,特别是通过吸收中国传统文化的精粹和总结中国革命与建设的实践经验,丰富和发展马克思主义。可见,"马克思主义中国化"这一命题与"马克思主义在中国"的命题有着根本的区别,后者所强调的是作为一种西方文化的马克思主义在中国的际遇。按照一些人的描述,产生于西方的马克思主

①毛泽东选集(第2卷).北京:人民出版社,1991:534.

义约在一百年前传播到了中国，然后就指导中国革命取得了胜利并成为指导思想，使中国社会历史发生了深刻的变化，其自身也经历了相当曲折的进程。这一观点显然没有把握马克思主义中国化的实质，没有看到马克思主义与中国具体实际的结合，是对马克思主义中国化的片面认识。

（二）对马克思主义中国化研究的学术定位存在重大偏差

所谓对马克思主义中国化的学术定位，是指对马克思主义中国化的学理意涵的界定，它涉及如何看待马克思主义中国化的学术性，或在学术上如何致力于马克思主义中国化的问题。这是近年来的马克思主义中国化研究所特有的问题，然而，人们对这一问题的解答已经出现了重大偏差。近年来，一些人主张区分马克思主义中国化的学术层面与政治层面，认为政治层面的马克思主义中国化的着眼点是解决中国革命和建设过程中所遇到的实际问题和理论问题，其重点是把马克思主义与当前中国和世界现实相结合，属于革命家、政治家的事情；学术层面的马克思主义中国化则是指哲学、政治学等学科的中国化，其重点是吸取和改造中国传统文化，其任务是建立具有中国特点的马克思主义哲学和政治经济学。显然，这里所谓的学术层面的马克思主义中国化也就是中国的马克思主义研究，相应地，对马克思主义中国化的学术定位即对中国的马克思主义研究的理论定位。

应该承认，在马克思主义中国化的过程中，革命家、政治家与理论家确有不同的职责和任务，尽管毛泽东、邓小平等领袖人物具有革命家和理论家的双重品格，并因此而为马克思主义中国化作出了多方面的贡献，但是，如果认为把马克思主义与中国现实相结合主要是革命家、政治家的事情，而把马克思主义与中国传统文化相结合是致力于中国的马克思主义研究的理论家的事情，那是片面的。其实，研究中国革命和建设中的问题与吸取中国传统文化中的优秀思想，都是马克思主义中国化即把马克思主义与中国具体实际相结合的题中应有之义，无论是革命家、政治家还是理论家都不应该偏废任何一方面。作为学术事业的马克思主义中国化即中国的马克思主义研究，固然要重视从中国传统文化中吸取思想养分，但更应该关注中国的现实，研究中国传统文化也是为解决中国当前现实中的问题寻觅思想资源。因此，如果不纠正上述对马克思主义中国化的学术定位的偏差，马克思主义中国化或者说中国的马克思主义研究就会偏离正确的方向并陷入重重困境。

二、马克思主义中国化研究中的比较研究方法有所缺失

比较研究方法是马克思主义中国化研究的重要方法之一，然而，学术界对这一研究方法一直没有给予应有的重视，仅仅进行了马克思主义中国化与中国传统文化、马克思主义中国化与中国现代化等之间的比较研究。其实，马克思主义中国化研究中的比较研究还存在着非常大的空间，有很多新的研究领域等待开发。

第一，对其他国家的马克思主义民族化研究不够。20世纪以来，在马克思主义世界化与民族化相统一的历史进程中出现的其他各种马克思主义民族化形式，如苏俄的马克思主义、东欧的马克思主义、现代西方的马克思主义、朝鲜的马克思主义、越南的马克思主义、古巴的马克思主义等等，虽然其所经历的发展道路各不相同，在理论视角、所关注的问题及研究问题的思路和方法等许多方面都有很大的差异，甚至在一些问题上存在着相当大的分歧，但它们都是把马克思主义与本国、本民族的具体实际相结合的产物，因而它们之间以及它们与中国的马克思主义之间必然在一些重要方面有若干共同或相似之处。马克思主义中国化是在马克思主义民族化这一国际大背景下进行的，将它与其他社会主义国家的马克思主义民族化进行比较研究，是对马克思主义中国化研究领域的拓展，是不断丰富和发展马克思主义中国化研究的需要。开展马克思主义中国化与马克思主义其他形式的民族化如苏俄化、东欧化、朝鲜化、越南化、古巴化等之间的比较研究，不仅可以为我们深刻揭示和理解马克思主义中国化的规律提供外部参照，而且能够帮助我们认清马克思主义中国化的特殊规律和马克思主义民族化的普遍规律。

第二，对中国化的马克思主义与原生态马克思主义，中国化的马克思主义与列宁主义、斯大林主义，以及中国化的马克思主义与西方马克思主义等的比较研究，都是马克思主义中国化研究需进一步理清和研究的领域。只有弄清楚各种马克思主义流派及其思想的问题，才能去谈马克思主义的中国化，否则很难进行一些实质性的研究，而要弄清楚这些问题，常常需要用到比较研究方法。

第三，对各个历史时期马克思主义中国化的比较研究，以及对不同历史事件与马克思主义中国化的比较研究等，并没有引起研究者足够的重视。如对延安时期与改革开放时期的马克思主义中国化、土地革命时期与社会

主义建设和探索时期的马克思主义中国化等问题还没有进行系统的比较研究。

第四,对马克思主义中国化历程中不同阶段的代表人物以及同一阶段的不同代表人物之间的比较研究有待加强。虽然近年来的马克思主义中国化研究已遍及马克思主义中国化史上几乎所有的重要代表人物,但对这些重要代表人物思想的比较研究还没有深入进行。

第五,对近现代的社会论战与马克思主义中国化、近代各种社会思潮与马克思主义中国化、马克思主义中国化与全球化等问题的比较研究也应该进行。

正是由于这些比较研究没有得到很好的展开,局限了马克思主义中国化的研究领域,阻碍了马克思主义中国化研究体系的构建。推进马克思主义中国化的比较研究,是开辟马克思主义中国化新的研究领域,系统研究马克思主义中国化的要求。

三、马克思主义中国化研究的视野存在局限

与以往的情形相比较,尽管近年来的马克思主义中国化研究挖掘出了一些新的论题,但从总体上看,其论域并没有发生大的变化,主要论题仍然是马克思主义中国化的思想源流、历史进程、基本经验、内在含义及其重要代表人物等等,其成就也主要表现为对这些原有论题的深度发掘。这种情形的出现,并不是因为马克思主义中国化的论题已被开掘殆尽,而是因为近年来马克思主义中国化研究的视野存在局限。

进一步开阔视野,特别是将马克思主义中国化置于一个半世纪以来马克思主义的世界化与民族化相统一的进程和当今世界进入全球化的广阔背景下来考察和理解,我们就可以发现近年来马克思主义中国化研究的诸多盲点:马克思主义中国化与马克思主义的世界化、马克思主义中国化与20世纪的马克思主义民族化、马克思主义中国化与当代世界和当代中国的马克思主义研究、马克思主义中国化与当代全球化、马克思主义中国化与中国传统文化、马克思主义中国化与中国革命文化的形成、马克思主义中国化与中国先进文化的发展、马克思主义中国化与近现代中国社会思潮的演进、马克思主义中国化与当代中国社会的文化多元化等等。

对于上述问题,近年来的马克思主义中国化研究也涉及过,但是没有得到应有的重视,从而没有开展完整和深入的探讨。例如,在马克思主义中国

化与当代世界的马克思主义研究的关系问题上,尽管国外的马克思主义理论特别是当代西方的马克思主义理论一直是近年来国内马克思主义研究的一个热点领域,但由于研究方法和研究条件的限制,目前的研究还很不充分,往往没有明确的理论目的,因此远不及国外学者对这一问题的研究。要完整地把握和深入地探讨马克思主义中国化与当代世界的马克思主义研究的关系,首先必须把马克思主义中国化和当代国外的马克思主义都置于一个半世纪以来马克思主义的世界化与民族化相统一的历史进程中进行考察。总之,如果不深入、系统地研究上述问题,仅仅停留在马克思主义中国化的一些原有论题上,是很难开辟马克思主义中国化研究的新局面的。

四、马克思主义中国化研究的方法论上存在误区

近年来马克思主义中国化研究的一个重要特点,就是始终贯穿着人们对马克思主义中国化研究本身的反思,包括对既往得失的总结、现实思路的清理、发展方向的抉择和方法论的建构。这种自我反思是近年来马克思主义中国化研究取得显著成就的重要保证。但是,这种自我反思是不彻底的,特别是其方法论建构是不完备的。事实上,近年来马克思主义中国化研究在方法论上还有种种误区。

近年来的马克思主义中国化研究在方法论上的最大误区,就是对于马克思主义中国化相对于整个中国马克思主义研究的范式地位缺乏自觉意识。顾名思义,马克思主义中国化研究的对象是马克思主义中国化,就其本身意义来说,马克思主义中国化应该成为中国马克思主义研究无可置疑的范式,换言之,中国的马克思主义研究就是要将马克思主义中国化,整个中国马克思主义研究,包括对马克思主义基本理论的研究、对马克思主义发展史以及作为其文本依据的马克思主义经典著作的研究,当然也包括对马克思主义中国化的研究,都应该服务于马克思主义中国化这个根本任务和目标,都应该自觉地坚持把马克思主义与中国具体实际相结合。只有确认马克思主义中国化相对于整个中国马克思主义研究的范式地位,才能突破马克思主义中国化研究的狭隘视界,把整个中国马克思主义研究都看做是马克思主义中国化的一个内在组成部分,真正重视中国马克思主义研究对于马克思主义中国化的作用和贡献。

用近年来马克思主义中国化研究中一些学者的话来说,马克思主义中国化是根据中国实际对马克思主义进行的理论诠释和实践诠释。其中,对

马克思主义的理论诠释也就是有中国作风和中国气派的马克思主义理论的创造,它要求对马克思主义的各个领域、中国具体实际的各个方面以及二者之间的结合机制有精到的理解,这方面的任务主要靠中国的马克思主义研究来承担。虽然对马克思主义的实践诠释——如对有中国特色的革命道路和社会主义建设道路的探索——主要是由革命家、政治家来完成的,但它也离不开来自中国马克思主义研究的思想资源和智力支持。因此,马克思主义中国化并不是少数领袖人物的专利,它也是中国每个从事马克思主义研究的学者义不容辞的责任和义务。事实上,在马克思主义中国化的进程中,特别是改革开放以来,我国的马克思主义研究为马克思主义中国化作出了重要贡献。只要我们确认马克思主义中国化相对于中国马克思主义研究的范式地位,这些贡献就会成为马克思主义中国化进程中的亮点。同时,也只有确认马克思主义中国化相对于中国马克思主义研究的范式地位,马克思主义中国化研究才能运用正确的标准反思中国马克思主义研究中存在的问题并规范其未来发展。然而,近年来的马克思主义中国化研究仍然只是把马克思主义中国化当做一个与马克思主义基本理论、马克思主义发展史等相并列的学术领域或研究方向,而并没有把它理解为包括马克思主义基本理论研究、马克思主义发展史研究等在内的整个中国马克思主义研究应遵循的范式,似乎中国的马克思主义基本理论、马克思主义发展史等领域的研究工作可以游离于马克思主义中国化之外。正因如此,所以近年来的马克思主义中国化研究基本上是局限在作为一个学术领域的马克思主义中国化的内部而论马克思主义中国化,而很少关注在它看来属于其他学术领域的马克思主义基本理论和马克思主义发展史等方面的研究对马克思主义中国化的贡献,更谈不上运用马克思主义中国化的范式反思和规范这些不同学术领域的研究。

第二节 马克思主义中国化研究的创新发展问题

认识到马克思主义中国化研究存在的问题后,我们就必须通过创新马克思主义中国化研究的基本思路,纠正存在的问题,从而完善马克思主义中国化的研究,推动马克思主义中国化的发展。

一、正确把握当前马克思主义中国化研究的理论视角

当前，推进马克思主义中国化研究，首先要把握当代马克思主义中国化研究的理论视角，紧密结合新时期世情、国情和党情的新变化，以此为研究基点和研究视阈，对马克思主义中国化进行纵向和横向、个案与整体、理论与实践相结合的深入研究。

(一)在全球化趋势中把握马克思主义中国化的新发展和新走向

与时俱进，既是马克思主义的本质特征，也是马克思主义经久不衰的根本原因。今天的中国是全方位开放的中国，中国的改革与发展离不开对时代主潮流和发展大趋势的透彻认识与全面把握。坚持马克思主义中国化的时代性，拓展马克思主义中国化研究的时代视野，对于当代中国尤其具有特殊的意义。当今世界，和平、发展、合作已成为时代发展的主潮流，经济全球化、政治多极化、文化多元化、科技信息化不可遏制的发展趋向正在不断深化着和平与发展的时代主题。在这种新的时代条件下，如何顺应时代潮流，拓展认识视野，运用马克思主义立场、观点和方法揭示全球化大趋势中社会主义发展的基本规律和基本道路，成为马克思主义中国化面临的最重大课题，也是加强马克思主义理论研究和建设工程不可忽视的重大任务。

(二)在我国社会主义初级阶段的基本国情和改革开放的历史进程中把握马克思主义中国化的新发展和新走向

马克思主义的时代性和实践性是不可分割的。实践是产生马克思主义的根本源泉，是推进马克思主义中国化的根本动力。马克思主义要与时俱进，这个“时”，既包括时代的变化，也包括实践的发展。坚持和发展马克思主义，离不开一定的国情条件和实践基础。因此，把马克思主义基本原理同中国具体实际紧密结合起来，成为马克思主义中国化的最宝贵经验；一切从中国的实际出发，把实践作为马克思主义同中国实际相结合的逻辑起点，是马克思主义中国化的最重要规律。

我国正处于并将长期处于社会主义初级阶段，这是当代中国的最大国情；改革开放的伟大事业，是中国特色社会主义的伟大实践。社会主义初级阶段的基本国情和改革开放的伟大实践，是在当代中国不断推进马克思主义中国化的基本前提，也是不断拓展马克思主义中国化研究必须始终把握的实际条件。我们要坚持的马克思主义，是符合社会主义初级阶段基本国

情和发展需要的马克思主义。

社会主义初级阶段的基本国情和改革开放的伟大实践，决定了我们必须始终坚持发展这个党执政兴国的第一要务，必须始终坚持社会主义市场经济体制改革这个主旋律，必须始终坚持以人为本这个改革与发展的本质和核心。正是在不断推进市场化改革和加快经济社会发展的基础上，当代中国进入了工业化、城镇化、市场化、国际化发展的新阶段，进入了坚持以人为本，全面协调可持续发展的新格局，中国特色社会主义呈现出生机勃勃发展的新趋势。显然，这样一种改革主旋律和发展大趋势，向马克思主义提出了许多新情况、新问题，也为马克思主义在当代中国不断丰富和发展提供了许多新素材、新经验。这恰恰是深入拓展马克思主义中国化研究当代视野的起点。中国的马克思主义理论工作者，有责任在坚持社会主义制度与现代市场经济体制相结合的问题上作出理论与实践的双重探索，在此基点上开创马克思主义中国化研究的新境界。

（三）在新时期中国共产党积极回应时代挑战和考验的前提下把握马克思主义中国化的新发展和新走向

马克思主义是工人阶级执政党的思想武器，工人阶级执政党是马克思主义的思想载体。马克思主义的发展状况，与共产党的兴衰成败密切相关；马克思主义中国化的历史进程，是中国共产党直接领导的结果。党自身的建设状况，是能否真正坚持和发展马克思主义、推进马克思主义中国化的最重要因素。在经济全球化和市场化改革的大背景下继续推进马克思主义中国化历史进程，关键在于以马克思主义为指导，深入解决党的建设面临的新问题、新任务，切实推进执政党建设这一新的伟大工程。

在长期执政条件下，以胡锦涛同志为总书记的党中央作出了新的实践探索和理论提炼，创造性地提出了加强党的执政能力建设和加强党的先进性建设这两大理论命题，卓有成效地推进了这两大“根本建设”。在党的先进性建设与执政能力建设有机统一的层面上推进党的建设新的伟大工程，是马克思主义面临的新课题，是马克思主义中国化研究的新领域。时代的变化，实践的发展，无不在这一新课题和新领域中得到充分的体现。拓展马克思主义中国化研究的新视野，应当高度关注这一新课题和新领域，作出有时代意义和实践价值的新贡献。

二、推进马克思主义中国化研究需要深化的问题

(一)要加强对马克思主义中国化历史进程的整体性研究

目前关于马克思主义中国化历史的研究还没有形成一个完整的研究系列,除了对毛泽东的研究比较详细外,对党在不同时期的领导人关于马克思主义中国化的思想和观点的研究相对不足。我们需要在坚持对马克思主义中国化各个历史阶段深入研究的基础上,从横向和纵向两个方面来加强对马克思主义中国化进程的整体性研究,把马克思主义中国化进程放在中国近代史中去研究,坚持史论结合的方法,使得马克思主义中国化研究更加具有历史的厚重感和逻辑的连贯性。

(二)要拓展马克思主义中国化研究的国际视野

在讨论马克思主义中国化进程的时候,不能仅仅在中国视阈内考察马克思主义同中国具体实际相结合的过程,还必须考虑在马克思主义中国化的不同阶段中国所处的国际环境,深入研究国际环境对马克思主义中国化进程的影响,使得马克思主义中国化研究具有国际视野。要把对马克思主义中国化的研究与对世界形势的研究结合起来,不仅研究马克思主义中国化及中国化的马克思主义理论对中国的意义,还要研究马克思主义中国化的“国际意义”。

(三)要加强对马克思主义与中国传统文化关系的研究

马克思主义基本原理之所以能够实现同中国具体实际相结合,一个重要原因就是马克思主义同中国传统文化的有效结合,这也是马克思主义中国化能够不断推进的经验之一。因此,研究马克思主义同中国传统文化的关系是非常重要的。应该在分别深入研究马克思主义和中国传统文化的基础上,重点研究马克思主义与中国传统文化的结合过程和内在机制,找到马克思主义与中国传统文化的结合点,构建出马克思主义与中国传统文化的互动体系。

(四)要更新马克思主义中国化研究的取向

要深化马克思主义中国化研究,就要实现马克思主义中国化研究取向的科学转化。

第一,实现从侧重过程性研究向侧重规律性研究的转化。在过程研究的基础上,揭示出马克思主义中国化过程中的内在的、逻辑的联系,总结出

马克思主义中国化的规律,从而得出继续推动马克思主义中国化研究的新思路。

第二,实现从中国化的研究向现代化的研究的转化。马克思主义中国化的历程,从某种程度上说就是中国的现代化历程。不断推动马克思主义中国化的进程,其目的也是能够更好地促进马克思主义基本原理与中国新时期的具体实际相结合,形成符合中国国情的中国化的马克思主义,从而更好地指导中国特色社会主义伟大事业的进行,更好地推动中国的现代化进程。

第三,实现从侧重回溯性研究向侧重前瞻性研究的转化。要把回溯性研究与前瞻性研究有机结合起来,并逐步把侧重点转向后者,认真探索马克思主义中国化的未来发展趋势,不断推动马克思主义中国化研究的创新和发展。

(五)要实现马克思主义中国化研究的多学科交叉

马克思主义中国化研究属于哲学社会科学的研究范畴,其基本特点就是多学科知识的交叉与方法的共享。比如:借助历史学的研究,可以进一步澄清马克思主义中国化的史实,有利于在此基础上总结马克思主义中国化的基本经验;借助政治学的研究,可以有效把握马克思主义中国化的政治取向和政治逻辑,对于党的建设和政治发展研究具有十分重要的意义;借助文化学方法,可以探究马克思主义与中国传统文化结合的文化根源,认识马克思主义中国化过程中的文化冲突与融合问题等等。因此,在推进马克思主义中国化研究的过程中,要积极实现多学科的参与,运用历史学、政治学、文化学、社会学等多学科的研究成果和研究方法,不断增加马克思主义中国化研究的广度和深度。

参考文献

一、经典著作

[1] 马克思恩格斯选集[M]. 北京:中央文献出版社,1995.

[2] 马克思恩格斯全集[M]. 北京:人民出版社,1985.

[3] 马克思恩格斯文集[M]. 北京:人民出版社,2009.

[4] 列宁选集[M]. 北京:人民出版社,1995.

[5] 列宁全集[M]. 北京:人民出版社,1986.

[6] 列宁专题文集[M]. 北京:人民出版社,2009.

[7] 毛泽东选集[M]. 北京:人民出版社,1991.

[8] 毛泽东文集[M]. 北京:人民出版社,1991.

[9] 建国以来毛泽东文稿[M]. 北京:中央文献出版社,1996.

[10] 周恩来选集(上卷)[M]. 北京:人民出版社,1980.

[11] 周恩来选集(下卷)[M]. 北京:人民出版社,1984.

[12] 朱德选集[M]. 北京:人民出版社,1983.

[13] 刘少奇选集[M]. 北京:人民出版社,1981.

[14] 邓小平文选[M]. 北京:人民出版社,1994.

[15] 江泽民文选[M]. 北京:人民出版社,2006.

[16] 江泽民论有中国特色社会主义(专题摘编)[M]. 北京:中央文献出版社,2002.

[17] 三中全会以来重要文献选编[M]. 北京:人民出版社,1982 .

[18] 十二大以来重要文件选编 (上、中、下) [M]. 北京:人民出版社,1986—1988.

[19] 十三大以来重要文件选编 (上、中、下) [M]. 北京:人民出版社,1991—1993.

［20］十四大以来重要文件选编（上、中、下）［M］. 北京：人民出版社，1996—1999.

［21］十五大以来重要文件选编（上、中、下）［M］. 北京：人民出版社，2000—2003.

［22］十六大以来重要文献选编（上、中、下）［M］. 北京：中央文献出版社，2005—2008.

［23］十七大以来重要文件选编（下册）［M］. 北京：中央文献出版社，2009.

［24］中共中央文件选集［M］. 北京：中共中央党校出版社，1989.

［25］十一届三中全会以来党的历次全国代表大会中央全会重要文件选编［M］. 北京：中央文献出版社，1997.

［26］建国以来重要文献选编［M］. 北京：中央文献出版社，1993.

二、著作

［1］陈占安. 党的十六大以来马克思主义中国化的新进展［M］. 北京：北京大学出版社，2008.

［2］侯惠勤. 马克思主义中国化理论创新 30 年（1978－2008）［M］. 北京：中国社会科学出版，2008.

［3］刘先春. 马克思主义中国化研究重要文献导读四十篇［M］. 兰州：兰州大学出版社，2007.

［4］汪青松. 马克思主义中国化与中国化的马克思主义［M］. 北京：中国社会科学出版社，2004.

［5］庄福龄. 马克思主义中国化伟大理论成果［M］. 北京：人民出版社，2004.

［6］田克勤. 马克思主义中国化的理论轨迹［M］. 北京：中共党史出版社，2006.

［7］陈希. 民族复兴之路与马克思主义的中国化［M］. 北京：清华大学出版社，2007.

［8］邓剑秋. 马克思主义中国化思想［M］. 北京：人民出版社，2009.

［9］郑永廷. 中国化马克思主义发展概论［M］. 北京：中国人民大学出版社，2007.

［10］侯树栋，辛国安. 马克思主义中国化的基本经验［M］. 北京：人民

出版社,2009.

[11] 俞可平,王伟光,李慎明. 改革开放与马克思主义中国化[M]. 重庆:重庆出版社,2009.

[12] 赵存生. 中国特色社会主义理论新进展 科学发展与社会和谐研究[M]. 上海:上海人民出版社,2007.

[13] 顾海良. 从“三个代表”重要思想到科学发展观——21 世纪马克思主义中国化的新进展[M]. 北京:高等教育出版社,2007.

[14] 罗本琦,汪青松,余精华. 马克思主义中国化机制论[M]. 北京:中国社会科学出版社,2007.

[15] 本书编写组. 伟大的道路——中国特色社会主义[M]. 北京:中央编译出版社,2006.

[16] 汪青松. 马克思主义中国化的与时俱进[M]. 合肥:合肥工业大学出版社,2006.

[17] 王国炎,刘芝平. 马克思主义中国化与大众化[M]. 江西人民出版社,2009.

[18] 韩振峰. 马克思主义在中国的新发展[M]. 北京:中国社会科学出版社,2008.

[19] 梅荣政,熊启珍. 马克思主义中国化的第二座丰碑[M]. 郑州:郑州大学出版社,2003.

[20] 庄福龄. 马克思主义中国化研究[M]. 北京:人民出版社,2008.

[21] 何萍,李维武. 马克思主义中国化探论[M]. 北京:人民出版社,2002.

[22] 何继龄. 马克思主义中国化问题研究[M]. 北京:中国社会科学出版社,2006.

[23] 武汉大学政治与公共管理学院政治理论系. 马克思主义与马克思主义中国化[M]. 北京:中央文献出版社,2005.

[24] 杨奎松. 马克思主义中国化的历史进程[M]. 郑州:河南人民出版社,1994.

三、论文

[1] 俞吾金. 马克思对现代性的诊断及其启示[J]. 中国社会科学,2005(1).

[2] 吴潜涛. 社会主义核心价值体系的科学内涵[J]. 道德与文明,2007(1).

[3] 邹诗鹏. 马克思主义中国化与中国现代性的建构[J]. 中国社会科学,2005(1).

[4] 李君如. 马克思主义中国化若干问题研究[J]. 中共中央党校学报,2008(1).

[5] 雍涛. 马克思主义中国化的基本经验[J]. 毛泽东思想研究,2000(6).

[6] 左伟清,刘尚明. 论"当代中国马克思主义大众化"[J]. 中国特色社会主义研究,2008(1).

[7] 郭德宏. 近十年马克思主义中国化与中国化的马克思主义研究述评[J]. 党史研究与教学,2004(4).

[8] 刘建军. 关于当代中国马克思主义大众化的若干问题[J]. 思想理论教育,2008(7).

[9] 李海荣. 从文化认同到实践契合:马克思主义中国化的现实过程[J]. 学术论坛,2002(3).

[10] 鲁振祥. "马克思主义中国化"解读史中若干问题考察[J]. 中国特色社会主义研究,2006(1).

[11] 陈占安. "马克思主义中国化"的科学内涵[J]. 思想理论教育导刊,2007(1).

[12] 庄福龄. 毛泽东与马克思主义中国化[J]. 北京大学学报(哲学社会科学版),2004(2).

[13] 陶德麟. 马克思主义中国化的两个前提性问题[J]. 武汉大学学报(人文科学版),2005(2).

[14] 袁辉初. 论马克思主义中国化的实质[J]. 马克思主义研究,2006(2).

[15] 叶险明. 关于马克思主义中国化的历史和逻辑研究中的两个问题[J]. 哲学研究,2001(2).

[16] 赵勇. 马克思主义大众化及其实现路径[J]. 思想理论教育,2008(7).

[17] 宋镜明,徐能武. 论马克思主义中国化的历史经验[J]. 武汉大学学报(哲学社会科学版),2004(3).

[18] 郭建宁. 马克思主义中国化研究的历史、现状与方法论[J]. 毛泽

东邓小平理论研究,2005(5).

[19] 李海荣. 从文化认同到实践契合:马克思主义中国化的现实过程[J]. 学术论坛,2002(3).

[20] 梅荣政,李红军. 中国特色社会主义理论体系与马列主义、毛泽东思想的一脉相承和与时俱进的关系[J]. 思想理论教育导刊,2009(7).

[21] 赵曜. 中国特色社会主义与中华民族伟大复兴——新中国六十年的历史回顾和理论思考[J]. 学术探索,2009(5).

[22] 王增智,王国敏. 论中国特色社会主义理论体系的当代蕴含[J]. 求实,2009(10).

[23] 张雷声. 关于中国特色社会主义理论体系构建思路和起点问题[J]. 理论学刊,2009(8).

[24] 王永贵. 深化对中国特色社会主义若干重大问题的研究[J]. 思想理论教育导刊,2009(6).

[25] 许全兴. 马克思主义中国化的政治层面和学术层面区分[J]. 理论前沿,2003(18).

[26] 张静如,李向勇. 马克思主义中国化历史进程中的两大理论体系[J]. 中国特色社会主义研究,2008(2).

[27] 梅荣政,杨军. 揭开马克思主义中国化研究的理论新篇[J]. 武汉大学学报(哲学社会科学版),2005 (1).

[28] 石仲泉. 略论马克思主义中国化的基本经验[J]. 中国特色社会主义研究,2007(4).

[29] 荣开明. 新中国 60 年马克思主义中国化的历程及其重大贡献[J]. 江汉论坛,2009(10).

[30] 包心鉴. 马克思主义中国化的历史经验与基本规律[J]. 山东社会科学,2004(7).

[31] 李楠. 中国共产党推进马克思主义中国化的基本经验[J]. 江汉论坛,2008(7).

[32] 陈先达. 马克思主义中国化经验的实践解读[J]. 中国特色社会主义研究,2007(4).

[33] 秦刚. 中国社会主义道路的选择和开拓[J]. 思想理论教育导刊,2009(10).